INTELLECTUAL
PROPERTY

これからの
知財入門 第4版

～変革の時代の普遍的知識～

国立大学法人 山口大学
大学研究推進機構 知的財産センター

JN092592

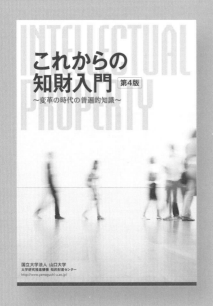

目次

第一章

知的財産の全体像

学習の目標

- 私たちの身の回りにはたくさんの知的財産があることを認識し、その価値を理解する。
- 知的財産と知的財産権の違いについて説明できるようになる。
- 知的財産を知的財産権で保護する理由について理解する。
- 知的財産法の全体像を把握する。
- 知的財産と標準化の関わりを認識し、その重要性を理解する。

学習に必要な知識（項目）

- 知的資産
- 知的財産
- 知的財産権
- 製品等の開発製造過程で創作される知的財産
  特許権、実用新案権、意匠権、育成者権、回路配置利用権等
- 営業上の信用が表現されている知的財産
  商標権等
- 思想または感情の創作物に関わる知的財産
  著作権
- 標準化

知的財産

●概要

　知的財産は、『発明、考案、植物の新品種、意匠、著作物その他の人間の創造的活動により生み出されるもの、商標、商号その他事業活動に用いられる商品又は役務を表示するもの及び営業秘密その他の事業活動に有用な技術上又は営業上の情報（知的財産基本法）』と定義されています。

　土地や机・椅子のように形がある財産（有体物）とは異なり、同時に別の場所で使用することも可能であり、直接的な支配が難しい無体物（アイデア等の情報）として存在しています。

　従って、権利の獲得、保護、活用の各局面で無体物としての特性に応じた権利者側のコントロールが必要になります。また、知的財産の受け手側にも、どこに知的財産が存在しどこまで利用できるのかという適切な判断が求められています。

　近年、新聞等で『知的財産』という言葉を頻繁に目にするようになり、テレビドラマでも特許権を武器に中小企業が活躍する番組が高視聴率を獲得する時代になっている。この本は、初学者を対象に、現代人にとって普遍的な知識である『知的財産』の全体像を把握してもらう目的で作成した。

　知的財産とは、人間の創造的活動により生み出される無形の財産、すなわち社会において価値のある無体物の一種である。発明やデザイン、ブランド名などが知的財産に該当する。無形の財産については、「情報」をイメージすると理解し易い。机や椅子などの形がある有体物は盗まれるとすぐに分かるが、情報は別の場所でも同時に存在可能であり、権利侵害への対応では格別の配慮が必要になる。また、権利者による知的財産の本来の実施の際も同様である。従って、アイデア等の情報（価値ある無体物）である知的財産の特性に応じた保護と権利者側のコントロールが必要であり、これを実現するために知的財産制度が存在する。この制度がなければ、価値ある無体物の模倣が横行し真正の創作者等の努力が報われなくなり、技術進歩が阻害されるなど産業発達や文化発展を阻害することになるだろう。

知的財産

　一般に、事業活動では個々の経営体が標榜する理念（経営理念）など、知的財産より更に上位概念の「知的資産」を総合的に組み合わせた営みがおこなわれている。

　知的資産には、企業等における人材（その人材が持つ能力を含む）や技術、技能、ノウハウ、先に述べた経営理念あるいは企業文化、顧客とのネットワーク、その他いろいろなモノが含まれる。これら知的資産の概念中に、発明、デザイン、ブランド、営業秘密、著作物などの「知的財産」も含まれている。

　そして、知的財産の中に「知的財産権」が含まれる。すなわち、知的財産を保護する法律上の権利として知的財産権があり、代表的な知的財産権として、特許権、意匠権、商標権、著作権などが各法律で定められている。図に、知的資産、知的財産、知的財産権の相互関係を表した。

知的財産

（1）知的財産

　「知的財産」とは、発明、考案、植物の新品種、意匠、著作物その他の人間の創造的活動により生み出されるもの（発見又は解明がされた自然の法則又は現象であって、産業上の利用可能性があるものを含む。商標、商号その他事業活動に用いられる商品又は役務を表示するもの及び営業秘密その他の事業活動に有用な技術上又は営業上の情報をいう（知的財産基本法 2条1項）。

（2）知的財産権

　「知的財産権」とは、特許権、実用新案権、育成者権、意匠権、著作権、商標権その他の知的財産に関して法令により定められた権利又は法律上保護される利益に係る権利をいう（知的財産基本法 2条2項）。

　それぞれの「知的財産」に対応する、代表的な「知的財産権」を示す。

　発明という知的財産に対応する知的財産権は特許権、形のある小発明である考案については実用新案権、意匠（物品等のデザイン）については意匠権、商品または役務（サービス）を表示する商標については商標権、植物の新品種については育成者権、著作物については、著作者の権利として著作者人格権と財産権としての著作権がある。また、不正競争防止法では当該法律で定義する営業秘密等の侵害行為を不法行為として類型化する枠組みを通して、法律上保護される利益（何らかの知的財産権）を守っている。学習を進めると、有名人の芸名無断利用のように、他人の名声にただ乗りして営業上の利益を掠め取ることを防止する権利（パブリシティの権利）なども存在することがわかるだろう。

　本テキストは、これらの中で主に著作権法、特許法、意匠法、商標法に規定する権利を扱う。なお、知的財産と知的財産権の定義等の詳細は、本章（p11, 14, 15）で確認し宿題レポート①を完成させよう。

"これからの知財入門"の目的

● "これからの知財入門"の目的
　この本は、読者が知的財産の全体概要を理解するとともに、レポートや論文作成時に必要となる知的財産の知識など、身近な事例をテーマにして、概念の理解や初歩的な知的財産対応力の形成を図ります。

最終的には、読者が、

　1．知的財産の全体像を理解すること
　2．レポートや論文作成時に必要となる知的財産の知識など、身近な事例をテーマに初歩的な知的財産対応能力を形成すること、
　3．社会活動における知的財産の価値を実感すること、

を目的としています。

本テキストの目的は読者が、

1．知的財産の全体像の概略を理解すること
2．レポートや論文作成時に必要となる引用などの初歩的な知的財産対応実務能力を形成すること
3．社会活動における知的財産の価値を実感すること

である。

これは何（に使うもの）だと思いますか？

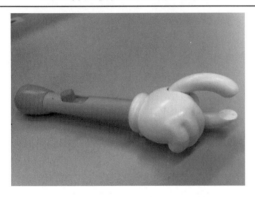

写真の製品は、取っ手部分（左端）から指先部分（右端）までの長さが約18cmである。これは何に使うものだろうか、ワークシート①の1に思いついた用途を記述してみよう。何人かで意見交換をしながら記入するとよいだろう。

既に商品の用途を知っている場合は、その他に考えられる用途を数多く記入しよう。

玩具メーカーのタカラトミーが開発したマジックハンド

●油で手が汚れない、ポテチ専用マジックハンド（40g）
●2010年6月24日発売。価格699円。対象年齢6歳以上
●「しお」、「コンソメ」、「のりしお」の3カラーのタイプ
●4ヶ月で15万個売り上げる（「知っとこ」でも紹介）
●ポテチの油がついた手で他のものを触るがイヤ
●食べるたびに手を洗うのが面倒　☞
●意外とポテチを"箸"でつまむ人が多い（?）
　（20～30代の男女1200名を対象にアンケート調査実施。結果、約2割の人が食べる際に「箸を使う」と回答。また他のことをしながら食べる時には「利き手で作業をしていると、逆の手で箸を使うのが困難」といった声も）
●そこで、箸にかわるものとして、「こんなものがあったらいいなぁ」をコンセプトに開発された

　これは、玩具メーカーのタカラトミーが開発したマジックハンドである（より正確には、関連会社であるタカラトミーアーツの商品）。油で手が汚れないようにする、ポテトチップス専用マジックハンドだ。2010年6月に発売され、価格は699円（当時）、対象年齢は6歳以上である。しお味、コンソメ味、のりしお味に対応した3カラーのタイプで、オレンジ、ブラウン、グリーンがある。販売開始から4か月で15万個を売り上げ（1億円以上）、ヒット商品としてテレビでも紹介されている。

　ポテトチップスの油がついた手で他のものを触ることを避けたい、食べるたびに手を洗うのが面倒といった意見が多く、ポテトチップスを箸でつまんで食べる人も存在する。携帯電話の画面を操作することを想定すると、切実な要望といえる。同社が実施した20～30代の男女1200名を対象としたアンケート調査では、約2割の人がポテトチップスを食べる際に「箸を使う」と回答している。何か作業をしながら食べる時には、「利き手で作業をしていると、逆の手で箸を使うのが困難」といった声もあった。このアンケート調査結果をもとに開発されたのが、このポテトチップス専用のマジックハンドである。

　それでは、このポテトチップスをつまむマジックハンドには、どのような機能が備わっていると良いだろうか。問題点、考えられる機能・アイデア、効果について、ワークシート①の2に思いついたものを書いてみよう。

ポテチ専用マジックハンドの特徴

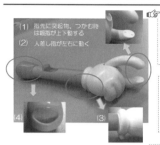

(1) 指先に突起物、つかむ時は親指が上下動する
(2) 人差し指が左右に動く

(1) 指先に対象物破壊防止クラッチ機構（NBCS：No Broken Clutch System）
⇒ 壊れやすいポテトチップをやさしくつまみ上げる

(2) 簡易指先クリーニング機構（FECS：Finger Easy Cleaning System）
⇒ 指先を左右に動かし、指先に付着したポテトチップスの塩などを落とす

(4) 柄の部分に水抜き用の穴がある
⇒ まるごと水洗いができ、お手入れが簡単

(3) 指先机上非接触機構（NTTS：No Touch Table System）
⇒ 机の上で待機している間は指先を清潔に維持

このポテチ専用マジックハンドに実装されている代表的な機能は4種類である。

1．指先でポテチを掴んだときに、ポテチが割れないようにする対象物破壊防止クラッチ機構

2．指先を左右に動かし、指先についたポテトチップの塩などを落とす機能、すなわち簡易指先クリーニング機構

3．この商品が机の上に置かれる際に、商品の指先を清潔に維持する指先机上非接触機構

4．柄の部分に水抜き用の穴を配置して、丸ごと水洗いができるようにしたお手入れ簡単機能

実用的な機能、玩具としての面白さを醸し出す機能など興味のある機能が実装されている。ワークシート①の2に読者が記述した内容と比較してみよう。自分のアイデアと同じ、あるいは違う視点の機能に、アイデア発想の面白みを感じたことだろう。

知的財産からみたポテチ専用マジックハンド ～考案～

■指の操作機構に関する考案（小発明）
実用新案登録第3158153号
考案の名称：ハンド玩具
出願日：2010年1月4日
登録日：2010年2月24日

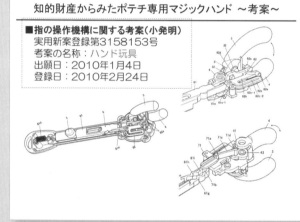

図の出典：J-PlatPat　実用新案登録公報第3158153号から

実装されたこれらの機能を、知的財産あるいは知的財産権の観点から検討する。

ポテチが割れないようにする対象物破壊防止クラッチ機構は、考案として実用新案権登録がされている。「考案」の定義は、自然法則を利用した技術的思想の創作（実用新案法第2条1項）であり、技術的思想の創作という点は特許法に規定する「発明」と同じである。但し、実用新案法では、小発明を保護すること、考案の中でも「物品の形状、構造又は組合せに係る」形として存在するものに限定すること、登録に際して無審査主義であることが特徴である。従って、方法の考案というものは登録されない。要は、特許発明を目指すほど高度ではない小発明について、考案という区分を作り簡易迅速に保護する制度である。なお、平成5年の法改正以前は、特許制度と同様に実体審査を経た登録制度（保護期間は特許発明より5年短い）を採用していた。

本考案の名称は「ハンド玩具」、出願日は2010年1月4日、登録日は2010年2月24日である。特許情報プラットフォーム（以下、J-PlatPatと表記）https://www.j-platpat.inpit.go.jp/から、実用新案登録第3158153号を検索キーにして参照してみよう。

知的財産からみたポテチ専用マジックハンド ～意匠～

■外観の形状・デザイン
意匠登録第1396017号
意匠に係る物品：つかみ具おもちゃ
出願日：2009年12月22日
登録日：2010年7月30日

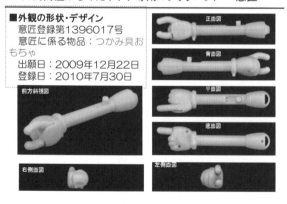

正面図
背面図
平面図
底面図
前方斜視図
右側面図
左側面図

図の出典：J-PlatPat　意匠公報第1396017号から

当該マジックハンドの外観形状・デザインは意匠登録され意匠権が取得されている。意匠権とは、物品等のデザインを保護する知的財産権である。該当意匠の意匠に係わる物品はつかみ具おもちゃ、出願日は2009年12月22日、登録日は2010年7月30日となっている。物品デザインは、該当製品の商品としての売れ行きを左右する重要な要素にもなり得る。更に、表面的なデザインであることから他人の模倣が容易であることから知的財産権で保護する必要がある。

【用語の確認】

● 意匠法で規定する物品…有体物で市場で流通する動産。言い換えると量産できる工業製品のこと。

● 製品…生産する側が「お客様はこんな物を求めているはず」として作り出す物。製造された品物。

● 商品…お客様が欲しいと考えてお金を払って買う物（サービスを含む）。売買の目的物。

知的財産からみたポテチ専用マジックハンド ～商標～

■ネーミング（商品名）・ブランド
商標登録第5355970号
登録商標： ▬▬▬
出願日：2010年1月21日
登録日：2010年9月24日
商品及び役務の区分の数：3

【商品及び役務の区分並びに指定商品又は指定役務】

第8類 ピンセット、靴製造用靴型（手持ち工具に当たるものに限る。）、電気かみそり及び電気バリカン、手動利器、手動工具、エッグスライサー（電気式のものを除く。）、かつお節削り器、角砂糖挟み、缶切、くるみ割り器、スプーン、チーズスライサー（電気式のものを除く。）、ピザカッター（電気式のものを除く。）、フォーク、パレットナイフ

第21類 デンタルフロス、なべ類、コーヒー沸かし（電気式のものを除く。）、鉄瓶、やかん、食器類、菓子つかみ用トング、手型の菓子つかみ具、携帯用アイスボックス、米びつ、食品保存用ガラス瓶、水筒、魔法瓶、アイスペール、菓子用トング、泡立て器、こし器、こしょう入れ、砂糖入れ、塩振り出し容器、卵立て、ナプキンホルダー、ナプキンリング、ざる、シェーカー、しゃもじ、手動式のコーヒー豆ひき器及びミルしょうひき、じょうご、すりこぎ、すりばち、ぜん、栓抜、大根卸し、タルト取り分け用へら、なべ敷き、はし、placemat、ひしゃく、ふるい、まな板、麺棒、焼き網、ようじ、レモン絞り器、ワッフル焼き型（電気式のものを除く。）、清掃用具及び洗濯用具、寝室用簡易便器、トイレットペーパーホルダー、化粧用具

第28類 手型のつかみおもちゃ、その他のおもちゃ、人形、囲碁用具、歌がるた、将棋用具、さいころ、すごろく、ダイスカップ、ダイヤモンドゲーム、チェス用具、チェッカー用具、手品用具、ドミノ用具、トランプ、花札、マージャン用具、遊戯用器具、ビリヤード用具、運動用具

出典：J-PlatPat　商標公報第5355970号から

「知的財産」とは

●「知的財産」とは
知的財産基本法において次の通り定義されている。

> **第2条1項** この法律で「**知的財産**」とは、発明、考案、植物の新品種、意匠、著作物その他の人間の創造的活動により生み出されるもの（発見又は解明がされた自然の法則又は現象であって、産業上の利用可能性があるものを含む。）、商標、商号その他の事業活動に用いられる商品又は役務を表示するもの及び営業秘密その他の事業活動に有用な技術上又は営業上の情報をいう。

「人間の創造的活動により生み出される無形の財産」

思想（アイディア）、技術、ノウハウ、デザイン、ブランド、音楽・映画等のコンテンツ、植物の新品種、商号　など

「知的財産権」とは

●「知的財産権」とは
知的財産基本法において次の通り定義されている。

> **第2条2項** この法律で「**知的財産権**」とは、特許権、実用新案権、育成者権、意匠権、著作権、商標権その他の知的財産に関して法令により定められた権利又は法律上保護される利益に係る権利をいう。

- 「知的財産」は無形の財産（情報と同じ）なので、
  - 容易に模倣される
  - 消費されない
  - 同時に多数が使用できる
- 保護なしでは、創造的活動の意欲が減退する
- 誰もが使える状態からは、経済的価値が生じない
- 産業の発達や文化の発展に寄与するために、有用な「知的財産」は国家として保護する必要がある。

「知的財産を保護する法律上の権利」

著作権、特許権、実用新案権、意匠権、商標権、育成者権、回路配置利用権、など

商品名としての商標は、商標権が取得されている。

指定商品は、第8類のピンセット、第21類のデンタルフロス、第28類の手型のつかみおもちゃなどで、出願日は2010年1月21日、登録日は2010年9月24日となっている。

次に、このポテチ専用マジックハンドの商品名を自由に考えてみよう。商品名も売上を左右する一つの要因である。お客様のターゲットとイメージを設定した上で、どんな商品名で販売したいのか、ワークシート①の3に思いついたものを書いてみよう。その際に、販売するお客様のターゲット、イメージ、具体的な商品名の順に記述しよう。

実際にタカラトミーが商標を保有している名前（商品名）は、「ポテチの手」である。ワークシート①の3に記述したネーミングと比較検討してみよう。

以上、ポテチ専用マジックハンドは3系統の知的財産権で保護されている。発明思想は特許権あるいは実用新案権、デザインは意匠権、商品名は商標権で保護される。このように私たちの身の回りには知的財産権で保護された商品が他にも数多く存在する。冷蔵庫等の家電製品や自動車は、数十から数千の知的財産権が関係していると考えられる。

ここで、知的財産制度について考えてみよう。

知的財産基本法第2条1項では、知的財産を『この法律で「知的財産」とは、発明、考案、植物の新品種、意匠、著作物その他の人間の創造的活動により生み出されるもの（発見又は解明がされた自然の法則又は現象であって、産業上の利用可能性があるものを含む。）、商標、商号その他事業活動に用いられる商品又は役務を表示するもの及び営業秘密その他の事業活動に有用な技術上又は営業上の情報をいう。』と定義している。

すなわち、知的財産とは「人間の創造的活動により生み出される無形の財産（価値のあるもの）」のことであり、例えば、アイデア、技術、ノウハウ、デザイン、ブランド、音楽・映画等のコンテンツ、植物の新品種、営業標識などがこれに該当する。上記の定義に合致する限り、それ以外の新たな情報であっても知的財産として扱われる可能性がある。

知的財産権とは、知的財産を保護する法律上の権利のことである。知的財産基本法第2条2項では、知的財産権を『この法律で「知的財産権」とは、特許権、実用新案権、育成者権、意匠権、著作権、商標権その他の知的財産に関して法令により定められた権利又は法律上保護される利益に係る権利をいう。』と定義している。法令により定められた権利に止まらず、法律上保護される利益に係る権利まで拡張されているため、民事上の不法行為類型として定義されたり、社会通念上の不法行為に昇華した行為も保護される可能性がある。

知的財産は無形の財産（情報と同じ）で、模倣容易性と侵害行為の同時多発性という特徴があるため、法制度としての保護が保証できないと社会全体の創造的活動が低下することになる。知的財産創作時の費用やリスクを考えると、独占による経済的利益を担保する必要もあり、産業の発達や文化の発展を支えるために、有用な知的財産を知的財産制度で保護する必要がある。

知的財産と知的財産権

第三者が参入可能（競合企業の参入による価格競争）

価格
価格競争を誘発
価格下降
知的財産権の防備無し（魅力的な商品ほど「まね」が頻発）

知的財産
研究成果、技術、ノウハウ、アイデア、デザイン、ブランド、植物の新品種、文芸・学術・美術・音楽・プログラムなどの精神的作品等の知的創作物

だれもが使える状態（魅力的な技術・商品ほど模倣される）

知的財産と知的財産権

第三者が参入不可（競合企業との価格競争が起こらない）　バリア・参入障壁（知的財産権）

知的財産
研究成果、技術、ノウハウ、アイデア、デザイン、ブランド、植物の新品種、文芸・学術・美術・音楽・プログラムなどの精神的作品等の知的創作物

価格
価格決定力による価格の維持
知的財産権の防備有り（「まね」を許さない）

自分だけが使える状態（模倣を許さない）

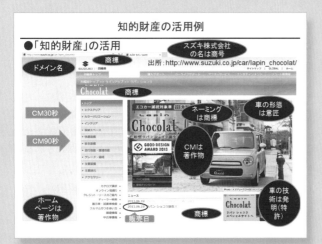

ポテチの手で知的財産権の機能について説明する。これは、玩具と実用品の両方の性格を持つ特徴的なポジショニングにある製品と見ることができる。それでは、なぜ、知的財産権で保護する必要があるのだろうか。理由は、前述した実用新案権、意匠権、商標権等の知的財産権で保護されている製品であれば、他者は同じものを製造して販売することができないからである。知的財産権を保有する人（タカラトミー）だけが、その製品（ポテチの手）を独占的に製造、販売する権限を持つことを意味している。より詳細には、自社が独占、あるいは他社にライセンスするという独占権と、模倣した人に対する排他権（侵害訴訟で製造差し止めや損害賠償請求を可能にする）という二つの権能を持つことになる。別の見方をすれば、知的財産権の機能としての独占・排他権を通して需要者の囲い込みと商品の価格決定権を持つということである。

情報財である知的財産は、もし保護制度がなければ誰でも使える状態となる。人に先んじて、良い発明、デザイン、ネーミングを創出しても何らかの知的財産権で保護されなければ、模倣品や類似品が出回り努力が報われない。模倣品に対抗するため純正品も価格競争に巻き込まれるが、常識的には開発コストを負担した先人ほど価格競争で不利になり、次の商品開発が阻害され創造活動の意欲が減退していくことは明白である。

一方、特許権、意匠権、商標権等の知的財産権で保護された、発明、デザイン、ネーミング等は、権利者のみが独占することができ、他の人は使うことができない（模倣を許さない）。

知的財産権は、第三者の参入障壁として機能する。自社製品の市場における独占支配と価格決定権の保持により得られた独占利益を元に、次の発明やデザイン等を創作することができ、新商品開発サイクルを実現する可能性が高くなるのである。

私たちの身の回りでは、あらゆる局面で知的財産が利用されている。図はスズキのホームページである。このホームページや関連CMの中にも多くの知的財産が存在し、その中には知的財産権で保護されるものがある。

車の技術（エンジン制御やオートロックシステムなど）は発明、車の形態や個々の部品のデザインは意匠、ネーミングは商標、CMは著作物であり、それぞれ特許法、意匠法、商標法、著作権法で保護される。ホームページ全体も編集著作物として著作物性を持っている。更に、スズキの社名（商号）やホームページのURLとして使われるドメイン名も知的財産であり、それぞれ会社法、不正競争防止法で保護されている。

※注　ホームページ画像に表示されている車両「ラパン ショコラ」は、2013年6月〜2015年6月の生産である。現在は、新型車が販売されている。商品コンセプト等を下記URLから確認してみよう。
http://www.suzuki.co.jp/car/lapin/

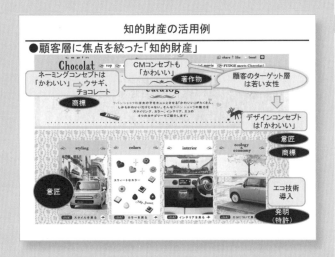

このホームページの事例では、同社のラパン（Lapin）シリーズの中で顧客ターゲット層として若い女性に焦点を絞った車を紹介しており、そのコンセプトに合わせたホームページとなっている。

例えば、CMコンセプト、ネーミングコンセプト、デザインコンセプトは全て「かわいい」で統一されており、それに基づいた知的財産を重点的に起用した編集となっている。もちろん、車両の基本性能としてエコ技術（発明）の紹介もなされている。

車全体の形態（デザイン）は、車の全体意匠として意匠法で保護される。また、ダッシュボード形態などの内装デザインも、車両部品として単独に流通されることから意匠法上の意匠となり得る。ギアシフト機構等は、発明に該当する。

同様に、車のヘッドライト機構は発明、ヘッドライトの形態（デザイン）は意匠、ヘッドライト周辺に入っている小さなウサギのマークや"Lapin"（ラパン）は商標である。

ウサギがかじった跡がついてるチョコレート形状のプレートデザインは意匠、"Chocolat"（ショコラ）のネーミングは商標である。

ドアの開閉・ロック機構は発明、ドア周辺の内装デザインは意匠、写真を入れることができるウサギの小窓にあるウサギのマークと"Lapin"（ラパン）は商標である。

座席シートのシートベルトの機構は発明、座席シートそのものの形態は意匠、座席シートに書かれているウサギのマークと"Lapin"（ラパン）は商標である。

このように、私たちの身の周りの商品・サービスにはたくさんの知的財産が活用されており、知的財産に関する知識とスキルはこれからの社会人に必要な普遍的教養と言えるだろう。

知的財産法の全体像

● 全体像

【関税定率法】 ・輸入禁制品に産業財産権等を侵害する物品が規定されている	**産業財産権法** 【特許法】 【実用新案法】 【意匠法】 【商標法】	【著作権法】 ・プログラム・音楽 ・データベース・小説 ・建築物・脚本 ・学術的性質の図面 ・絵画・映画・写真 等々
【商法・会社法】 ・商号	【半導体回路保護法】	【不正競争防止法】 ・商品形態の模倣 ・著名周知商品表示模倣 ・営業秘密不正取得
【民法】 ・ノウハウ ・パブリシティの権利	【種苗法】 【地理的表示法】	

知的活動の成果物である知的財産権の
成立と保護を図る法律

知的財産法の全体像

① 発明(特許権)‥‥‥特許法(204条)

新規性、進歩性があり、自然法則を利用した、産業上有用な発明(プログラムを含む)に対して特許権が与えられる。

その発明は、審査官が審査して拒絶理由(新規性、進歩性)を発見しない場合、特許権として設定登録される。設定登録された日から特許権が発生し、出願の日から20年後に特許権の存続期間が終了する。

「発明」とは、「自然法則を利用した技術的思想の創作のうち高度のもの」
発明には、❶物(プログラムなどを含む。)、❷方法の発明、❸物を生産する方法の3つのタイプがある。

発明と考案の定義は同質

② 考案(実用新案権)‥‥‥実用新案法(64条)

物品の形状・構造・組合せに関する考案に対して出願の日から10年間保護
「考案」とは、「自然法則を利用した技術的思想の創作であり、小発明のこと」

実用新案の必要性:①小発明が大発明を生む。
②特許法の技術レベルが低くなる。
③ライフサイクルの短いものの保護
④中小企業の育成
⑤沿革的理由(諸外国との技術格差が過去にあった)

知的財産法の全体像

③デザイン・意匠(意匠権)‥‥‥意匠法(77条)

新規性、創作性があり、デザイン・意匠に対して意匠権が与えられる。

その意匠は、審査官が審査して拒絶理由(新規性、創作性)を発見しない場合、意匠権として設定登録される。設定登録された日から意匠権が発生し、出願の日から25年後に意匠権の存続期間が終了する。

「意匠」とは、物品の形状、模様若しくは色彩若しくはこれらの結合(以下「形状等」という。)、建築物の形状等又は画像であって、視覚を通じて美感を起こさせるもの

④著作物(著作権)‥‥‥著作権法(124条)

文芸、学術、美術、音楽、プログラムなどの精神的創作を作者の死後70年間保護(映画は公表後70年間)

「著作物」とは、思想又は感情を創作的に表現したものであつて、文芸、学術、美術又は音楽の範囲に属するもの

⑤半導体集積回路(回路配置利用権)‥‥半導体集積回路の回路配置に関する法律(57条)
半導体集積回路の回路素子や導線の配置パターンを設定登録の日から10年間保護

図は、知的財産法の全体像を表している。

知的財産法とは、知的活動の成果物である知的財産権の成立と保護をはかる法律である。知的財産法の中には、特許法、実用新案法、意匠法、商標法のいわゆる産業財産権法、著作物の成立を出発点に著作者や著作物を伝達する者の権利等を保護する著作権法、商品の形態や営業秘密等を保護する不正競争防止法、半導体の集積回路配置を保護する半導体回路保護法、植物の新品種を保護する種苗法、会社の名前を保護する会社法(商法)等が含まれる。その他に、知的財産権侵害に結びつく輸入禁制品を定めた関税定率法、中には私的生活全般に関する民法を経由した知的財産の保護、近年整備されたものとしては農林水産物や食品の名称に関する地理的表示法もある。

この分野の法律は、めまぐるしく変化する社会生活に沿うべく改正を行うことも多く、法改正情報にも留意すべきである。本テキスト末尾に代表的な条文の抄録を掲載した。全文を参照する場合は、総務省が運用する下記サイトをお勧めする。

法令データ提供システム　https://elaws.e-gov.go.jp/

個別の知的財産法を、順に確認しよう。

①特許法‥‥‥発明(知的財産)を保護する法律であり、付与される権利は特許権(知的財産権)である。特許権の保護期間は、原則として出願日から最長20年間。保護の客体(目的物)である発明の定義は、「自然法則を利用した技術的思想の創作のうち高度のもの」である。

②実用新案法‥‥‥物品の形状、構造または組み合わせに係る考案(知的財産)を保護する法律であり、付与される権利は実用新案権(知的財産権)である。ここで、考案は「自然法則を利用した技術的思想の創作」と定義され、小発明のことである。実用新案権の保護期間は、実用新案登録出願日から10年間。登録される考案が、形や組み合わせに係る技術的思想に限定されること、および無審査による登録制度である点は特許と異なるが、少なくとも自然法則を利用した技術的思想であることで発明と考案は同質と考えることができる。

③意匠法‥‥‥工業デザイン・意匠(知的財産)を保護する法律であり、付与される権利は意匠権(知的財産権)である。意匠権の保護期間は、意匠登録出願日から25年間。意匠の定義は、「物品の形状、模様若しくは色彩若しくはこれらの結合(以下「形状等」という。)、建築物の形状等又は画像であって、視覚を通じて美感を起こさせるもの」である。

④著作権法‥‥‥著作物(知的財産)の創作を契機に、著作者の権利として著作者人格権と著作(財産)権が認められる。後者は財産権であり、その保護期間は著作物の創作から創作者の死後70年間(映画は公表後70年間)である。権利終期の正確な計算方法は第二章で説明する。著作物の定義は、「思想又は感情を創作的に表現したものであつて、文芸、学術、美術又は音楽の範囲に属するもの」である。

⑤半導体回路保護法‥‥‥半導体集積回路(知的財産)を保護する法律であり、付与される権利は回路配置利用権(知的財産権)である。回路配置利用権の保護期間は、設定登録日から10年間。

知的財産法の全体像

⑥植物新品種（育成者権）・・・・・種苗法（75条）
農産物、林産物、水産物の生産のために栽培される植物の品種登録の日から25年間保護（樹木30年）

競合企業者間でやってはいけない行為を規制

⑦営業秘密・・・・・不正競争防止法（40条）
企業が有する製造技術、顧客情報などの営業秘密の盗用などの不正行為を禁止。パリ条約、商標法を補完する役割を有する。
「営業秘密」とは、秘密として管理されている生産方法、販売方法その他の事業活動に有用な技術上又は営業上の情報であって、公然と知られていないもの。

商標法｜不正競争防止法｜パリ条約（商標、不正競争防止など）

⑧商標（商標権）・・・・・商標法（85条）
商品・役務に使用する「自他商品識別力があるマーク（文字・図形・記号など）」などに対して商標権が与えられる。
そのマークなどは、審査官が審査して拒絶理由（商品・役務の識別性の有無、品質誤認など）を発見しない場合、商標権として設定登録される。

知的財産法の全体像

設定登録された日から商標権が発生し、原則、設定登録から10年で商標権の存続期間が終了するが、10年ごとに更新が可能である。永年使用することにより業務上の信用が化体するためである（商標法1条）。
「商標」とは、人の知覚によって認識することができるもののうち、文字、図形、記号、立体的形状若しくは色彩又はこれらの結合、音その他政令で定めるもの（以下「標章」という。）（商標法2条1項）。

⑨商号・・・・・不正競争防止法　商法、会社法
商業上の取引で自己を表示するために用いる名称を保護。

⑩著名商標・原産地表示・・・・・不正競争防止法（40条）
周知・著名商標・商号の紛らわしい使用や、不適切な地理的表示などを禁止。

⑪地理的表示・・・・・地理的表示法（32条）
地理的表示（GI: Geographical Indication）は農林水産物・食品等の名称であり、産品の品質等を確立して特定できる表示に対して農林水産大臣が審査の上、登録する。基準を満たすものに「地理的表示」及びGIマークの使用を認める。

知的財産法の全体像

●知的財産は三系統に分類できる

製品等の開発製造過程で創作される知的財産
発明　考案　意匠デザイン　半導体回路配置等

営業上の信用が表現されている知的財産
商標　商号　一部のドメインネーム　商品形態

思想または感情の創作物に関わる知的財産
小説　論文　音楽　写真　映画　プログラム等

⑥種苗法……植物の新品種（知的財産）を保護する法律であり、付与される権利は育成者権（知的財産権）である。育成者権の保護期間は、植物の品種登録の日から25年間（樹木は30年間）。

⑦不正競争防止法（営業秘密等）……不正競争行為の防止に関する法律であり、企業が有する製造技術、顧客情報などの営業秘密の盗用などの不正行為を禁止するものである。営業秘密の保護期間は秘密として管理されている間。営業秘密の定義は、「秘密として管理されている生産方法、販売方法その他の事業活動に有用な技術上又は営業上の情報であって、公然と知られていないもの」である。
（※著名商標等は次スライドの⑩参照）

⑧商標法……商標（知的財産）を保護する法律であり、付与される権利は商標権（知的財産権）である。商標権の保護期間は、設定登録日から10年間、但し更新が可能となっている。商標の定義は、「商品・役務（サービス）に使用する自他商品識別力があるマーク等（人の知覚によって認識することができるもののうち、文字、図形、記号、立体的形状若しくは色彩又はこれらの結合、音その他政令で定めるもの）」である。

⑨会社法・商法……商業上の取引で自己を表示するために用いる名称（社名）を保護する法律である。

⑩不正競争防止法（著名商標・原産地表示）……不正競争の防止に関する法律であり、周知・著名商標・商号の紛らわしい使用や不適切な地理的表示など不法行為類型を明示して禁止するものである。

⑪地理的表示法……地理的表示（GI: Geographical Indication）に関する法律であり、農林水産物・食品等の名称のうち、産品の品質等を確立して特定できる表示に対して、農林水産大臣が審査を経て登録を行い、基準を満たすものに「地理的表示」及びGIマークの使用を認めている。

　前スライドまでの説明で、多くの知的財産法を扱った。複雑に感じたかもしれないが、知的財産法を三系統に分類することで単純化できる。

1．製品等の開発製造過程で創作される知的財産である。発明、考案、意匠デザイン、半導体回路配置等が該当する

2．営業上の信用が表現（化体）されている知的財産である。商標、商号、一部のドメインネーム、商品形態などがこれに該当する

3．思想または感情の創作物に関する知的財産である。小説や論文、音楽、写真、映画、プログラム等がこれに該当する

　この三系統で、保護方法、保護期間、権利の種類について概略共通する事項が多いので、グルーピングして理解するとよい。

　次章から第四章までは、3の著作権法を扱う。

標準化の活用事例

● パワーウインドウのスイッチ

標準化

パワーウインドウのスイッチ

Photo:X 2WD車 スマートフォン連携ナビゲーション装着車
※画面はハメコミ合成です。

報酬の最適条件

● 手に入る報酬＝
業界全体の付加価値 × 業界の価値に対するシェア

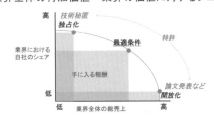

秘匿、特許ライセンス、オープン化を使い分けることで、利益の最大化を実現する

Shapiro, C., Carl, S., & Varian, H. R. (1998). *Information rules: a strategic guide to the network economy.* Harvard Business Press.

出典：江藤学ほか『教則 標準化とビジネス』（山口TLO, 2018）

標準化による市場開拓・拡大戦略

● オープン・クローズ戦略から市場開拓・拡大戦略へ

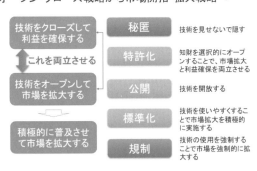

出典：江藤学ほか『教則 標準化とビジネス』（山口TLO, 2018）

標準とは

● 認識を共有するために、人やモノ、コト（サービス）、情報を繋げるための取り決め（ルール）であって、普及したもの

人間　言語・文字　人間
法律・ルール
使用方法
製造方法・管理方法
試験方法・計量方法
人工物　サイズ・形状　人工物
機械・装置　機能・プロトコル　機械・装置

出典：江藤学ほか『教則 標準化とビジネス』（山口TLO, 2018）

ここからは技術やデザインをどのようにして普及させるかについて考えてみよう。キーワードは標準化である。

自動車のパワーウインドウのスイッチは「押すと窓が開き、引くと窓が締まる」。日本のメーカーが造った自動車であれば、このような機構のスイッチが搭載されている。

なぜ、このような機構になったのかと言うと、パワーウインドウが自動車に搭載され始めた頃、子供が頭を窓に挟まれるという事故が多発したからだ。子供が窓から身体を乗り出したとき、ドアのアームレストに設置されているパワーウインドウのスイッチを踏んでしまい、窓が締まってしまったのである。事故を未然に防ぐために、自動車や部品の製造業者が話し合って、子供が踏んでも窓が締まらないように、押すと開き引くと締まるという規格を作ったのである。

各社とも直ぐに採用したため、規格は普及し標準となった。安全性を確保するために作った標準であるが、多くの部品メーカーが使うことにより、スイッチの価格が下がるという効果も生み出している。そうすると自動車の生産コストが下がり、販売価格も連動する。自動車には多くの標準製品が用いられており、我々が買いやすい価格に抑えられている。

研究開発の成果である発明や意匠デザイン、これらを特許権などの知的財産権により、自分たちだけが使える状態にしただけで十分なのだろうか。過去には市場の独占は成功したが、独占が市場の拡大を抑制してしまい、販売数量が増加せずに研究開発費の回収すらできなかったビジネスもある。

研究開発が成功したら、どのような技術を権利化し独占するかという知的財産戦略と同時に、製品が沢山売れて利益を増大させるような市場拡大戦略も必要となる。その一つに標準化戦略がある。発明や意匠デザインなどを公開しただけでは、市場を拡大することは難しい。多くの企業が使えるような技術にすることで、市場拡大を「促す」必要があり、これを実現できるのが標準化である。

標準を一言で表すと「認識を共有するために、人やモノ、コト（サービス）、情報を繋げるための取り決め（ルール）であって、普及したもの」と定義することができる。定義に従うと、技術や製品だけでなく、物の測り方や取り扱い方、サービスのやり方など、多様なものが標準として存在していることになる。言葉や文字、道路交通法などの法律ですら標準の一つである。

研究開発の成果を基にして利益を最大化するためには、積極的に標準を作り、生産コストの削減や市場の拡大を促すことが、現代のビジネスにおいては重要になっている。

第二章

著作権の基礎知識

学習の目標

- 著作物の定義を理解して、著作物性の判断ができる。
- 著作権侵害の判断における「依拠性」について理解する。
- 著作者の権利である「著作者人格権」と「著作（財産）権」、著作物を伝達する者の権利である「著作隣接権」の概要等を理解する。
- コンテンツ（著作物）の製作に関わる当事者とその仕事を理解し、そこに著作権等の権利が関わっていることを認識・検討することができる。

学習に必要な知識（項目）

- 著作物の定義
- 著作物の種類
- 著作物性の判断基準（文章、音楽、画像）
- 著作物の依拠性
- 著作物の類似性の判断
- 著作者人格権
- 著作権
- 著作隣接権
- 出版権
- 著作権の存続期間

著作権法に基づく処理

●処理の流れ
1. 著作物か？・・・思想又は感情を創作的に表現したもので，文芸，学術，美術又は音楽の範囲に属するもの。
2. 誰が著作者か？
3. 著作者人格権の検討
4. 著作権の検討・・・・原則と権利制限規定（管理面や教育用途等）
5. 該当すれば著作隣接権・出版権の検討
6. 不正競争防止法の適用可能性を検討
7. 商標法・意匠法の適用可能性を検討
8. 民法の一般不法行為
9. 損害はどの部分か
10. 損害額推定
11. 限界利益の算定に関する攻防、販売できない事情の勘案
12. 侵害寄与率算定に関する攻防

この部分は
次の学習段階で扱う内容

著作権法は、何らかの著作物を創作した者に認められる権利を出発点に、著作物を伝達する者の権利、出版を引き受ける者に設定される権利等を規定した法律である。

著作権法に定める権利で問題が発生した場合、通常は次の流れに沿った処理がなされる。はじめに、対象物が著作権法における著作物の定義に該当するか否かを判断する。該当の創作物に、著作物性が認められなければ著作権は本質的に発生しないから、これ以降のステップを検討する必要がない。次に、誰が著作者であるか、更に著作者人格権や必要に応じて著作隣接権等の検討へと続く。実際の著作権紛争あるいは著作権侵害訴訟では、最初の著作物性の判定段階で決着がつくケースが多い。たとえば、プログラムの著作権紛争では、情報処理に関する簡単なアルゴリズム（思想・考え方）を、ありふれたプログラム表現で記述した程度であれば創作性が低いと判断され、著作物性が否定されることが多い。従って私たちが著作権紛争に巻き込まれるリスクを減らすためには、自分自身で的確に「これは著作物であるのか否か」を判断できることが重要である。

前回の復習　知的財産法の全体像

●知的財産は三系統に分類できる

製品等の開発製造過程で創作される知的財産
（発明）考案（意匠デザイン）半導体回路配置等

営業上の信用が表現されている知的財産
（商標）商号　一部のドメインネーム　商品形態

思想または感情の創作物に関わる知的財産
（小説　論文 音楽　写真　映画　プログラム等）

前回、知的財産法の三系統の分類について説明したが、今回の第二章から、第四章まで、思想または感情の創作物に係る知的財産、すなわち、著作物について扱う。

著作権法の目的

著作権法第1条
この法律は、著作物並びに実演、レコード、放送及び有線放送に関し著作者の権利及びこれに隣接する権利を定め、これらの文化的所産の<u>公正な利用に留意しつつ</u>、<u>著作者等の権利の保護を図り</u>、もって文化の発展に寄与することを目的とする。

特許法との比較

特許法第一条　この法律は、発明の保護及び利用を図ることにより、発明を奨励し、もって産業の発達に寄与することを目的とする。

著作権法の目的をまず見てみよう。著作権法は、「文化の発展に寄与」することを目的としている。一方、特許法の場合、文化ではなく、「産業の発達に寄与」することを目的としている。

著作物とは何か

●著作物　思想又は感情を創作的に表現したもので「文芸」「学術」「美術」又は「音楽」の範囲に属するもの。

著作権法は
1. 著作物を創作した者（著作者）の権利
2. 著作物を伝達する者の権利
3. 出版社の権利　を定めています

「著作物」とはそもそも何だろうか。

著作権法は、「著作物」を「思想又は感情を創作的に表現したもので文芸、学術、美術又は音楽の範囲に属するもの」と定義する。具体的には、小説や絵画、音楽、映画、写真等は著作物に該当するケースが多いが、前述の著作物の定義を満たす限り、他の態様であっても著作物として成立する可能性がある。

「思想又は感情」とは、創作者である「人」の思想または感情を意味する。従って、「スカイツリーの高さは634メートル」という単なる事実表現は、人の思想・感情とは無関係であり著作物性を否定してよいだろう。また「創作的」とあるので、著作物として認定されるには「創作性」、すなわちその人の個性が表現・発揮されていることが必要である。他人の作品の「模倣」や、東京オリンピックは1964年だった等の単なる事実（創作されていないもの）は除外される。また「表現したもの」と定義されているため、単なるアイデアや考えといった抽象的なものではなく、絵や文字、歌、踊り、芝居など何らかの形で具体的に思想又は感情が発現・表現されている必要がある。

著作物として成立するか否かの判断は、だれが、いつするのだろうか。著作権法は、権利の成立に無方式主義をとっており、人が著作物の定義に合致する創作物を生み出した時点で著作者の権利が発生する。従って、著作権紛争による司法判断、あるいは契約交渉を経て当事者が著作物の成立に合意する等の、明示的なアクションの機会がなければ、客観的に判断されることの認識が薄い。すなわち、自分が絵を書いた、作曲をした、写真を撮影した等々の時点で、誰かが「これは、思想又は感情を創作的に表現したものだから著作物に該当する」と合理的かつ公平に判定するわけではない。特許等の産業財産権は、原則として一定の要件の下に厳密な審査を行い権利が付与される（審査主義）。この点は、著作権法と大きく異なり、そもそも創作を経て権利がそこに真正に生じているかを、一義的には関係する個々人で判断することを強いられる制度である。不便に思うかもしれないが、著作物性の判断は、過去からの法解釈や判例の積み重ねから学び、一定程度は客観的な判断ができるようにする必要がある。

著作者とは

著作物を創作する者をいう。

「思想又は感情」を創作的に表現した人が著作者となる。
・ 自然人・・・・肉体を持った人
・ 法人・・・・法律が「人」としての地位を認めた、権利や義務を得る資格を与えられた集団や団体。権利、義務の主体となることができる。（会社も著作者になることあり）

では、動物はどうだろう。

**自然人も法人も著作者になれる。
動物は著作者になれない。**

それでは、著作者とはだれを指すのだろうか。著作権法では、「著作物を創作する者」と規定している。

「著作物」が、「思想又は感情」を創作的に表現したものであるとすれば、著作者は、「思想又は感情を創作的に表現した者」であると言い換えることができる。

著作者になることができるのは、自然人あるいは法人である。では、動物はどうだろう。動物の場合、たとえ如何に上手な絵を描いたとしても、著作権法上の著作者となることはできない。

なお、著作権法は「著作物を創作した者」の権利、いわゆる著作者の権利だけを保護していると思われがちであるが、実際は「著作物を伝達する者」、例えば、歌手や俳優といった実演家、レコード製作者などの権利、さらには「出版者」の権利も含めた一連の権利を定めている。

著作物とは何か

● 著作物の種類の例

一 小説、脚本、論文、講演その他の言語の著作物

二 音楽の著作物

三 舞踊又は無言劇の著作物

四 絵画、版画、彫刻その他の美術の著作物

五 建築の著作物

六 地図又は学術的な性質を有する図面、図表、模型その他の図形の著作物

七 映画の著作物

八 写真の著作物

九 プログラムの著作

著作物の種類として、以下の9種類が例示されている。

①小説、脚本、論文などの言語の著作物

②音楽の著作物

③舞踊又は無言劇の著作物

④絵画、版画、彫刻などの美術の著作物

⑤建築の著作物

⑥地図や学術的な性質を有する図面、図表などの図形の著作物

⑦映画の著作物

⑧写真の著作物

⑨プログラムの著作物

これらは、あくまでも例示規定であり、「思想又は感情を創作的に表現したもので文芸、学術、美術又は音楽の範囲に属するもの（著作権法2条1項）」という、著作物の一般定義に合致するものは著作物である。

著作物を探してみよう

● 新聞紙面から著作物を探してワークシートに記入してみよう

それでは、具体的に新聞紙面で著作物性を考えてみよう（ワークシート②裏面1）。

新聞紙面には、記事や見出し文章、図、表、写真、新聞社のマークなど、数多くの情報が掲載されている。それぞれについて、著作物の一般定義あるいは例示規定を参考にして、判断とその根拠を示すこととする。

【著作物の一般定義】

思想又は感情を創作的に表現したもので文芸、学術、美術又は音楽の範囲に属するもの（著作権法2条1項）。

1．思想又は感情を創作物から感得することができるか

2．一定の創作性が存在するか

3．具体的に表現されているか

4．創作物が学術、美術又は音楽に当てはまるか

※1から4のすべてを充足する必要がある。

ワークシート②裏面1に同じ新聞紙面があるので、著作物性の一般定義あるいは例示規定を使って、著作物と思う箇所を鉛筆やラインマーカー等を使い□枠で囲ってみよう。また、著作物性のない箇所は×印を、条件設定によりどちらもあり得る箇所には△印をつけてみよう。

著作物を探してみよう

● 新聞紙面から著作物を探してワークシートに記入してみよう

おそらく、読者は左記スライドに印をつけた箇所をチェックしていることだろう。次に、これらの著作物性について、検討してみよう。

単品の「写真」や「図」は、基本的に著作物に該当すると判断される。ただし、図は一定程度以上の創作性が見られない単純な図であれば著作物性が否定されることもある。

「記事本文」は原則として著作物性が肯定される。報道記事は、背景説明や取材過程で見聞した事実などを記述した上に解説的な文章が付加されている、あるいは記者の主観や感情等が織り込まれた記述として表現されることが一般的であり、思想または感情を含む創作性がある表現として著作物となる。

一方、「単なる事実」の伝達にすぎないお知らせや雑報、時事の報道、ありふれた表現、だれが書いても同じ表現になる文章、具体的には人事往来、死亡記事、火事、交通事故等に関する日々のニュース等は、創作性がないものとして著作物性が否定されることが多い。

記事の「見出し」はどうだろうか。見出しのような短い文章は、文言の記述順の前後に工夫があるにしても、基本的にだれが書いても類似した文章になるため、創作性が乏しいという理由で著作物性が否定されると考えられる。

「表」はどうだろうか。表は、著作物になる場合とならない場合とがある。通常、単なるデータを並べただけの表は創作性に乏しく著作物でないとされる。一方、そのデータの選択と配列に創作性が認められれば著作物となる可能性が高くなる（例：あいうえお順の電話帳×、職業別かつ配列等に独自性がある電話帳○）。

新聞紙面全体も一つの著作物である。新聞紙面は、どの部分にタイトルや本文、写真等を配置するか等、高度な創意・工夫が図られており、結果として全体的に読みやすい構成となっている。よって、素材の選択、配列によって創作性を有しているとされ、編集著作物として保護される。

したがって、コピー機で新聞紙面の全体もしくはその一部を無断で複製した場合は原則として著作権侵害となる。例えば、企業が無許諾で自社製品の記事が掲載された紙面全体を複製し、それを商品PRとして使う行為は、紙面に収録されている個々の記事や写真等の著作権に加え、紙面全体の編集著作物としての著作権も侵害するものと考えられる。

著作権法を含めて実務者の観点からは、著作物性、すなわち、創作性のレベル・表現の現れ方の判断基準は、著作物の種類によって異なると考えるべきである。

一般的に写真などの画像系は、創作性判断基準が低いと考えられる。例えば、ありふれた風景の中に佇む人々を被写体とする写真を撮った場合、一般的にはその写真は著作物とされ撮影した者に著作者の権利が発生する可能性は高い。これについては、デジカメのオートモードで写実的にありのままで撮影した場合の創作性を否定する考え方もあるが、実際の判決では何らかの方策で少しでも創意工夫があれば創作性の要件を満たしているという判断が多い。つまり、紛争になった場合は些細な点に創作性を見いだす傾向がある。

一方、文章の著作物が最も創作性の判断基準が高く厳格であり、音楽はその中間ぐらいとされている。文章に関しては、過去から続くありふれた表現に過度の創作性を認める弊害を重く見た結果と考えられる。

判断基準が異なる

●文章の著作物性判断　　下の文章は著作物？

> 文章は、単なる事実関係の羅列、
> 新聞見出しのような短文、ありふれた
> 表現等は創作性が低いため著作物で
> はないと判断されることが多い。

某アニメ作品の台詞
『時間は夢を裏切らない、夢も時間を裏切ってはならない。』

◄►

歌詞：「約束の場所」B氏作詞
詞：夢に持って生きていくよ
～途中省略～
夢は時間を裏切らない時間も夢を決して裏切らない

約束の場所事件判決文

文章の著作物性判断について、実際の判決文を基に検討する。単なる事実関係の羅列、新聞の見出しのような短文、ありふれた表現などの文章は、創作性が低く著作物ではないと判断されることが多い。これを踏まえた上で考えてみよう。

某アニメ作品中に、「時間は夢を裏切らない、夢も時間を裏切ってはならない」という台詞がある。一方、B氏の「約束の場所」という曲の歌詞に、「夢は時間を裏切らない時間も夢を決して裏切らない」というフレーズがある。このことにより、このアニメの著作者A氏と作詞家のB氏が著作権侵害を争った事件である。前提条件は、当該アニメの公表が先でありB氏の成長過程でそのアニメを見ていた可能性が高いものとする。

このアニメ作品の台詞、「時間は夢を裏切らない、夢も時間を裏切ってはならない」は、そもそも著作物に該当するのだろうか。

この文章が「思想又は感情を創作的に表現したもの」、すなわち著作物に該当するか否かを、そのように考えた理由もあわせてワークシート②の2に記述してみよう。

解答 判断基準が異なる

●文章の著作物性判断
下の文章は著作物？

『時間は夢を裏切らない、夢も時間を裏切ってはならない。』

> 判断基準は…
> 創作性（オリジナルか？それとも類似した文章なのか？）

↓

> （判決）創作性があるとは判断できない
>
> 1．「夢」、「時間」、「裏切らない」のキーワードは一般的に使用されている
> 　（思想感情を「夢」と「時間」という言葉をキーワードに物珍しいものでもない）
> 2．文章そのものが短い（短い文章は創作物としては認められない）
> 3．文章が「著作物＝作品」という影響を与えていない
> 　（文章が作品の一部に過ぎない、構成要素である）

判決では、某アニメ作者A氏の主張が否定されている。

裁判における、A氏側の主張は、B氏は成長の過程で自分のアニメ作品を見ていたはずである、アニメ作品（の該当の文章）は著作物である、B氏の歌詞の該当部分は自分の著作物に依拠した複製あるいは翻案（変形）であり、結果として著作権侵害であるというものである。ここでは、A氏のアニメの台詞中の歌詞に対応する部分を切り出して、その部分が著作物であることを前提に訴えている。これに対して、判決では切り出された文章「時間は夢を裏切らない、夢も時間を裏切ってはならない。」は創作性があるとは判断できない、結果として著作物に該当しないとした。

この判断理由は、下記に要約される。

1．「夢」、「時間」、「裏切らない」のキーワードは一般的に使用されているありふれた表現である（思想感情を「夢」と「時間」という言葉で表しているが、これらのキーワードは物珍しいものではない）

2．文章そのものが短い、短い文章の中で単語を並べるとしたら、夢や時間といった単語の順番が若干逆になるにしても、だれが書いても似たような表現になるから、創作物として認められない

3．この文章は作品の一部に過ぎない、単なる構成要素の一つとして歌詞の該当部分と比較することになる。このケースではアニメ作品全体の著作物性を判断するわけではなく、歌詞に相当する比較対象部分で比較すべきである。そして、この部分だけを取り出すと著作物性は否定される

小説や詩よりも短い短歌や俳句の創作性はどうなるだろうか。標語について著作物性が争われた事案がある。

原告は、「ボク安心　ママの膝より　チャイルドシート」という標語を作った。それに対し被告は「ママの胸より　チャイルドシート」というスローガンとともにテレビCMを放映した。

交通安全標語の類似事件

平成13年5月30日　東京地裁　平成13(ワ)第2176号

原告：交通安全のための交通標語(スローガン)を制作

被告：社団法人　日本損害保険協会、株式会社電通

原告：「ボク安心　ママの膝(ひざ)より　チャイルドシート」
平成6年秋の全国交通安全スローガン募集に応募したところ、原告スローガンは優秀賞に選定

被告協会：平成9年度後半の交通事故防止キャンペーンとして、被告電通にその宣伝を依頼
被告電通：「ママの胸より　チャイルドシート」というスローガンを作成し、被告らは、協議の上、前記宣伝として被告スローガンを各テレビ局に放映させた。

裁判所は、原告のスローガンには著作物性があることは認めた。ただし、被告の作成したスローガンと比較して、創作性のある部分が共通しておらず、実質的に同一でないことから、侵害は否定している。

このように、著作権紛争の多くは入口の段階で著作物であるか否かの判断で終結する。従って、該当の創作物について、法律に基づいた合理的な著作物性判断ができるスキル獲得が重要である。

交通安全標語の類似事件

争点
(1)　原告スローガンの著作物性の有無

　　(1)　著作物性あり

(2)　被告による著作権(複製権)侵害の有無

　　(2)創作性のある部分が共通しておらず、実質的に同一ではない

一般社団法人日本音楽著作権協会（JASRAC）の楽曲データベースでB氏の「約束の場所」を確認しよう。下記URLで、同協会ホームページのトップページから入るとよい。

http://www.jasrac.or.jp/

トップページ右上に「J-WID（ジェイ・ウィッド）」の作品検索に入るリンク箇所があり、ここから順に利用条件等を辿って検索ページに入る。作品タイトル部分に上の作品名を入力して検索ボタンをクリックすると、同じ楽曲名のリストが表示されるので、アーティストがCHEMISTRYの行をクリックすると当該楽曲の情報が表示される。作詞家名、作曲者名、音楽出版社名、許諾条件、その他諸々の情報を参照できる。

なお、同協会ホームページのトップページには、音楽著作権に関する説明、音楽を使う方への情報提供、音楽を作る方への情報提供、オンラインライセンス窓口、参考となるトピックス等の情報が掲載されており、一通り参照することをお勧めする。

判断基準が異なる

●文章の著作物性判断

出典：日本音楽著作権協会HPの楽曲検索DB

出典：一般社団法人日本音楽著作権協会　楽曲検索データベース(J-WID)から

判断基準が異なる

●画像の著作物性判断事例　定点カメラの画像は？

判断基準　創造性はありますか？
オリジナル性はありますか？

次に、画像系創作物についての著作物性判断を考える。

これは、山口大学構内に設置された定点カメラで撮影された画像である。この定点カメラで撮影された画像は著作物といえるだろうか。

教科書的には、定点カメラの画像は機械的に撮影されたものであり、そこに「人」の思想・感情が関与する余地がないから創作性がない、結論として著作物性がないと説明される。著作物の定義規定、すなわち「思想又は感情を創作的に表現したもので文芸、学術、美術又は音楽の範囲に属するもの」に沿った原則論としてはその通りである。

一方で、結果的に定点カメラで撮影された画像でも、人の思想・感情が創作的に表現されたものであれば著作物性を認めてもよいケースが存在すると考えられる。例えば、撮影時間、太陽の角度、空に占める雲の量、湿度等々のパラメーターをプログラムに組み込み、システム開発者の思想感情に基づいたタイミングで撮影する定点カメラで撮影された画像である。思想感情が表現されるように工夫する作り込みの度合いによっても判断が分かれるため、どのようなケースがあるか議論してみよう。

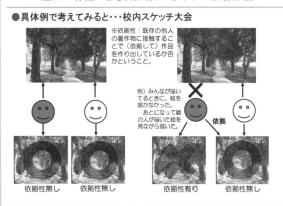

他人の作品に依拠（依存）しなければ別著作物

●具体例で考えてみると・・・校内スケッチ大会

※依拠性：既存の他人の著作物に接触することで（依拠して）作品を作り出しているか否かということ。

例）みんなが描いてるときに、絵を描かなかった。あとになって隣の人が描いた絵を見ながら描いた。

依拠

依拠性無し　　依拠性無し　　依拠性有り　　依拠性無し

全く別に創作された二つの作品（著作物）が結果として似ていた場合、著作権法ではどのように扱われるのだろうか。

他人の著作物を見たり聞いたりして（依拠・依存）、その表現を取り入れて似た作品を創作した場合、同一著作物から発生した複製あるいは変形（翻案）であり、著作権侵害になり得る。しかしながら、他人の著作物に依拠しないで双方が純粋にオリジナル作品を創作し、結果として似通った作品が創作された場合は、独自の著作物が別々に存在すると解釈するのが著作権法の考え方である。従って、著作者の権利も別々に発生する。

校内スケッチ大会で、二人の人間が同一時刻に同じ風景を同じ角度でスケッチした場合を考えるとよい。結果として二人の絵が似通ったものになったとしても、これらは別著作物として扱われる。一方、実際に風景を見て書かれたスケッチを別の人が見て、これに基づいて似たスケッチを描いた場合は、元のスケッチに依拠して似た絵を書いたのであるから、著作権侵害となり得る。ここは、特許権のような創作過程の独自性とは無関係に先に出願した者が権利を取得する産業財産権制度と大きく異なる。

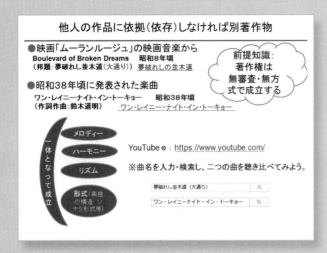

出典：一般社団法人日本音楽著作権協会　楽曲検索データベース（J-WID）から

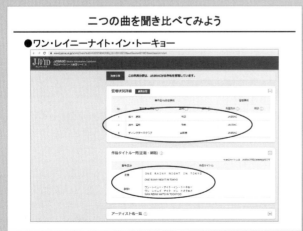

出典：一般社団法人日本音楽著作権協会　楽曲検索データベース（J-WID）から

You Tube®等で次の二つの曲を聴き比べてみよう。

1曲目は、「BOULEVARD OF BROKEN DREAMS」、日本語でのタイトルは「夢破れし並木道」である。昭和初期の曲で、当時の映画音楽として使われている。もう一つの曲は、昭和38年頃に発表された「ワン・レイニーナイト・イン・トーキョー」である。詳細な権利関係は、前述の一般社団法人日本音楽著作権協会（以下、JASRACと表記）楽曲データベースで確認していただきたい。

両曲の主旋律を聞き比べると、結果としてある程度似ている部分があり、この点をとらえて双方の権利者間で訴訟が提起された。事件は最高裁判所まで争われたが、『既存の著作物と同一性のある作品が作成されても、それが既存の著作物に依拠して再製されたものでないときは、その複製をしたことにはあたらず、著作権侵害の問題を生ずる余地はない』（昭和50（オ）324最高裁第一小法廷）として、後者の作曲家がBOULEVARD OF BROKEN DREAMSに依拠していなかったとされ、著作権侵害は認められなかった。

判決は、後者を作曲した鈴木道明氏が、先に存在していたハリー・ウォーレン（WARREN HARRY）氏の曲を知らずに独自に作曲したと判断して、二つの曲は別著作物であると結論づけている。このように、依拠性の有無、すなわち既存の他人の著作物にアクセス（依存）して作品を創作した事実の有無、場合によってはその事実の立証は著作権紛争における重要な判断要素の一つである。特許発明に代表される産業財産権の世界では、たとえ完全に独自な創作行為がなされた場合であっても、出願手続日の前後を基準に一人の権利者のみが権利を保有（先願主義）する制度を採っている。依拠性がなければ、同じ表現の著作物であっても別々の権利が認められる点は、著作権法独特のものである。

JASRAC楽曲データベースを使って、曲名「BOULEVARD OF BROKEN DREAMS」を検索キーに権利関係を調べてみよう。作曲家、作詞家（歌詞の著作権は権利期間満了で消滅）、音楽出版者、国内のサブ出版者、日本語への訳詞家等、関係者名を確認できる。また、実際にこの楽曲を演じた（歌唱・演奏）アーティスト名、邦題名等、多くの情報を確認できる。

同じく、曲名、「ワン・レイニーナイト・イン・トーキョー」で検索する。作詞、作曲とも鈴木道明氏であること、音楽出版者、その他の情報を取得できる。

曲の類似と依拠性が争われた事件

● どこまでも行こう VS 記念樹 事件

裁判所の判決文検索サイトで検索してください。この事件の場合、判決文本文と判決資料として楽譜がpdf形式ファイルで配信されています

裁判所名:東京高等裁判所
事件番号:平成12年(ネ)第1516号
で検索しよう

裁判所 裁判例情報 検索画面
http://www.courts.go.jp/app/hanrei_jp/search1

次に、A氏が作曲した「どこまでも行こう」と、B氏が作曲した「記念樹」を比較してみよう。前者は、タイヤメーカーのCMソングとして有名になった曲、後者はTV番組のエンディングテーマに使われていた曲である。

はじめに、右記のQRコードを読み取り、裁判所判例検索ホームページに掲載されている判決資料(pdfファイル)をダウンロードしよう。

この判決資料には、両曲の歌詞と楽譜、別紙3に対比譜面、別紙4に旋律の具体的対比説明が掲載されている。この資料を見て、同一(複製)であるか、類似(翻案)であるかを検討し、そのように考えた理由とあわせて、ワークシート②の3に記述してみよう。場合によっては、YouTube® 等のストリーミング配信を利用して聞き比べてみよう。

更に詳細には、右記から判決文を閲覧してほしい。

本件は、曲の類似性判断方法と依拠性の判断手法が論点である。

曲の類似と依拠性が争われた事件

● どこまでも行こう VS 記念樹 事件
【類似(正確には翻案)】
上記のような同一ないし類似する旋律のまとまりとして挙げられるのは、せいぜい1フレーズ(2分の2拍子で4小節、4分の4拍子で2小節)までの長さのものであって、4フレーズを1コーラスとする甲曲を全体として見た場合に、その全体の旋律が慣用的に用いられていたことを示すものとはいえない。仮に、本件において、乙曲の旋律との同一性ないし類似性が問題とされているのが、このような1フレーズ程度の旋律部分に係るものであるとすれば、創作的な表現とはいえない慣用的な音型の一致又は類似にすぎず、表現上の本質的な特徴の同一性を基礎付けないということもあり得ようが、本件で控訴人らが問題としているのは、甲曲の旋律全体と乙曲の旋律全体の類似性にあるのであり、このような4フレーズの旋律全体の構成として考えた場合、甲曲特有の創作的な表現が含まれていることは明らかというべきである。

裁判所はまず類似性について判断しており、次のように述べている。

「控訴人らが問題としているのは、甲曲の旋律全体と乙曲の旋律全体の類似性にあるのであり、このような4フレーズの旋律全体の構成として考えた場合、甲曲特有の創作的な表現が含まれていることは明らかというべきである。」(ここで、甲はA氏、乙はB氏のこと)。

つまり、4フレーズ(判決資料の別紙3の対比譜面がちょうど4フレーズとなっている)ずつ比較対比していくと、この二つの曲の創作的な表現は似ている、類似している、とした。

※1フレーズ:2分の2拍子で4小節(どこまでもいこう)、4分の4拍子で2小節(記念樹)。

曲の類似と依拠性が争われた事件

● どこまでも行こう VS 記念樹 事件
【類似(正確には翻案)】
(2) 数量的分析
まず、ごく形式的、機械的な対比手法として、別紙4に基づいて、甲曲と乙曲の対応する音の高さの一致する程度を数量的に見ると、第1フレーズでは16音中11音が、第2フレーズでは16音中12音が、第3フレーズでは16音中14音が、第4フレーズでは、フレーズdで16音中6音が、フレーズhで16音中12音が、それぞれ音の高さで一致する。そうすると、乙曲の全128音中92音(約72%)は、これに対応する甲曲の旋律と同じ高さの音が使われていることが理解される。

　等々・・・・

※ 通常オリジナル曲とその編曲では、約70%が同じ高さの音が使われているというデータが基準とされた。

また、数量的な分析も加えている。

「形式的、機械的な対比手法として、別紙4に基づいて、甲曲と乙曲の対応する音の高さの一致する程度を数量的に見ると、第1フレーズでは16音中11音が、第2フレーズでは16音中12音が、第3フレーズでは16音中14音が、第4フレーズでは、フレーズdで16音中6音が、フレーズhで16音中12音が、それぞれ音の高さで一致する。」として、後者の「記念樹」に使われている音である全128音中92音(約72%)が、前者の「どこまでも行こう」と同じ高さの音が使われていると述べている。

ここで、通常オリジナル曲を編曲した楽曲とオリジナル曲の譜面の類似性を比較した場合では、約70%の同じ高さの音が使われているというデータを基準に、約72%の一致性が見られたのであれば双方の曲は類似(翻案)していると判断された。

曲の類似と依拠性が争われた事件

●どこまでも行こう VS 記念樹 事件

【依拠性】

以上の事実に、控訴人金井音楽出版代表者Uの陳述書（甲114）及び弁論の全趣旨を総合すれば、甲曲は、昭和41年に公表された当時にコマーシャルソングとして広範な層の国民に絶大な人気を博したばかりでなく、その後も、長く歌い継がれる大衆歌謡ないし唱歌としての地位を確立し、昭和40年代から乙曲の作曲された当時（平成4年）にかけての時代を我が国で生活した大多数の者によく知られた著名な楽曲であることが認められ、被控訴人が本訴提起の直後に受けた放送記者のインタビューに対する応答（甲85、検甲24）からも、被控訴人自身、これと別異の認識を有していたわけではないことがうかがわれる。　等々・・・

類似（翻案）であり、依拠して創作されたと認定

次に、依拠性の判断である。

類似性（翻案）があっても、依拠性がなければ著作権侵害にはならない。前述の「ワン・レイニーナイト・イン・トーキョー」の事案では、類似しているものの依拠性が認定されなかったために著作権侵害にはならなかった。

本事案では、「どこまでも行こう」が昭和40年代から多くの国民に知られていた曲であり、後者の曲の作曲者であるB氏自身の放送記者への応答等も含めた総合判断で、依拠性についてもあると認定されている。

著作権法で規定する権利

●著作権のみを規定している法律ではない

（1）著作者の権利

著作者人格権

著作（財産）権

この二つをまとめて、簡易に「著作権」と呼ぶこともあります。

（2）著作物を伝達する者の権利

著作隣接権

（3）出版者の権利

出版権

権利制限規定
30条～50条

著作権法に規定されている権利は以下の通りである。

すなわち、著作権法は著作権のみを規定しているのではない。

（1）著作者（著作物を創作した者）の権利
　　→著作者人格権と著作（財産）権

（2）著作物を伝達する者の権利

（3）出版者の権利

を中心に私的録音録画補償金等のその他の権利、そして著作権侵害罪等の刑事規定も定められている。

なお、「著作権」なる文言を使用する際、著作者の権利として「著作者人格権」と財産権としての「著作（財産）権」を切り分けて用語を使っている場合（著作（財産）権のことを著作権と言っている場合）と、「著作者人格権」と財産権としての「著作（財産）権」を合わせた上位概念として「著作権」と表記している場合（著作者の権利全体を著作権と言っている場合）が混在する。

定義を定めて文言を使うのであれば、どちらも間違いではないが、いずれにしても著作権という言葉を使用する際は、このどちらであるか確認をすることが望ましい。

著作者の権利

著作者人格権

著作（財産）権
権利期間
著作物創作時点から
著作者死後70年間
映画著作物は公表後
70年間

支分権

権利制限規定
30～50条

★公表権　18条
★氏名表示権　19条
★同一性保持権　20条
★複製権　21条
★上演権及び演奏権　22条
★上映権　22条の2
★公衆送信権　23条1項
★伝達権　23条2項
★口述権　24条
★展示権　25条・・原作品展示
★頒布権　26条・・映画の著作物をその複製物により頒布する権利
★譲渡権　26条の2・・映画除く
★貸与権　26条の3
★翻訳, 翻案権　27条
★二次的著作物に対する原著作者の権利　28条

先に述べたように、著作者の権利には、著作者の人格的な利益を保護する著作者人格権と、財産的な利益を保護する著作（財産）権がある。以下、本テキストでは著作（財産）権の意味で「著作権」と表記する。

著作者人格権は一身専属性の権利である。従って、人格権であることから他人への譲渡、相続等をすることはできない。一方、著作権は、通常の有形の財産と同様に、他人に譲渡することや著作者の死亡による相続等も可能である。

著作者人格権には、公表権、氏名表示権、同一性保持権がある。著作権には、複製権、上演権及び演奏権、上映権、公衆送信権等、口述権、展示権、頒布権、譲渡権、貸与権、翻訳・翻案権、二次的著作物に対する原著作者の権利がある。後者の著作権に含まれる複製権から始まる個々の権利を支分権と呼ぶ。つまり、著作権は支分権の束と理解することができる。

これらの更に詳細な説明は、第三章の冒頭で扱う。

2018年12月30日以降の著作（財産）権の権利期間

権利期間
著作物創作時点から著作者死後70年間
映画著作物は公表後70年間

（始期）
2010年5月2日 ← 著作権の有効期間 →
2014年7月7日
2015年1月1日
2084年12月31日（終期）

△ 著作物を創作
（著作権発生）

△ 著作者の死亡

死後　70年

存続期間
満了は、
著作者の
死後70年

カウント開始
※死亡した年の翌年
の1月1日から

存続期間満了
※必ず12月31日
に権利消滅

著作権の権利期間は、始期が創作した時、終期が著作者の死後70年である。例えば、ある人が、2010年5月2日に作品Xを創作したとする。作品に著作物性が認められたら、この時点で著作権が発生する。

自然人である著作者が、2014年7月7日に亡くなったとすると、死亡した翌年の2015年1月1日からカウントが開始され、70年後の2084年12月31日に存続期間が満了し著作権は消滅する（終期）。従って、著作権は必ず12月31日に権利が消滅する。

法人著作（p108、著作権法第15条（職務上作成する著作物の著作者）を参照）は死亡の概念がないため、終期の計算が公表後70年（公表した日が属する翌年の1月1日からカウント）である。映画の著作物は権利の終期が公表時から70年間とされている。映画は団体あるいは法人が著作者であることが多く、著作者の存命期間による加算がないケースが大半であることを根拠に、公表から70年間となっている。

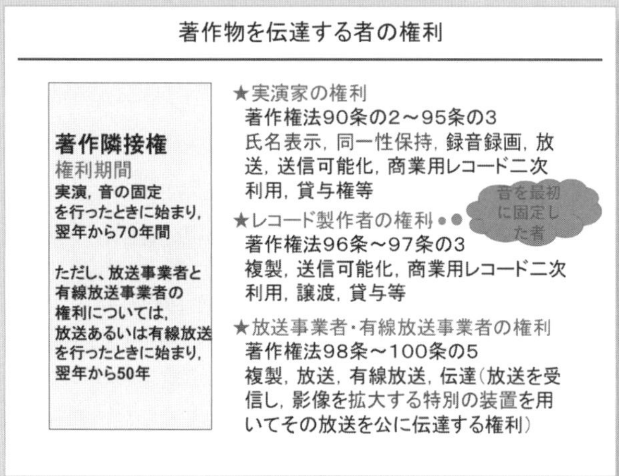

著作物を伝達する者の権利

著作隣接権
権利期間
実演、音の固定
を行ったときに始まり、
翌年から70年間

ただし、放送事業者と
有線放送事業者の
権利については、
放送あるいは有線放送
を行ったときに始まり、
翌年から50年

★実演家の権利
著作権法90条の2〜95条の3
氏名表示、同一性保持、録音録画、放送、送信可能化、商業用レコード二次利用、貸与権等
★レコード製作者の権利
著作権法96条〜97条の3
複製、送信可能化、商業用レコード二次利用、譲渡、貸与等
★放送事業者・有線放送事業者の権利
著作権法98条〜100条の5
複製、放送、有線放送、伝達（放送を受信し、影像を拡大する特別の装置を用いてその放送を公に伝達する権利）

音を最初に固定した者

著作隣接権は、著作物を伝達する者の権利である。

音楽を例に説明する。作詞家、作曲家が著作物（作品）を創作してもそれだけでは音楽にはならない。演奏する者、歌唱する者が演ずることで初めて音が発生する。すなわち、著作物の多くはそれを伝達する者の存在が重要であり、演者の工夫により同じ曲でも聴き手が受ける印象が異なる。このような創意工夫に対して、著作者の権利に準じた保護が受けられるようになっている。

著作隣接権には、実演家の権利、レコード製作者の権利、放送事業者・有線放送事業者の権利がある。

実演家とは、俳優、舞踊家（ぶようか）、演奏家、歌手、その他実演を行う者および実演を指揮し、または演出する者をいう。オーケストラの指揮者や舞台の演出家は実演家に含まれる。映画監督は実演家ではなく、著作者に該当すると考えられている。

レコード製作者とは、音を最初に固定した者、つまり音を録音して原盤（レコード）を作った者のことである。一般的には音楽出版社がレコード製作者に該当する。

放送事業者・有線放送事業者とは、通常のテレビ局やラジオ局、ケーブルテレビのような有線放送を行う事業者のことである。

出版者の権利

出版権

「複製権者」が、その著作物を文書又は図画として出版することを引き受ける者に対し与える権利。

出版者

★出版権の内容
・頒布の目的で、原作のまま印刷その他の機械的又は化学的方法により文書又は図画として複製する権利（電磁的記録として複製する権利を含む。）
・原作のまま記録媒体に記録された複製物で公衆送信する権利
（著作権法80条1項）
★出版権者の義務
・複製権者から、その著作物を複製するために必要な原稿その他の原品又はこれに相当する物の引渡しを受けた日から6か月以内に出版する義務
・当該著作物を慣行に従い継続して出版する義務（著作権法81条）

音楽CDで考えてみよう

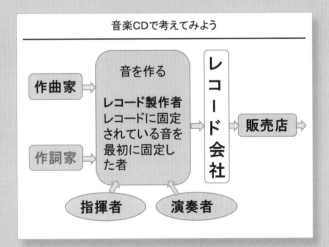

音楽CDで考えてみよう

出版者の権利は、出版権とよばれる。出版権とは、出版者に設定されるもので、著作物を原作のまま文書または図画として独占的に出版（電子出版を含む）する権利のことである。本来は、紙に印刷する従来型の書籍や雑誌を想定して、出版者が一定期間内は独占して書籍を発行できることを保証する権利と規定されていた。近年、DVD等への書籍データの収録や電子データをpdf形式やepub形式でネット配信することが可能になったため、原作のままの複製を前提に電子データの媒体への記録や公衆送信までその内容を拡大している。

出版権を出版者に設定できるのは、複製権を有する者である。著作権の支分権の全てを保有していなくても、複製権のみを有していれば、その者は出版者に対して出版権を設定できる。

出版権は著作物を原作のまま複製する権利であり、翻訳等の二次著作物を創作する権利については別途処理する必要がある。出版権を設定された出版者は、複製権者からその著作物を複製するために必要な原稿などの引渡しを受けた日から6カ月以内に出版する義務、慣行に従い継続して出版する義務があるとされている。

具体的な事例で、著作権法に規定される権利を考えてみよう。

これは、ある管弦楽団が演奏した組曲「惑星」の音楽CDである。組曲「惑星」の作曲者はグスタフ・ホルスト氏である。氏は、1934年5月25日に満59歳で亡くなっており、仮に著作権保護期間の死後50年（当時）を当てはめると著作権は消滅している。この音楽CDは、演奏のみで歌唱は該当しないので歌詞の著作者（著作権者）は検討から外してよい。指揮者はヘルベルト・フォン・カラヤン氏であり、実演家として著作隣接権者としての立場になる。演奏者はウィーンフィルハーモニー管弦楽団であり、同じく実演家として著作隣接権者となる。また、この音楽CDに記録されている音源を最初に固定した者は、レコード製作者として著作隣接権を持つ。ただし、録音後50年（当時）が経過しており、実演家、レコード製作者とも、当該音楽CDに関しては保護期間が終了している。結果として、現時点で楽曲に関する権利はすべて消滅していると判断してよいだろう。

前の説明を、作品の流れの時間軸に沿って記述する。

作曲家のグスタフ・ホルスト氏が曲を創作した時点で、曲の著作権が発生する。これについては、権利期間が終了している。歌詞はないから、作詞家は存在しない。レコード製作者（音楽出版者がなることが多い）が、指揮者と演奏家を手配してスタジオで楽曲の音を固定（録音）する。レコード製作者に、著作隣接権が発生するが、既に保護期間が終了している。指揮者と実演家には実演家としての著作隣接権が発生する。これについても、権利期間は過ぎている。

レコード会社は、ここで固定されたレコードの音源をレコード製作者から借りて音楽CDにプレスする。同時に、著作権管理団体等で著作権の処理を行う。ただし、この音楽CDの場合は曲の著作権は終了しているから編曲等のプロセスがなければ著作権の処理は必要がない。なお、この音楽CDの発行時点で著作隣接権が残っていたのかは不明である。

平原綾香のJUPITERは？

●日本音楽著作権協会HPの作品検索

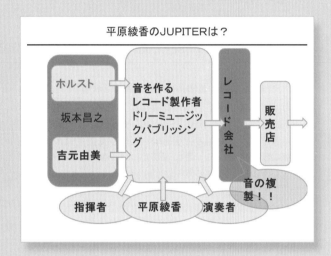

出典：一般社団法人日本音楽著作権協会　楽曲検索データベース（J-WID）から

それでは、平原綾香氏がカバーしている楽曲「JUPITER」について、その楽曲・音楽CDが我々の手元に届くまでにどのような「人」や「仕事」が介在しているのか考えてみよう。

JASRAC楽曲データベースを使って、曲名「JUPITER」、アーティスト名に「平原綾香」と入力し検索する。これまでと同様に、JASRACホームページのトップページ右上にあるJ-WIDのアイコンをクリックして検索画面に到達する。

検索の最終結果を見ると、曲の著作者はグスタフ・ホルスト氏であり、著作権保護期間は満了でパブリックドメイン（PD）と表記されている。ただし、曲を編曲した坂本昌之氏の編曲部分の著作権が発生していることがわかる。作詞家としての著作権者は吉元由美氏。音楽出版者は、ドリーミュージックパブリッシングである。法的には、編曲者の著作権と作詞者の著作権は（おそらく音楽出版者経由で）最終的にJASRACに信託譲渡されていることになる。

平原綾香のJUPITERは？

ホルスト			
坂本昌之	音を作る レコード製作者 ドリーミュージックパブリッシング	レコード会社	販売店
吉元由美			

音の複製！！

指揮者　平原綾香　演奏者

この関係を、先ほどと同様に図示する。

最初に、著作者として、編曲者の坂本昌之氏、作詞家の吉本由美氏の仕事がある。次に、著作物を伝達する者としての実演家で、平原綾香氏、指揮者、演奏家の仕事が入り、ここで実際の音楽が生ずる。その音楽を固定（録音）することで著作物を伝達するレコード製作者として音楽出版社のドリーミュージックパブリッシングの仕事が存在する。その次に、レコード製作者の音源を複製して音楽CDをプレスするレコード会社と販売店があり、最終的に音楽CDがわれわれの手元に届くことになる。

このように、多くの人々の仕事を経て音楽がユーザーに届いている。この中で、一般に音を最初に固定するレコード製作者が最も大きな権利（収益分配）を保有することが多い。レコード製作者は、実際に売れるかどうかわからない状態でリスクマネーを集めて音を固定する。従って、リスクに応じた地位を持つことになるのである。

平原綾香のJUPITERは？

●原盤権って何？？

音を作るレコード製作者
ドリーミュージックパブリッシング

原盤権は
単なるレコード製作者の著作隣接権ではない

・著作隣接権
・原盤有体物供給
・アーティストの実演（プロダクション経由）
・アーティストの肖像等の利用
・その他

業界慣行の契約パック

原盤供給契約書☞

また、レコード製作者は、一般的に音の固定だけでなく、音を固定した原盤である有体物やアーティストの実演、肖像の利用など諸々をパッケージ化したもの（商慣習上「原盤権」として集約されているもの）をレコード会社に対して許諾している。

これは、レコード会社からみると、あらかじめアーティストが所属するプロダクションとの権利処理も済ませたパッケージとして提供されることになる。あとは、JASRAC等の著作権管理団体と歌詞・曲の著作権処理を行うだけで、アーティストの肖像等のCDのジャケットへの使用も含めた権利処理が完了することになる。

「トルコ行進曲-オワタ」の権利関係を考えてみよう

●YouTube「トルコ行進曲」の権利関係・・・関係者をリストアップ

出典：YouTube

YouTube® ： https://www.youtube.com/

※曲名を入力・検索し聴いてみよう。

| トルコ行進曲 オワタ | 🔍 |

次に、インターネットで配信されている動画を例に、どのような「人」や「仕事」が介在しているか考えよう。

YouTube®等で「トルコ行進曲−オワタ」を検索して、ストリーミングで視聴してみよう。これは、ボーカロイドソフトの「初音ミク®」を使ったオワタP氏の作品である。

この「トルコ行進曲−オワタ」について、動画配信サイトで見ることができる状態になるまで、どのような「人」や「仕事」が介在しているのか検討して、ワークシート②の4に記述してみよう。

「トルコ行進曲-オワタ」の権利関係を考えてみよう

モーツァルト　初音ミク　Blazing Angel22

Youtube　| トルコ行進曲 オワタ 🔍 |

声優　CRYPTON　オワタP

ほかにどのような人・会社が関わっていたと考えられますか？考えてみましょう

出典：YouTube

トルコ行進曲の作曲者は、有名な作曲家モーツァルトである。作詞家は誰だろう。編曲者は誰だろう

YouTube®は、動画配信の場を提供している。

初音ミク®というボーカロイドソフトが使用されている。

そのボーカロイドソフトの音源の元データの発声提供者として某声優がいる。

ボーカロイドソフトを制作した CRYPTON社がある。

そして、この作品そのものを作ったオワタP氏の存在。

このように動画配信サイトで視聴する動画一つにおいても、多くの「人」や「仕事」が関わっており、著作権法に規定する権利だけでなく、関係者の収益分配の全体最適化に近づけることが、ビジネス継続の要点である。

関わった関係者を一般的に表すと、アップロードした者、YouTube®の立場、作曲者、編曲者、作詞者（翻訳者）、演奏者、歌唱者、アレンジャー、ボーカロイドソフト製作者、音源ソフト製作者、音源の元データの発声提供者（声優）となる。

小説も同様に考えることができる

小説家　小説（言語の著作物）を創作
※小説家の著作者人格権は下記の全体に及ぶ

複製権・翻案権　　　　　　　　　　複製権・出版権設定

映画の脚本家		出版社 原著作物が外国語であれば翻訳行為も存在

複製権・翻案権

映画会社が映画化
出演者の著作隣接権

翻訳行為があれば翻訳権（翻案権）

映画館	DVD		書店

頒布権　　　　　譲渡以外に貸与（貸与権）もあり得る

放送・ネット配信		※注 簡略化した概念図です

公衆送信権

小説についても、時間軸に沿って作業内容等の事実関係と支分権等を対応させる手法は音楽と同様である。

小説家が書いた小説を、出版者が書籍で発行することは、元になる小説の情報（文字、図、写真等）を書籍に複製することになる。英語で書かれた小説を日本語で出版する場合は、複製だけでなく、日本語への翻訳行為が追加される。映画化の場合、小説を元に脚本家が脚本を作成する段階で、複製、翻案（映画用に元小説を作り変える）する。撮影開始以降は、フィルム（現在は電子データとしてカメラに複製）に複製、編集時には翻案される。これをテレビで放送した場合は公衆送信である。映画館では上映となり、DVDで映画を販売する場合はDVDへの複製と翻案が行われる。

このように、コンテンツ（著作物）がわれわれの手元に届くまでには、人の仕事という事実行為が介在し、その事実行為に対応する著作者の権利（著作者人格権・著作権）、著作隣接権、出版権が存在するのである。

第三章

著作権法に定められた権利

学習の目標

● 著作権法に定められている権利を更に詳しく確認する

　①著作者の権利（「著作者人格権」と「著作権」）
　②著作物を伝達する者の権利（「著作隣接権」）の中身を理解する。

● 著作権法に基づく権利処理の観点から、「行為」と「権利」の関係性を理解する。

● パロディ表現（原著作物の二次的著作物になる場合）と著作権法の関係について
自分の考えを持つ。

学習に必要な知識（項目）

● 公表権

● 氏名表示権

● 同一性保持権

● 複製権

● 上演権及び演奏権

● 上映権

● 公衆送信権

● 口述権

● 展示権

● 頒布権

● 譲渡権

● 貸与権

● 翻訳、翻案権

● 二次的著作物に対す
る原著作者の権利

● 実演家の権利

● レコード製作者の権利

● 放送事業者・有線放送
事業者の権利

● パロディ

前回の復習 著作者の権利

著作者人格権	★公表権 18条 ★氏名表示権 19条 ★同一性保持権 20条
著作（財産）権 権利期間 著作物創作時点から 著作者死後70年間 映画著作物は公表後 70年間 （支分権） （権利制限規定 30～50条）	★複製権 21条 ★上演権及び演奏権 22条 ★上映権 22条の2 ★公衆送信権 23条1項 ★伝達権 23条2項 ★口述権 24条 ★展示権 25条‥原作品展示 ★頒布権 26条‥映画の著作物をその複製物 　　　　　　　により頒布する権利 ★譲渡権 26条の2‥映画除く ★貸与権 26条の3 ★翻訳、翻案権 27条 ★二次的著作物に対する原著作者の権利 28条

著作者の権利【著作者人格権】

	著作者人格権	権利内容
1	公表権 （著18条）	著作者は、その未公表の著作物を公衆に提供し、又は提示する権利を有する。 著作者は、その著作物を原著作物とする未公表二次的著作物についても公表権を有する。
2	氏名表示権 （著19条）	著作者は、その著作物の原作品に、又はその著作物を公衆に提供若しくは提示に際し、その実名若しくは変名を著作者名として表示するか否かを決定する権利を有する。 著作者は、その著作物を原著作物とする二次的著作物についても氏名表示権を有する。
3	同一性保持権 （著20条）	著作者は、その意に反して、その著作物及びその題号につき、変更、切除その他の同一性を保持する権利を有し、その意に反してこれらの変更、切除その他の改変を受けない権利を有する。

著作者の権利【著作（財産）権】（支分権）

	著作（財産）権 ＝支分権	権利内容
		公に＝公衆（特定少数以外の人）に直接 見せ又は聞かせることを目的として
1	複製権（著21条）	著作者は著作物を複製する権利を専有する。
2	上演権、演奏権（著22条）	著作者は著作物を、公に上演し、又は演奏する権利を専有する。
3	上映権（著22の2条）	著作者は著作物を公に上映する権利を専有する。
4	公衆送信権（著23条第1項） 伝達権（著23条第2項）	著作者は著作物について、公衆送信を行う権利を専有する。 著作者は、公衆送信されるその著作物を受信装置を用いて公に伝達する権利を専有する。
5	口述権（著24条）	著作者は言語の著作物を公に口述する権利を専有する。　朗読会
6	展示権（著25条）	著作者は美術の著作物又はまだ発行されていない写真の著作物をこれらの原作品により公に展示する権利を専有する。

この章では、著作権法に定められている各種の権利を更に詳しく説明する。

はじめに、著作者の権利の一つである「著作者人格権」を扱う。著作者人格権は、第三者が当該著作物を利用する際に著作者の思想感情に影響を与える表現となることを防止する人格的権利である。公表権、氏名表示権、同一性保持権の三種類がある。

公表権とは、著作者が自己の未公表の著作物を公表するかしないか、公表するとしたらいつどのような形で公表するかを決められる権利である。例えば、他人が書いた絵を無断で展覧会で展示することは公表権侵害となる。なお、既に自ら公表した著作物については原則として公表権は主張できない。

氏名表示権とは、著作者が著作者名を表示するか否か、表示するとしたら実名にするのか、ペンネームにするか等を決められる権利である。

同一性保持権とは、他人が著作者に無断で著作物の内容を変更することを禁じる権利である。苦労して創作したものを他人が勝手に改変したり、創作した側の意図と違った作品に改変されることは、著作者の思想または感情に打撃を与えることであり人格権侵害になる。例えば、企業からの依頼でデザイナーが広告ポスターのデザインを作成したとして、依頼した会社が事前の合意（著作者人格権不行使合意等）なしに著作者に無断で色を変えたり、構図を変えたりすることはできない。

続いて、同じく著作者の権利の一つである「著作権」を説明する。著作権には、複製権、上演権および演奏権、上映権、公衆送信権、伝達権、口述権、展示権、頒布権、譲渡権、貸与権、翻案権、翻訳権がある。著作権は、これらの細かく分かれた財産権の集合体である。個別の権利を支分権と呼び、著作権はこれらの支分権を束ねた概念である。

複製権とは、著作物を何らかの形でコピーする権利である。著作物を、印刷する、写真を撮る、複写する、録音・録画をする、などが複製に該当する。手書きで写しとることも、1回かぎりのコピーでも、複製に該当する。

上演権および演奏権は、著作物を演ずることに関する権利である。営利目的で他人の曲を公衆（不特定であれば人数は一人でも。非公開でも、多数の集まりでは該当する）に直接聞かせることを目的として演奏等する権利である。従って、レコーディングのための演奏は、直接聞かせることを目的としていないため上演権・演奏権の対象外となる。

上映権は、映画や美術作品、写真、書などをスクリーンやディスプレイ、ビルの壁などに映しだすことができる権利である。

公衆送信権・伝達権とは、著作物の公衆送信に関する権利である。かつては、放送と通信、有線と無線を切り分けた規定となっていた。しかし、技術の進歩で境界による区分が実体と合わなくなってきたため、放送や通信の上位概念としてそれらを包括する公衆送信を規定した。公衆送信であるから電気通信設備で、一つの構内のみで、かつ同一管理者が占有している、いわゆる構内送信は含まれない。

前ページからの続き→

口述権は、著作物を公に口述する権利である。口述とは、小説や詩を朗読するなどして口頭で伝達することである。演劇など実演に該当するものは除かれるが、口述の録音物を再生することは口述権に含まれる。

展示権とは、美術の著作物と写真の著作物の原作品を公に展示する権利である。ただし、写真は未発行のものに限られる。理由は、写真はオリジナルとコピーの区別が困難であることから、大量にコピーをした場合その全てを保護することは、美術の著作物とのバランスを欠くからである。

著作者の権利 【著作（財産）権】（支分権）

	著作（財産）権＝支分権	権利内容
7	頒布権（著26条）（公衆に譲渡、貸与）（映画）	著作者は映画の著作物をその複製物により頒布する権利を専有する。
8	譲渡権（著26の2条）（映画以外）	著作者は著作物をその原作品又は複製物の譲渡により公衆に提供する権利を専有する。
9	貸与権（著26の3条）（映画以外）	著作者は著作物をその複製物の貸与により公衆に提供する権利を専有する。

頒布権は、映画の著作物を複製して譲渡したり、貸与する権利である。譲渡というのは販売等をする行為をいうが、通常は一度販売するとその著作物には著作権が及ばないのが原則である（権利の消尽）。しかし、映画の著作物に認められた頒布権は、非常に強力な権利であり、著作権法第2条1項19号は「映画の著作物又は映画の著作物において複製されている著作物にあっては、これらの著作物を公衆に提示することを目的として当該映画の著作物の複製物を譲渡し、又は貸与することを含むものとする。」と規定している。これは、映画館に対する映画制作会社からの映画（フイルム）配給制度を維持するための制度であり、劇場用映画の配給形態を前提としている。従って、公衆に提示することを前提としない家庭用DVDの市販には頒布権は及ばないとされている（中古ゲームソフト事件（最高裁H14.4.25））。

譲渡権は、映画以外の著作物を譲渡により公衆に提供する権利である。

貸与権とは、映画以外の著作物の複製物を貸与により公衆に提供する権利である。貸本屋における書籍や雑誌などのレンタルがこれに相当する。映画のDVD、音楽CDは映画の著作物でありその貸与は、貸与権ではなく頒布権で保護されている。また、貸与権は著作物の複製物のみが対象と規定されている。よって、マンガ喫茶でサービスとしてコミック本を提供することについては、店内のみで顧客に本を読ませ店外に持ち出しがないのであれば貸与権では規制されないという見解が支配的である。法解釈と、それにより著作者に与える経済的影響、次作品の創作意欲に与える影響などを考慮して総合的に議論してほしい。

著作者の権利 【著作（財産）権】（支分権）

	著作（財産）権＝支分権	権利内容
10	翻訳権、翻案権等（著27条）	著作者は著作物を翻訳し、編曲し、若しくは変形し、又は脚色し、映画化し、その他翻案する権利を専有する。
11	二次的著作物の利用に関する原著作者の権利（著28条）	原著作物の著作者は、二次的著作物の著作者が有するものと同一の種類の権利を専有する。

翻訳権、翻案権等とは、著作物を翻訳、編曲、脚色して、二次的著作物を創作できる権利である。二次的著作物とは、一つの著作物の原作に新たな創作性を加えて作られたものである。従って、第三者が権利者の許諾を得ずに無断で二次的著作物を創作することは原則としてできない。例えば、Aさん原作の小説を、Bさんが翻訳して出版を希望する場合、BさんはAさんの複製権と翻訳権の許諾を受ける必要がある。

二次的著作物に対する原著作者の権利とは、自分の著作物（原作）を利用して創作された二次的著作物の利用について、原著作者が収益分配等を受けることができる権利である。例えば、映画の1シーンで視覚効果をあげる目的で有名画家の絵画を背景に組み込む場合である。また、A氏（ストーリー作者）がアニメのストーリー著作物を創作し、そのストーリーを吹き出しに組み込みつつB氏（原画作者）が絵を描いてアニメを完成した場合である。A氏が原著作者、B氏が二次的著作物の著作者である。

著作隣接権
権利期間
実演、音の固定
を行ったときに始まり、
翌年から70年間

ただし、放送事業者と
有線放送事業者の
権利については、
放送あるいは有線放送
を行ったときに始まり、
翌年から50年間

★実演家の権利
著作権法90条の2～95条の3
氏名表示, 同一性保持, 録音録画, 放
送, 送信可能化, 商業用レコード二次
利用, 貸与権等

★レコード製作者の権利
著作権法96条～97条の3
複製, 送信可能化, 商業用レコード二次
利用, 譲渡, 貸与等

音を最初
に固定し
た者

★放送事業者・有線放送事業者の権利
著作権法98条～100条の5
複製, 放送, 有線放送, 伝達（放送を受
信し, 影像を拡大する特別の装置を用
いてその放送を公に伝達する権利）

次に、著作物を伝達する者の権利である「著作隣接権」を説明する。例えば、作詞家・作曲家が歌詞と曲を完成させた段階ではユーザーに音は届かない。演奏者、歌唱者（歌手）、それらの音データを固定（録音）する者、すなわち著作物を伝達する者の行動を経て音楽が聴き手に届くことになる。同じ楽曲でも、聴き手側が受ける印象が異なることがある。これは演奏者等の創意工夫によるものであり、著作者の権利に準じた一定の保護が受けられるようになっている。著作隣接権には、実演家の権利、レコード製作者の権利、放送事業者・有線放送事業者の権利があり、順に説明する。なお、保護期間の始期は、実演、音の固定、放送等を行ったとき、終期はそれらの行為があった日の翌年1月1日から起算して70年（実演家の権利、レコード製作者の権利）又は50年（放送事業者・有線放送事業者の権利）が経過した時である。

実演家の権利から説明する。実演家とは、俳優、舞踊家、演奏家、歌手、その他実演を行う者および実演を指揮し、または演出する者をいう。指揮者、演出家なども含まれる。

著作物を伝達する者の権利 【著作隣接権】

	定義	<実演> 著作物を、演劇的に演じ、舞い、演奏し、歌い、口演し、朗詠し、又はその他の方法により演ずること（これらに類する行為で、著作物を演じないが芸能的な性質を有するものを含む。）（著2条1項3号）。 <実演家> 俳優、舞踊家、演奏家、歌手その他実演を行なう者及び実演を指揮し、又は演出する者（著2条1項4号）。
1	実演家の権利 （著90条の2～95条の3）	●許諾権―①録音・録画権、②放送・有線放送権、③送信可能化権、④譲渡権、⑤貸与権 ●報酬・二次利用料請求権―①商業用レコードの放送等に係る二次使用料請求権、②商業用レコードの貸与に係る報酬請求権、③放送される実演の有線放送に係る報酬請求権 ●実演家人格権―①氏名表示権、②同一性保持権

実演家の権利としては、氏名表示権、同一性保持権、録音および録画権、放送権、送信可能化権、商業用レコードの二次利用、貸与権等がある。実演家の権利は、実演行為をすることに本源があるため公表権は規定されていない。

録音および録画権とは、自己の実演をフィルム等のメディアに録音および録画することをコントロールする権利である。すなわち、無断で他人に録音等なされない権利といえる。録音等には生演奏等からの録画等だけに止まらず、CDなどのディスクからの複製も含まれる。放送権とは、自己の実演をテレビ等で放送することをコントロールする権利である。送信可能化権とは、自己の実演をサーバー等の自動公衆送信装置に蓄積し、受信者からのアクセス要求により送信され得る状態にすることをコントロールする権利である。商業用レコードの二次利用とは、実演が録音されているCD等を用いて放送事業者が放送を行った場合に、実演家が二次使用料の支払いをコントロールする権利である。

著作物を伝達する者の権利 【著作隣接権】

	定義	<レコード>蓄音機用音盤、録音テープその他の物に音を固定したもの（著2条1項5号）。例：レコード、CD、テープ、MD、ハードディスク、その他音を固定できる媒体 <レコード製作者>レコードに固定されている音を最初に固定した者（著2条1項6号）。
2	レコード製作者の権利（著96条～97条の3）	●許諾権―①複製権、②送信可能化権、③譲渡権、④貸与権 ●報酬・二次利用料請求権―①商業用レコードの放送等に係る二次使用料請求権、②商業用レコードの貸与に係る報酬請求権

次に、レコード製作者の権利を説明する。

レコードは、「蓄音機用音盤、録音テープその他の物に音を固定したもの（専ら映像とともに再生するものを除く）」と定義される。レコード製作者とは、レコードに固定されている音を最初に固定した者である。したがって、CDやMD、ハードディスク等の媒体の種類にかかわらずメディアに音を最初に固定（録音）した者がレコード製作者である。なお、列車の走行そのものの音など、条件によっては著作物性を満たしていない音でも、最初にその音を固定した者はレコード製作者の権利を持つと考えられている。

レコード製作者の権利としては、複製権、送信可能化権、商業用レコードの二次利用、譲渡権、貸与権等がある。

著作物を伝達する者の権利【著作隣接権】

	定義	<放送> 公衆送信のうち、公衆によって同一の内容の送信が同時に受信されることを目的として行う無線通信の送信をいう。（著2条1項8号）。 <放送事業者> 放送を業として行う者をいう。（著2条1項9号） <有線放送> 公衆送信のうち、公衆によって同一の内容の送信が同時に受信されることを目的として行う有線電気通信の送信をいう。（著2条1項9号の2） <放送事業者> 有線放送を業として行う者をいう。（著2条1項9号の3）
3	放送事業者・有線放送事業者の権利（98条～100条の5）	●許諾権―①複製権、②再放送権・有線放送権、③送信可能化権、④テレビ放送の伝達権

最後に、放送事業者・有線放送事業者の権利を説明する。

放送事業者とは、通常のテレビ局やラジオ局のことで放送を業として行う者である。有線放送事業者とはケーブルテレビや音楽有線放送事業者のことで、有線放送を業として行う者である。

放送事業者・有線放送事業者の権利としては、複製権、放送・有線放送権、そして放送を受信して超大型のテレビ等映像を拡大する特別の装置を用いて放送を公に伝達することに関する伝達権等がある。

出版権は、第二章での説明にとどめる。

著作権法は、これらの権利以外に私的録音録画補償金の規定、紛争処理、権利侵害時のルール、特別刑法としての罰則規定が定められている。例えば、著作権、出版権または著作隣接権を侵害した者は、10年以下の懲役若しくは1000万円以下の罰金またはこれを併科する等の規定である。

著作者の権利

図は、ここまで説明した著作権法上の権利と事業者、商品サービスの関係を模式化している。創作行為を行う著作者、実演家等、需要者との間をつなぐ事業者、そして事業はビジネスを回すためにリスクマネーを集める業務から権利処理を担う事業まで幅広く存在する。興味があるコンテンツ産業を見つけて、詳しく学習することをお勧めする。

ワークシートによる検討

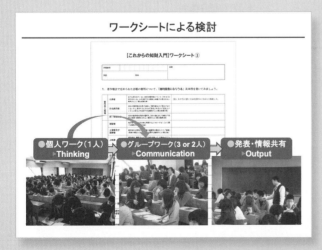

●個人ワーク（1人）▶Thinking ●グループワーク（3 or 2人）▶Communication ●発表・情報共有▶Output

ここまで学習した内容を元に、ワークシート③の１を解答してみよう。③の１は、著作者人格権、著作権、著作隣接権について、それぞれ侵害となり得る事例を検討して右の解答欄に例にならって記述して下さい。権利の説明を各権利名の右欄に記載している。これを元に、想定される具体事例をできるだけ多く記述しよう。

例えば、最初に個人ワークで記入、次に近くの人と議論してお互いの意見を記入、最後に発表して理解を深めよう。

著作者の権利と侵害行為 ※権利制限規定は考慮しない

ワークシート③1解答例

以下、著作者人格権と著作(財産)権について著作権侵害となる具体例。

- ●公表権：自分が撮った未公表の写真が、無断でポスターに使われた。
- ●氏名表示権：著者名を匿名にしたかったのに、出版者が勝手に実名表示した。
- ●同一性保持権：自分がデザインしたイラストが、勝手に色を変えられ使われた。
- ●複製権：コピーガードがかかっているDVDを、コピーガードを外してコピーした。
- ●上演権・演奏権：路上でお金をかせぐ目的で有名歌手の楽曲を演奏した。
- ●上映権：市販の最新映画のDVDを使って、市民向けの上映会を行った。
- ●公衆送信権・伝達権：有名歌手の新曲を、無断で自分のHPにアップロードした。オンラインライブを無断でクラブでパブリックビューイングするイベントを行った。
- ●口述権：著者に無断で、小説の朗読会を書店で開催した。
- ●展示権：友達の彫刻作品を、勝手に公園にオブジェとして展示した。
- ●頒布権：映画会社から配給された劇場用フィルムを、他の映画館に売った。
- ●譲渡権：友達が書いたイラストを、勝手に路上で販売した。
- ●貸与権：書店が無断で市販の漫画のレンタルリースを始めた。
- ●翻案権・翻訳権：有名な楽曲をメロディを一部変えて自分の曲として発表した。
- ●二次的著作物に対する原著作者の権利：小説の著者の許諾を得てTVドラマ化したが(二次的著作物)、そのドラマを小説の著者に無断でDVD化し販売した。

著作物を伝達する者の権利と侵害行為

ワークシート③1解答例

以下、著作隣接権について権利侵害になりうる具体例。

- ●実演家の権利
  - ・コンサート会場で歌手が歌っている(実演)のを、無断で録音した(×録音権)。
  - ・市民オーケストラの演奏(実演)を許可を得て録画したが、後日それを勝手にインタネットにアップロードした(×送信可能化権)。
  - ・詩の朗読会での朗読(実演)が録音されたCDを、無断で販売した(×譲渡権)。

- ●レコード製作者の権利
  - ・CDに録音されている音楽を、無断でインターネットで配信した(×送信可能化権)。
  - ・ラジオ番組で勝手に(使用料を支払わずに)市販のCDを使って音楽をかけた(×商業用レコードの放送・有線放送に係る二次使用料を受ける権利)。

- ●放送事業者・有線放送事業者の権利
  - ・テレビ番組を録画し、自分のHPにアップロードした(×送信可能化権)。
  - ・Aラジオ局の番組放送を、Bラジオ局(別の放送事業者)が受信して放送した(×再放送権)。 ※ここでの「再放送」とは、同じ放送事業者によるリピート放送の意味ではない

ワークシート③の1の解答例を示す。はじめに、著作者人格権と著作権で侵害となり得る具体例である。

- ●**公表権**：自分が撮った未公表の写真が、無断でポスターに使われた。

- ●**氏名表示権**：著者名を匿名にしたかったのに、出版者が約束に反して勝手に実名表示した。

- ●**同一性保持権**：自分がデザインしたイラストが、勝手に色を変えられ使われた。

- ●**複製権**：コピーガードがかかっているDVDを、コピーガードを外してコピーした。

- ●**上演権・演奏権**：有料のコンサートを開催した際に音楽著作権の処理をしないで演奏した。

- ●**上映権**：市販の個人視聴用の最新映画DVDを使って、市民向けの上映会を行った。

- ●**公衆送信権・伝達権**：歌手の新曲をダウンロードして、無断で自分のHPにアップロードして拡散した。オンラインライブを無断でクラブでパブリックビューイングするイベントを行った。

- ●**口述権**：著作権者に無断で、小説の朗読会を書店で開催した。

- ●**展示権**：友達の彫刻作品を、無断で公園に展示した。

- ●**頒布権**：映画会社配給フィルムを、他映画館に譲渡した。

- ●**譲渡権**：他人のイラストを複製して、無断で販売した。

- ●**貸与権**：書店が無断で市販漫画のレンタルを始めた。

- ●**翻案権・翻訳権**：小説の筋書きを無断で大幅に変えて脚本を制作した。

- ●**二次的著作物に対する原著作者の権利**：小説の著者の許諾を得てTVドラマ化したが(二次的著作物)、そのドラマを小説の著者に無断でDVD化し販売した。

著作隣接権の解答例である。

- ●**実演家の権利**：

  コンサート会場で歌手が歌っている実演を、無断で録音した(録音権の侵害)。

  市民オーケストラの演奏(実演)を許可を得て録画したが、後日それを勝手にインターネット上のサーバーにアップロードした(送信可能化権の侵害)。

  詩の朗読会での朗読(実演)が録音されたCDを、無断で販売した(譲渡権の侵害)。

- ●**レコード製作者の権利**：

  CDに録音されている音楽を、無断でインターネットで配信した(送信可能化権の侵害)。

  ラジオ番組で無断で(使用料を支払わずに)市販のCDを使って音楽をかけた(商業用レコードの放送・有線放送に係る二次使用料を受ける権利の侵害)。

- ●**放送事業者・有線放送事業者の権利**：

  テレビ番組を録画し、自分のホームページにアップロードした(送信可能化権の侵害)。

  Aラジオ局の番組放送を、Bラジオ局(別の放送事業者)が受信して放送した(再放送権の侵害)。

  ※この再放送は、通常のリピート放送ではない。放送された番組を同時受信してそのまま直ちに放送すること、すなわち、受信した番組をそのまま流すことである。

演習　　ホームページで音楽を公開　ワーク③-2

●あなたが管理しているホームページから音楽を公開する場合

1. 著作権法に基づいて判断すると，ホームページからの公開までにどのような「行為」があり得るか，ワークシートに記入してください。

2. 上記「行為」に対応する「権利」をワークシートに記入してください。

【前提条件】作詞・作曲は他人の著作物を利用する。
　　　　　　歌唱と演奏はあなた自身が行う（ギターの弾き語り等）。

A氏が作詞 →
B氏が作曲 →
？？？
→ HP公開 → ？

それでは、ホームページで音楽を公開する具体的な事例を元に「行為」と「権利」の関係を考える。

場面は、あなたが他人の作詞・作曲した楽曲を、自分でギターの弾き語りを行い歌唱する、それを録音して自分が管理するホームページで公開する設定である。著作権法に基づいて判断すると、ホームページでの公開までにどのような行為が介在するか、それらの行為に対応する権利はどのようになるか検討しよう。

ワークシート③の2①に考えられる行為を書き出し、ワークシート③の2②でそれらの行為に対応する権利を線で結んでみよう。

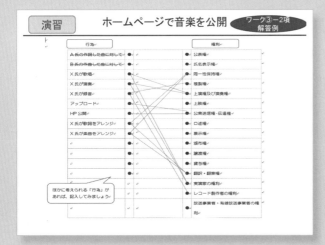

演習　　ホームページで音楽を公開

●あなた（X）が管理しているホームページから音楽を公開する場合
1. どのような「行為」？
2.「行為」に対応する「権利」

行為
著作権
著作隣接権

A氏から演奏権利用許諾
A氏が作詞
B氏が作曲
B氏から演奏権利用許諾
A氏から複製権利用許諾
B氏から複製権利用許諾

X歌唱
X演奏
X録音

Xアップロード
A氏から公衆送信権利用許諾
B氏から公衆送信権利用許諾
X氏の送信可能化権

HP公開

公衆視聴
ストリーミングのみ　保存

概略の説明をすると、行為としては、あなたの演奏および歌唱、録音（固定）、サーバーへのアップロード、サーバーへの保存、第三者によるダウンロード等がある。

対応する権利としては、歌唱と演奏そしてアップロード・ダウンロードについて、作詞家と作曲家（厳密には歌詞と曲の著作権者）の著作権の中で、演奏権、複製権（録音）、公衆送信権（アップロード）が考えられる。また、あなた自身に、実演家としての著作隣接権、レコード製作者としての著作隣接権が発生する。自分で、趣味の範囲内で演奏等することまでは著作権法で一定の条件の下に許されているが、演奏した楽曲をサーバー等から公開する場合は著作権法の原則通りの扱いになるため、それぞれの段階で権利処理が必要である

演習　　ホームページで音楽を公開　ワーク③-2項解答例

行為			権利
A氏の作詞した曲に対して	●	●	公表権
B氏の作曲した曲に対して	●	●	氏名表示権
X氏が歌唱	●	●	同一性保持権
X氏が演奏	●	●	複製権
X氏が録音	●	●	上演及び演奏権
アップロード	●	●	上映権
HP公開	●	●	公衆送信権・伝達権
X氏が歌詞をアレンジ	●	●	口述権
X氏が楽曲をアレンジ	●	●	展示権
	●	●	頒布権
	●	●	譲渡権
	●	●	貸与権
	●	●	翻訳・翻案権
	●	●	実演家の権利
	●	●	レコード製作者の権利
	●	●	放送事業者・有線放送事業者の権利

ほかに考えられる「行為」があれば、記入してみましょう。

図は、ワークシート③の2の解答例である。この解答例は、特に重要と思われる権利と行為の対応関係を示しており、各行為に関係する全ての権利を網羅しているわけではない。可能であれば、近くの学習者と意見交換しながらワークシートを完成させてみよう。

二次的著作物

●二次的著作物
著作物を翻訳し、編曲し、若しくは変形し、又は脚色し、映画化し、その他翻案することにより創作した著作物をいう（著作権法2条1項11号）。

翻訳（言語体系を異なる他の国語に表現すること）

編曲（楽曲をアレンジすること）

変形（例えば絵画を彫刻にすること）

翻案（小説をもとに脚本化、映画化すること）

原著作物 → 二次的著作物（原著作物）

ここでは、パロディ表現と著作権法に規定する権利との関係を検討する。

まず、二次的著作物は、原著作物を翻訳し、編曲し、もしくは変形し、または脚色し、映画化し、その他翻案することにより創作される著作物のことである（著作権法2条1項11号）。ここで、翻訳とは言語体系が異なる他の国語に変換して表現すること、編曲とは楽曲をアレンジすること、変形とは例えば絵画を彫刻にすること、翻案とは例えば小説をもとにアレンジを加えて脚本化、映画化することをいう。

二次的著作物には原著作物が含まれるから、他人の著作物をもとに二次的著作物を創作する場合や二次的著作物を利用する場合は、原則として原著作者の許諾が必要である（翻訳権等、二次的著作物利用に関する原著作者の権利）。

著作権法とパロディの関係を考える　　ワーク③－3

●パロディ表現（原著作物の二次的著作物になる場合）を考える
【前提】
1. 単なる「芸風」は思想または感情そのものであり、具体的に「表現」されていない段階では著作物ではない。
2. 踊りの振り付け（例えば）AKBの踊りや具体的に表現された芸は、「創作性」があれば著作物になる。

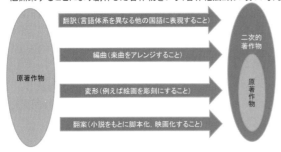

パロディとは、一般に、他の作品を揶揄したり風刺したり、批判する目的で模倣したものを指します。

https://www.youtube.com/watch?v=M9VugneEjlA

あなたの意見は？？　コロッケ　キンタロー　松浦亜弥のものまね

パロディ表現の事例として、お笑いタレント「キンタロー。」が演ずる「AKB48」のものまねを取り上げて検討する。

パロディとは芸術作品を揶揄（面白おかしくいう）、風刺、批判する目的でまねた作品あるいはその表現技法である。ここでは、パロディ表現が原著作物の二次的著作物であることを前提に考える。なお、単なる芸風（AKB48風のイメージ）は思想または感情そのものであり、それが具体的に表現されていない段階では著作物ではない。一方、踊りの振り付け(AKB48の踊り)や具体的に表現された芸は創作性があれば著作物となり得る。一般に、一定の創作性が表現として固定されているプロの振り付けは著作物性が認定されると考えてよい。

「キンタロー。」のものまねと著作権法の関係をワークシート③の3に記述しよう。

著作権法とパロディの関係を考える

●パロディ表現（原著作物の二次的著作物になる場合）を考える

原著作物

複製権 → 原著作物と同一

翻訳権
翻案権 → 原著作物を変更したが、創作性は付加されていない。

パロディはこの部分に位置する

原著作物に新たな創作性を付加

二次的著作物

図は、パロディ表現と原著作物との関係を示している。

原著作物を単に複製すればそれは原著作物と同一であるが、原著作物を少し変形したものは翻案の範囲である。

パロディ表現もこの原著作物の翻案に位置するが、単に原著作物を少し変形するだけでなく、そこに新たな創作を付加して表現された二次的著作物と理解することができる。この新たな創作部分については、二次的著作物の創作者（パロディ表現をした者）が権利を持つ。

「キンタロー。」の例で考えると、そのものまね、パロディ表現は二次的著作物であり、二次著作物として新たに付加した表現の創作者はキンタローである。ただし、二次著作物を創作する場合には、原則論としては原著作物の権利者から翻案権の利用許諾を受ける必要がある。著作者の人格的な利益を保護する著作者人格権の同一性保持権とも関係するケースもあるだろう。

従って、著作権法上の原則からすれば、権利者に無断で行うパロディ表現は、形式的には著作権侵害にあたると解される。しかしながら、実際にはものまね芸人を相手に著作権紛争が起こることはまれであり、芸能の世界ではこの点は緩やかな支配がされているとみることもできる。パロディ芸人側の対応も、権利処理を行うケース、相手方に声がけ程度の確認をとっているケース、権利処理とは関係なくパロディにするケースなどいろいろなパターンがある。

出典：裁判例情報検索データベースより
http://www.courts.go.jp/app/hanrei_jp/search1

著作権法とパロディの関係を考える

B氏は，合成写真や風刺画を発表しているグラフィツク・デザイナー。本写真がA氏の著作物であることを知りながら，A氏の同意なく，写真集またはカレンダーに掲載された本件写真（カラー）を利用して，周囲をトリミング（カツト）するとともに，その右上部は自動車タイヤの写真を配して映像を合成し，白黒写真に仕上げ，A氏の氏名表示をしなかった。また，B氏の氏名で(C)マークを入れて左記の合成写真を作成し，昭和45年1月ころ発行の自作写真集「SOS」に掲載発表し，また，講談社発行「週刊現代」同年6月4日号のグラフ特集に「軌跡」と題して掲載した。

(写真は、判決文　別紙1の写真2を参照)

著作権法とパロディの関係を考える

●最高裁（一次）昭和55年3月28日判決の要旨　　　昭和51(オ)923
・他人が著作した写真を改変して利用することによりモンタージュ写真を作成して発行した場合において，右モンタージュ写真から他人の写真における本質的な特徴自体を直接感得することができるときは，右モンタージュ写真を一個の著作物とみることができるとしても，その作成発行は，右他人の同意がない限り，その著作者人格権を侵害するものである。

・雪の斜面をスノータイヤの痕跡のようなシュプールを描いて滑降して来た六名のスキーヤーを撮影して著作した判示のようなカラーの山岳風景写真の一部を省き，右シュプールをタイヤの痕跡に見立ててそのして作成した判示のような起点にあたる雪の斜面上緑に巨大なスノータイヤの写真を合成し白黒のモンタージユ写真を発行することは，右山岳風景写真の著作者の同意がない限り，その著作者人格権を侵害するものである。
(判決文要旨は昭和51(オ)923を検索し参照)

山岳写真パロディ事件で、更に考えてみよう。

写真は下記の裁判例検索URLを入力して、裁判所名を東京高等裁判所、事件番号『昭和47年（ネ）2816』で検索して表示する。

http://www.courts.go.jp/app/hanrei_jp/search1

表示されたページの最下部に、判決本文と資料への二カ所のリンクがあり、資料をクリックすると双方の写真を閲覧できる。原告側の写真は、A氏が昭和41年4月にオーストリアで撮影した、複数のスキーヤーが斜面を滑降する様子を捉えたもので実物はカラー写真である。この写真は、実業之日本社発行の写真集「SKI '67第四集」にその複製物が掲載され、その後、保険会社の広告カレンダーにも掲載されている。A氏は、オーストリア国立スキー学校の校長と二カ月にわたる交渉の末に撮影の許可を得るとともに、特に優秀なスキー教師をモデルに使用する便宜を与えられ撮影に至っている。被告側は、風刺画を発表しているB氏である。B氏は、原告側写真がA氏の著作物であることを知りながら、無断で写真集やカレンダーに掲載されたA氏の写真（カラー）を利用し、周囲をトリミングし右上部に自動車タイヤを合成したモノクロ写真を作成した。さらに、A氏の氏名は表示せず自分の氏名でコピーライト（©）マークを入れ自作写真集で発表した。

両方の写真を比較して、B氏の作品が著作権侵害になるのか、ならないのか、いろいろな角度から検討してみよう。

この裁判は、二回目の最高裁上告審の途中で取り下げられ和解で終結している。第一次の最高裁判決（昭和51年（オ）923）では次のように判断している。

要約すると、B氏のパロディ作品からはA氏のオリジナル写真の本質的な特徴を直接感じることができるから、パロディ作品自体の著作物性は認められるにしても、A氏の同意がない限りA氏の著作者人格権侵害である。また、A氏の写真の山岳風景の一部を無断でカットし、スキーの滑った跡をタイヤの痕跡にみたててスノータイヤの写真と合成し、カラーを白黒にしたことは、著作者人格権（同一性保持権）を侵害するものであると判断した。

著作権法とパロディの関係を考える

ある裁判官の補足意見
・このように解しても，本件において被上告人（B氏）の意図するようなパロディとしての表現の途が全く閉ざされるものとは考えられない（例えば，パロディとしての表現上必要と考える範囲で本件写真の表現形式を模した写真を被上告人自ら撮影し，これにモンタージュの技法を施してするなどの方法が考えられよう。）から，上告人の一方に偏することとなるものでもないと思う。

●パロディ表現
日本の現行著作権法では，事実上，権利者の許諾なしでパロディ表現は行うことは困難である。但し，著作物の種類毎にハードルは微妙に異なると考えられる。

写真＞文字の著作物＞放送番組（佐藤B作，コロッケ，松浦亜弥）
　　←←←←　ハードルが高い　←←←←

なお、ある裁判官の補足意見として、判決はパロディ表現そのものを完全に否定するものではなく、例えば、A氏の表現形式を真似て、B氏自身が撮影したものを合成写真に利用するのは問題ないと述べている。パロディ表現をしたいときは、表現にいたる思想や手法は真似てもよいから自分で撮影した写真を利用しなさいという意味である。

個別権利制限規定

●個別の権利制限規定（著作権法30条〜50条）
パロディ表現に代表されるように，日本の著作権法では個別権利制限規定の引用に合致するか否かが争点となる。

そこで，実務上の問題があり得るケースでは，個別ケースごとに権利制限の条文を制定し対処している。次回は，その中で代表的なものを扱う。

> 私的複製
> 私的複製・・・ダウンロード違法化
> 結果としての写り込み
> 営利を目的としない上演等
> 授業の過程における利用
> 引用
> その他の規定

以上、形式的には権利者の許諾なしでパロディ表現を行うことは困難である。よって日本の著作権法では、個別権利制限規定の引用に合致するか否かが争点となる。

第四章

著作権法の個別権利制限
※研究者倫理を含む

学習の目標

● 代表的な個別権利制限規定の内容を理解し、基本的な対応ができるようになる。
  私的複製（ダウンロードを含む）、写り込み等、非営利無報酬の利用（学園祭等）、教育現場における権利制限、引用…等々

● 著作権法の視点と研究者倫理からの視点の違いを理解すると共に、研究ノートの意義を理解する。

学習に必要な知識（項目）

著作権の個別権利制限

● 私的複製
● 営利を目的としない上演等
● 授業の過程における利用
● 図書館における文献コピー
● 結果としての写り込み
● 引用による利用

著作権と研究者倫理の相違

個別権利制限・・・私的複製

●私的使用のための複製に関する権利制限（著作権法30条1項）

著作権の目的となっている著作物は，

個人的に

又は家庭内その他 これに準ずる限られた範囲内 において

使用すること（以下「私的使用」という。）を目的とするときは，

次に掲げる場合を除き，その 使用する者が複製 できる。

具体的にどのようなケースが考えられるか，
ワークシートに記入して検討してみよう。

第三章で説明したように、著作権法が形式的にそのまま適用されると実態に合わない問題が生じうる事態が継続した場合（立法事実の発生）、その事態を解消すべく個別の権利制限規定が定められている。

はじめに、私的使用のための複製に関する権利制限を説明する。私的使用とは、個人的にまたは家庭内その他これに準ずる限られた範囲内において使用することであり、この範囲内であれば原則としてその使用する者が複製することができる。すなわち、この私的使用の条件に従う限りは、他人の著作物でも権利者の許可なく複製できる。権利者側からみると、権利制限規定として機能する。テレビ番組を自宅の録画機で録画予約して、後日、自分で視聴する場合がこれに該当する。一方、会社で新聞をコピーして会議用資料として使う場合は業務上の使用であり、私的使用目的に該当せず原則どおり新聞社の許諾が必要となる。

具体的に、私的使用の範囲について考えてみよう。個人的にまたは家庭内その他これに準ずる限られた範囲内とはどこまでが含まれるのだろうか、ワークシート④の1であてはまると思われる範囲を丸で囲んでみよう。一般的には自分も一緒に住んでいる家族、一緒に住んでいない家族までは私的使用の範囲に含まれると考えられる。大学の友達、高校時代の友達については、交友範囲の線引きも含めて微妙なところだ。閉鎖的かつ親密な関係にある親しい友達数人までは、「その他これに準ずる限られた範囲内に含まれる」という見解もあるが判例が少ないためグレーゾーンである。身近な人とこの部分を議論してみよう。

個別権利制限・・・私的複製

●私的使用のための複製に関する権利制限（著作権法30条1項）
著作権の目的となっている著作物は，
個人的に又は家庭内その他これに準ずる限られた範囲内において
使用すること（以下「私的使用」という。）を目的とするときは，
次に掲げる場合を除き，その使用する者が複製できる。

**レンタルレコード店から音楽CDを借りてきて、
自分で複製する行為は？**

TSUTAYA フランチャイズチェーンレンタル 利用規約
第2条（レンタルサービスについて） 👉

10. レンタルされた商品に破損等がございましたら、可能な限りレンタルされた商品と同一の商品を 無料で交換 させていただきますが、万一、レンタルされた商品と同一の商品による交換ができない場合は、同等の商品を無料で交換させていただきます。なお、録音・録画の不具合（例：CD-R等）に関する責任は負いかねます。

11. レンタルされた商品は、著作権法で保護されていますので、家庭内等での個人利用に限ります。

TSUTAYA DISCASサービス利用規約 👉
第16条（サービス転用の禁止）

1. 利用者は、本サービスを通じて当社からレンタルしているレンタル商品およびネット配信された配信作品を、次の各号で定める目的または方法により使用することができません。
（1）譲渡または質入その他担保に供すること
（2）複製すること
（3）放送、有線放送、公の上映または自己の営業等に使用すること
（4）転貸または第三者に配信、提供もしくは使用させること。
（5）その他自己の私的視聴外の目的に使用すること。

レンタルレコード店から音楽CD等を借りて、自分で複製する行為は私的使用のための複製に該当するだろうか。契約等で別途の約束をしない限り、自分が視聴するため（私的使用の範囲内）に自分自身で複製する、その際にコピープロテクションを解除するような状況でなければ現行法では合法と考えられる。

なお、TSUTAYAフランチャイズチェーンレンタル 利用規約では「レンタルされた商品は、著作権法で保護されていますので、家庭内等での個人利用に限ります。」と定められ、TSUTAYA DISCASサービス利用規約では「（2）複製すること、（3）放送、有線放送、公の上映または自己の営業等に使用すること、（5）その他自己の私的視聴外の目的に使用すること」等が定められている。このように著作権法上は問題ないと解釈される私的複製のケースでも、利用規約等の個別の契約で禁止されている事項については守る必要があるので留意が必要である。

詳細は下記URLから確認してほしい。

TSUTAYAフランチャイズチェーンレンタル 利用規約
  http://www.ccc.co.jp/customer_management/
  member/agreement-rental/

TSUTAYA DISCASサービス利用規約
  http://www.discas.net/netdvd/dcp/legal/legal.
  html

個別権利制限・・・私的複製とダウンロード

●私的使用のための複製に関する権利制限（著作権法30条1項）
著作権の目的となっている著作物は、
個人的に又は家庭内その他これに準ずる限られた範囲内において
使用すること（以下「私的使用」という。）を目的とするときは、
次に掲げる場合を除き、その使用する者が複製できる。

ネット上の音楽コンテンツをダウンロードする
行為（複製）は？

従来、基本的には全て許されていた。
現在でも、合法的にアップされたものの私的複製は認められている。
但し、平成22年1月1日から施行された法改正で
著作権を侵害する自動公衆送信（国外で行われる自動公衆送信で
あって、国内で行われたとしたならば著作権の侵害となるべきものを
含む。）を受信して行うデジタル方式の録音又は録画を、その事実を
知りながら行う場合は違法（民事責任・・・損害賠償等）になった。

ネット上の音楽コンテンツをダウンロードする行為はどうだろうか。私的使用の範囲内であれば、問題はないと結論づけることができるだろうか。以前は、私的使用のためのダウンロードは、たとえ違法音楽コンテンツ配信サイトからのダウンロードであっても許されていた。しかしながら、技術の進歩により容易に音楽・映像コンテンツをネット上にアップロードできるようになり、違法アップロードが増え、レコード会社や映画会社は大きな不利益を被ることになってきた。違法サイトからダウンロードされた音楽ファイル数は、2010年の日本レコード協会調べでは年間43億ファイル以上あり、これは正規有料配信の10倍にあたる数で、金額にすると推定で約6683億円にのぼる。

このような背景から、合法的にアップロードされたものを私的使用のためにダウンロードすることは合法と認めつつ、違法にアップロードされた録音（音楽）または録画（映像）については、平成22年1月1日以降、それが「違法にアップロードされたものであることを知りながらダウンロードする」場合はたとえ私的使用の目的であっても、損害賠償等の民事的責任を問うこととした。一般社団法人日本レコード協会の、下記の調査報告も参考にしてほしい。

ファイル共有ソフトの利用に関する調査（2008年12月）

http://www.riaj.or.jp/f/pdf/report/file_exc/p2p
survey2008a.pdf

違法配信に関する利用実態調査（2013年版）

http://www.riaj.or.jp/f/pdf/report/web/140306_
report.pdf

個別権利制限・・・私的複製とダウンロード

従来から違法

例: CDの楽曲を
権利者に無許諾
でアップロード

・音楽CDから楽曲データをリッピング・・・複製権侵害（著作権）
・リッピングしたデータをアップロード・・・公衆送信権侵害（著作権）
・同時に、レコード製作者、実演家の著作隣接権侵害にもなる。

違法になった
（平成22年1月1日〜）

違法に自動公衆送信されたデジタル録音・録画と知りながらダウンロードする行為

現在では、録音・録画に限らず、全ての著作物が対象。
（令和3年1月1日〜）
※当該著作権に係る著作物のうち当該複製がされる部分の占める割合、当該部分が自動公衆送信される際の表示の精度その他の要素に照らし軽微なものを除く。（30条1項4号）

違法ダウンロードを整理すると、次のようになる。

アップロードする側

CDの楽曲等をインターネット上にアップロードする際に、権利者に無断でアップロードすることは以前より違法（民事・刑事の両方）であった。複製権侵害、公衆送信権侵害、さらにレコード製作者、実演家の著作隣接権侵害となる。

視聴する側

従来、違法にアップロードされたものであっても、それをダウンロードすることは問題がなかった。しかしながら、この法律改正により「違法にアップロードされたものと知りながらそれをダウンロードする」行為は、たとえ私的使用の範囲内であったとしても民事上の損害賠償等の責任が問われることになった、つまり、違法であるということになった。

ただし、ダウンロードとは、自己のパソコン等に複製ファイルが保存されることであるから、YouTube®のようなストリーミング方式での視聴は該当しない。ストリーミングの場合、視聴後はローカルのディスクにはデータが残らない仕組みになっているため、ダウンロードには該当しないとされる（違法ダウンロードの対象外）。

なお、ストリーミング方式のサイトであっても、視聴後にファイルがそのまま保存される機能を持つプログラムを組み込んだ場合は原則通り違法ダウンロードの要件を満たすことになる。

個別権利制限・・・私的複製とダウンロード ☞

● 平成24年10月1日から施行された法律改正で刑事罰も加わった
著作権法119条3項
　第30条第1項に定める 私的使用の目的をもって、 録音録画有償著
作物等（録音され，又は録画された著作物又は実演等（著作権又は著
作隣接権の目的となっているものに限る。）であって，有償で公衆に提
供され，又は提示されているもの（その提供又は提示が著作権又は著
作隣接権を侵害しないものに限る。）をいう。 の著作権又は著作隣接
権を侵害する自動公衆送信 （国外で行われる自動公衆送信であって，
国内で行われたとしたらば著作権又は著作隣接権の侵害となるべき
きものを含む。）を受信して行うデジタル方式の録音又は録画を，自ら
その事実を知りながら行って著作権又は著作隣接権を侵害した者は，
2年以下の懲役若しくは200万円以下の罰金に処し，又はこれを併科
する。

改正法附則
（運用上の配慮）
第9条　新法第119条第3項の規定の運用に当たっては，インターネットによる情報の収集その他のイン
ターネットを利用して行う行為が不当に制限されることのないよう配慮しなければならない。

違法ダウンロードの民事責任は平成22年1月1日から施行
されたが、その後も違法ダウンロード行為が顕著に減少す
ることがなかったため、平成24年10月1日から刑事罰の規
定が加わった。量刑は、2年以下の懲役もしくは200万円以
下の罰金、またはこれらの併科である。民事責任の条文
（p113, 著作権法第112条（差止請求権）など）と比較して、
違法ダウンロードの刑事罰は「録音録画有償著作物等」に
限定し、違法性の認識も「自ら」その事実を知りながらと
いう要件を付加した規定となっている。

下記、文化庁ホームページのQ&Aも参照してほしい。
http://www.bunka.go.jp/seisaku/chosakuken/
hokaisei/download_qa/pdf/dl_qa_ver2.pdf

個別権利制限・・・営利を目的としない上演等

● 営利を目的としない上演等

第38条（営利を目的としない上演等）
　公表された著作物は，営利を目的とせず，かつ，聴衆又は観衆から
料金を受けない場合には，公に上演し，演奏し，上映し，又は口述する
ことができる。ただし，当該上演，演奏，上映又は口述について実演家
又は口述を行う者に対し報酬が支払われる場合は，この限りでない。

　　　　　学園祭等をケースに検討してみよう？

営利を目的としない上演等の権利制限を説明する。

営利を目的としない、例えば入場料が無料で、演奏者な
どにも報酬が支払われない場合は、公表された著作物を権
利者の許諾なく公に上演、演奏、上映、口述することがで
きる。学園祭でライブを行う場合を例に考えてみよう。非
営利で料金を徴収せずに、しかも出演者に報酬（旅費等の
実費支給は可能）を支払わない場合は、他の人が作詞作曲
した楽曲を演奏しても著作権法上の問題はない。演奏者に
報酬を支払う場合は、権利者側（楽曲の作曲者・作詞家等）
の許諾が必要となる。また、演奏者側に報酬を支払わない
が入場料が必要なチャリティーコンサートの場合等も、原
則通り著作権者の許諾が必要である。同様に、ストリート
で他人の著作物（楽曲）を演奏して、お金を徴収するのも営
利目的であり、原則通り著作権者の許諾が必要である。

ここで定めている権利制限の対象は、上演等だけである
から、営利・非営利に関わらず録画（複製）したり、それを
ホームページ上にアップ（公衆送信）する場合も、原則どお
り権利者からの利用許諾が必要となる。

**ワークシート⑤の1の各ケースについて、この営利を目
的としない上演等に該当するのか否か記入しよう。そう考
える理由も、あわせて記述してみよう。**

個別権利制限・・・授業の過程における使用

● 授業の過程における使用
　第35条（学校その他の教育機関における複製等）
　1　学校その他の教育機関（営利を目的として設置されているものを
除く。）において教育を担任する者及び授業を受ける者は，その授
業の過程における使用に供することを目的とする場合には，必要と
認められる限度において，公表された著作物を複製することができ
る。ただし，当該著作物の種類及び用途並びにその複製の部数及
び態様に照らし著作権者の利益を不当に害することとなる場合は，
この限りでない。

　　　　いろいろなケースを考えてみよう？
　　参観日に保護者にもプリントを配布，予備校
　　は，授業映像の事後視聴は・・・等々

授業の過程における利用についての権利制限を説明する。

著作権法上では、「学校その他の教育機関（営利を目的と
して設置されているものを除く。）において教育を担任する
者及び授業を受ける者は，その授業の過程における使用に
供することを目的とする場合には，必要と認められる限度
において，公表された著作物を複製することができる」と
規定する。

**具体的には、いろいろなケースが考えられるが、ワーク
シート⑤の2の各ケースについて、授業の過程における利
用に該当するのか否か記入しよう。そう考える理由もあわ
せて記述してみよう。**

例えば、参観日に保護者にもプリントを配布するのは問
題ないだろうか。授業の過程における利用が認められるの
は、教育を担当する者と授業を受ける者となっている。保
護者はどちらにも該当しないから、プリントに他人の著作

前ページからの続き→

物（例えば新聞紙面のコピーなど）が含まれている場合、厳密には権利者に無断で保護者に配布することは著作権侵害となる。予備校での授業で、市販の問題集などをコピーして配布するのはよいだろうか。予備校は、営利を目的として設置されているため、権利者に無断で問題集などをコピーして配布することは原則通り著作権侵害となる。

なお、大学等で授業映像の事前・事後視聴が広く行われているが、これをどのように考えるとよいか立場を変えながら議論してほしい。

個別権利制限・・・授業の過程における使用

●授業の過程における使用
第35条（学校その他の教育機関における複製等）
　2　前項の規定により公衆送信を行う場合には、同項の教育機関を設置する者は、相当な額の補償金を著作権者に支払わなければならない。
　3　前項の規定は、公表された著作物について、第一項の教育機関における授業の過程において、当該授業を直接受ける者に対して当該著作物をその原作品若しくは複製物を提供し、若しくは提示して利用する場合又は当該著作物を第三十八条第一項の規定により上演し、演奏し、上映し、若しくは口述して利用する場合において、当該授業が行われる場所以外の場所において当該授業を同時に受ける者に対して公衆送信を行うときには、適用しない。

遠隔講義の場合を考えてみよう。

ケース①：配信側は先生一人だけで、遠方の受信側に生徒がいる。

ケース②：配信側に先生と生徒がいる、遠方の受信側にも生徒がいる。

ケース③：配信側には誰もいなく録画映像を再生しているだけで、遠方の受信側に生徒がいる。

ケース④：配信側に生徒がいるが先生は不在で録画映像を再生しているだけ、遠方の受信側には生徒がいる。

法改正以前，授業の公衆送信に係る要件は、「配信側に先生がいることと，配信側・受信側の両方の教室に生徒がいること」であった。よって，ケース②については許諾不要かつ無償で行うことができる。

2018年の35条1項の改正により，ケース①，③，④についても権利制限が認められた。ただしこの場合は，学校設置者が公衆送信補償金の支払いを行うことが前提である（35条2項）。

個別権利制限・・・その他の教育関連規定

●その他の教育関連規定
第33条（教科用図書等への掲載）
第33条の2（教科用図書代替教材への掲載等）
第33条の3（教科用拡大図書等の作成のための複製等）
第34条（学校教育番組の放送等）
第36条（試験問題としての複製等）
　1　公表された著作物については、入学試験その他人の学識技能に関する試験又は検定の目的上必要と認められる限度において、当該試験又は検定の問題として複製し、又は公衆送信（放送又は有線放送を除き、自動公衆送信の場合にあっては送信可能化を含む。次項において同じ。）を行うことができる。ただし、当該著作物の種類及び用途並びに当該公衆送信の態様に照らし著作権者の利益を不当に害することとなる場合は、この限りでない。
　2　営利を目的として前項の複製又は公衆送信を行う者は、通常の使用料の額に相当する額の補償金を著作権者に支払わなければならない。

その他にも、いくつかの教育関連規定がある。

例えば、試験問題としての複製または公衆送信である。

これは、公表された著作物を入学試験や検定試験等の試験問題として複製あるいは公衆送信する場合に、試験等の目的上必要な限度で権利者の許諾なしに行うことができるものである。具体的には、新聞記事を大学の入試問題に掲載する場合、新聞社の許諾は不要である。もちろん、大学入試問題を出版者がテキストとして出版する場合は原則通りの扱いになる。また、検定等が営利目的の場合は、通常の使用料相当額の補償金を支払う義務がある。

尚、2019年4月1日施行で、33条の2が加わり、教科書に掲載された著作物を図書以外の教材、例えばタブレット等に掲載することが可能となった。

個別権利制限・・・図書館における文献コピー

●図書館等における複製等

第31条 国立国会図書館及び図書，記録その他の資料を公衆の利用に供することを目的とする図書館その他の施設で政令で定めるもの（以下この項及び第三項において「図書館等」という。）においては，次に掲げる場合には，その営利を目的としない事業として，図書館等の図書，記録その他の資料（以下この条において「図書館資料」という。）を用いて著作物を複製することができる。

一　図書館等の利用者の求めに応じ，その調査研究の用に供するために，公表された著作物の一部分（発行後相当期間を経過した定期刊行物に掲載された個々の著作物にあっては，その全部。第3項において同じ。）の複製物を一人につき一部提供する場合

二　図書館資料の保存のため必要がある場合

三　他の図書館等の求めに応じ，絶版その他これに準ずる理由により一般に入手することが困難な図書館資料（以下この条において「絶版等資料」という。）の複製物を提供する場合

図書館等における複製等に関する権利制限規定もある。

国立図書館、県立図書館、市立図書館、大学・高専の図書館のように、図書館法に規定する図書館では、権利者の許諾なしに所蔵している図書や記録、資料を用いて著作物を複製することができる。ただし、複製できるのは著作物の一部分に限られており、一人につき一部しか複製できないとされている。小中高等学校や各種専門学校にある図書室は、本条文に関しては適用対象外である。従って、小中高等学校の図書室にある図書等を用いて著作物を複製する場合は、授業の一環で複製する場合以外は留意が必要である。授業外で、図書室の図書を複製する場合は、この権利制限規定は適用されない。

個別権利制限・・・結果としての写り込み

●写真の撮影・録音又は録画時等に結果的に同時記録された著作物

形式的には著作者等の許諾が必要となるが、一定条件の下に許諾不要となった（平成25年1月1日から施行、令和2年10月1日から対象範囲が拡大）。

著作権法30条の2（付随対象著作物の利用）

対象行為は、「写真の撮影」「録音」「録画」「放送」その他同様の複製や伝達行為全般（例.スクリーンショット、生配信、CG化）

1　写真の撮影、録音、録画、放送その他これらと同様に事物の影像又は音を複製し、又は複製を伴うことなく伝達する行為（以下この項において「複製伝達行為」という。）を行うに当たつて、その対象とする事物又は音（以下この項において「複製伝達対象事物等」という。）に付随して対象となる事物又は音（複製伝達対象事物等の一部を構成するものとして対象となる事物又は音を含む。以下この項において「付随対象事物等」という。）に係る著作物（当該複製伝達行為により作成され、又は伝達されるもの（以下この条において「作成伝達物」という。）のうち当該著作物の占める割合、当該作成伝達物における当該著作物の再製の精度その他の要素に照らし当該作成伝達物において当該著作物が軽微な構成部分となる場合における当該著作物に限る。以下この条において「付随対象著作物」という。）は、当該付随対象著作物の利用により利益を得る目的の有無、当該付随対象事物等の当該複製伝達対象事物等からの分離の困難性の程度、当該作成伝達物において当該付随対象著作物が果たす役割その他の要素に照らし正当な範囲内において、当該複製伝達行為に伴つて、いずれの方法によるかを問わず、利用することができる。ただし、当該付随対象著作物の種類及び用途並びに当該利用の態様に照らし著作権者の利益を不当に害することとなる場合は、この限りでない。

2　前項の規定により利用された付随対象著作物は、当該付随対象著作物に係る作成伝達物の利用に伴つて、いずれの方法によるかを問わず、利用することができる。ただし、当該付随対象著作物の種類及び用途並びに当該利用の態様に照らし著作権者の利益を不当に害することとなる場合は、この限りでない。

結果としての写り込みについての権利制限を説明する。

写真撮影や録音または録画時に、付随的に他人の著作物が同時に記録されることがある。形式的には複製権侵害となるため著作者の許諾が必要となるが、社会通念上許容されると考えられる一定条件下で、許諾不要としたものである。

例えば、街角で写真撮影した際に著作物としての絵画が掲載されているポスターが付随的に写り込んだ場合や、学内でビデオ撮影をした際に軽音楽部の演奏（著作権があるもの）が部分的に録音された場合等である。視覚効果を上げるために、意図的に組み込んだ場合はこれには該当しない。結果としての写り込みで、具体的なケースを挙げて検討してみよう。

なお、写り込みに係る権利制限規定は、平成25年1月1日から施行されているが、昨今のスマートフォンやタブレット端末の普及、動画配信サイトの発達等に伴い、令和2年10月1日から対象範囲が拡大した。具体的には、対象行為が写真撮影や録音、録画から複製や伝達行為全般（スクリーンショットや生配信、CG化等）に拡大した。また、たとえ分離が困難でないものであったとしてもメインの被写体に付随する著作物（例えば、写真撮影時に子供が抱いているぬいぐるみ）であれば権利制限規定の対象になるなど、日常生活等における一般的な行為に伴う写り込みの範囲が拡大した。

個別権利制限・・・結果としての写り込み

【規定により権利が制限されるケース】

○写真を撮影したところ、本来意図した撮影対象だけでなく、背景に小さくポスターや絵画が写り込む場合

○街角の風景をビデオ収録したところ、本来意図した収録対象だけでなく、ポスター、絵画や街中で流れていた音楽がたまたま録り込まれる場合

○絵画が背景に小さく写り込んだ写真を、ブログに掲載する場合

○ポスター、絵画や街中で流れていた音楽がたまたま録り込まれた映像を、放送やインターネット送信する場合

【従来通り、原則として著作権者の許諾が必要なケース】

○本来の撮影対象としてポスターや絵画を撮影した写真を、ブログに掲載する場合

○テレビドラマのセットとして、重要なシーンで視聴者に積極的に見せる意図をもって絵画を設置し、これをビデオ収録した映像を、放送やインターネット送信する場合

○漫画キャラクターの顧客吸引力を利用する態様で、写真の本来の撮影対象に付随して漫画のキャラクターが写り込んでいる写真をステッカー等として販売する場合

上記以外に、どのようなケースがあるか
考えてみよう？

**個別権利制限・・・著作物に表現された思想又は感情の享受を
目的としない利用**

第30条の4　著作物は、次に掲げる場合その他の当該著作物に表現された思想又は感情を自ら享受又は他人に享受させることを目的としない場合には、その必要と認められる限度において、いずれの方法によるかを問わず、利用することができる。ただし、当該著作物の種類及び用途並びに当該利用の態様に照らし著作権者の利益を不当に害することとなる場合は、この限りでない。

一　著作物の録音、録画その他の利用に係る技術の開発又は実用化のための試験の用に供する場合

二　情報解析（多数の著作物その他の大量の情報から、当該情報を構成する言語、音、影像その他の要素に係る情報を抽出し、比較、分類その他の解析を行うことをいう。第四十七条の五第一項第二号において同じ。）の用に供する場合

三　前二号に掲げる場合のほか、著作物の表現についての人の知覚による認識を伴うことなく当該著作物を電子計算機による情報処理の過程における利用その他の利用（プログラムの著作物にあつては、当該著作物の電子計算機における実行を除く。）に供する場合

2019年1月1日施行の著作権法改正により、「著作物に表現された思想又は感情の享受を目的としない利用」が個別権利制限規定に追加された。表現を享受しない利用としては、技術開発又は実用化の試験、情報解析、情報処理等の例が挙げられる。

個別権利制限・・・引用

●「引用」の考え方
第32条（引用）

1　公表された著作物は，引用して利用することができる。この場合において，その引用は，<u>公正な慣行に合致</u>するものであり，かつ，報道，批評，研究その他の<u>引用の目的上正当な範囲内</u>で行なわれるものでなければならない。

2　国若しくは地方公共団体の機関，独立行政法人又は地方独立行政法人が一般に周知させることを目的として作成し，その著作の名義の下に公表する広報資料，調査統計資料，報告書その他これらに類する著作物は，説明の材料として新聞紙，雑誌その他の刊行物に転載することができる。ただし，これを禁止する旨の表示がある場合は，この限りでない。

引用に関する権利制限規定を説明する。

引用とは、一般的には人の言葉や文章を、自分の話や文の中に引いて用いることとされ、自分の研究論文中に、他の研究者の論文の一節を掲載して自説の補強をする場合などが該当する。著作権法上は、公表された著作物は、公正な慣行に合致するもので、報道、批評、研究その他の引用の目的上正当な範囲内であれば、引用して利用できると規定されている。すなわち、一定の要件を満たしていれば「引用」として、著作権者の了解なしに著作物を利用できる。また、国や地方自治体等が公表する広報資料、調査統計資料、報告書、その他これらに類する著作物は、原則として説明の材料として新聞、雑誌その他の刊行物に転載することができる。

個別権利制限・・・引用

●「引用」の判断

1. 引用が公正な慣行に合致する

2. 報道，批評，研究その他の引用の目的上正当な範囲内で行なわれる

【従来からの判断基準】

明瞭区別性・・・引用側と被引用側が明瞭に区別されている

主従関係・・・・・引用側が主で，被引用側が従

出典明示・・・・・明示方法が公正慣行の範囲内であるか否かの判断は著作物の種類で異なる

必要最小限・・・　同　上

（公正な慣行
正当な範囲内を
判定する基準）

但し，文字の著作物ではその通りであるが，音楽の著作物などでは引用として扱われる局面は限定される。

前述の引用の要件を満たすための判断基準として、以前から下記の四つの基準が使われている。

1. **明瞭区別性**…「　」等で括って、引用側と被引用側が明瞭に分離されていること

2. **主従関係**…引用する側が量的にも質的にも主で、引用される側が従であること

3. **出典明示**…引用した著作物の出典ないしは出典中の場所を明記すること

4. **必要最小限**…自説を補強するために必要な箇所だけを用いることである

個別権利制限・・・引用

●従来からの「引用」判断基準を適用した判決例　☞　平成6(ワ)18591
バーンズコレクション事件（東京地裁平成10年2月20日判決）

1. 被告は、国立西洋美術館において、「バーンズ・コレクション展」を国立西洋美術館と共同で主催。

2. 被告は、本件展覧会の開催にともない本件絵画を複製掲載した。

3. 目録記載の書籍を製作し、定価2000円で、少なくとも50部販売した。

4. 被告は、本件絵画3を、本件展覧会の入場券及び割引引換券に複製掲載した。

5. 被告は、本件絵画2を新聞（全国紙）に5回掲載した。

6. 被告は、プリントをキャンバスに貼りつけ表面加工をして額装を施した本件絵画3の複製画を製作し、定価15万円のものについて5点、定価45000円のものについて15点販売した。

BARNES
バーンズコレクション展

※チケットはイメージです

（この複製が
「引用」となるか？）

画像系著作物の引用で争われた事件の一つに「バーンズコレクション事件」がある。これまでと同様に、裁判例情報検索サイトから、東京地方裁判所、事件番号を平成6年（ワ）18591号として判決文を閲覧してみよう。

http://www.courts.go.jp/app/hanrei_jp/search1

事件は、有名絵画の著作権者が展覧会運営者に絵画の展示権（のみ）を許諾したところ、運営者側が展覧会のチケットである入場券や割引券、絵画集や新聞広告にこの絵画の画像を印刷したところから始まる。公表された著作物である絵画を複製した複製権侵害になるのか、引用として権利制限に相当するのかが争われた事件である。さきほどの、引用の四つの判断基準に相当するか考えてみよう。

【裁判所の判断・・・抜粋】

～本件絵画2についての叙述は，単に，同人が本件コレクションの中で右絵画に最も引き込まれ，それが大学の卒業論文にゴッホを選ぶ決心をした時と似ていたというに過ぎないから，談話の内容中，本件絵画2に関する部分は，新たな創造という要素は僅少であり，内容的にも本件絵画2の複製を引用する必要性は微弱で，外形的にも，談話と本件絵画2の紙面上の大きさは僅かに談話の方が大きいものの，本件絵画2はカラー印刷で読者の受ける印象はむしろ本件絵画の方が大きい。これらの点を考慮すると，談話と本件絵画2との間に談話が主，本件絵画2が従との関係は認められず，むしろ，本件絵画2を複製掲載することに主眼があったものと認められ，このような利用は著作権法32条1項所定の引用に当たるものということはできず，引用による利用の抗弁は認められない。また，右記事の内容は，時事の事件の報道とは到底いえないから，時事報道のための利用の抗弁も認められない。

判決は、引用にもとづく権利制限は認めず、原則通り複製権侵害と判断した。

チケットへの印刷は、チケット面の絵画印刷部分が主であり、その他の部分は展覧会の事実関係を表した情報に過ぎない、引用側に著作物性、創作性が認められない場合は、引用に該当せず、本質論として権利制限規定は適用されない。絵画集への印刷は、絵画部分の比重と運営者側が記述した解説文や談話等の比重を根拠に、本来引用される側が従であるべきところがそうなっていない、すなわち四つの判断基準の中で「主従関係」を満たしていないと判断した。その結果、著作権法の原則通り複製権侵害と認定された。

● 引用の解釈に関する新しい流れ
知財高裁 平成22年(ネ)10052
東京地裁 平成20(ワ)31609
東京美術倶楽部事件(知財高裁平成22年10月13日判決)

表面
鑑定証書
作品題号 花
作家名 ※ ※
寸法 22.6×16.0
平成18年 2月25日
東京美術クラブ委員会

裏面
裏面に鑑定した絵画の
カラーコピーが貼付されている
※鑑定書と絵画はイメージです

本件絵画1の所有者である美術商からの依頼に基づき，平成17年4月25日付けの控訴人鑑定委員会委員長名義で，本件絵画1に係る「作品題名」「作家名」「寸法」等が記載されたホログラムシールを貼付した鑑定証書(鑑定証書番号005-0495)と，その裏面に本件コピー1(画面の大きさが縦16.2cm×横11.9cm。面積192.78cm²であって，原画である本件絵画1の面積の約23.8%)を添付し，パウチラミネート加工されたもの。

画像系著作物の引用の解釈に関する判決としては、「東京美術倶楽部事件」(知的財産高等裁判所 平成22年(ネ)10052号)にも注目すべきである。

事件は、絵画の鑑定を行う組織が、作成した鑑定証書の裏面全体に鑑定した絵のカラーコピーを貼付したことから始まる。これが引用に該当するか、原則通り複製権侵害になるのかが争われた。判決では、先ほどの判決と比較して、引用する側の著作物性の要件と、主従関係の判断が逆になっている。

これが、個別事件としての特殊要因を汲んだものか、法解釈としての一般化につながるものであるか議論してみよう。議論の一つの前提として、絵画の著作者は、題名として同じ名前の花で、異なる絵画を多数作成している。

【裁判所の判断・・・抜粋】

ア 他人の著作物を引用して利用することが許されるためには，引用して利用する方法や態様が公正な慣行に合致したものであり，かつ，引用の目的との関係で正当な範囲内，すなわち，社会通念に照らして合理的な範囲内のものであることが必要であり，著作権法の上記目的をも念頭に置くと，引用としての利用に当たるか否かの判断においては，他人の著作物を利用する側の利用の目的のほか，その方法や態様，利用される著作物の種類や性質，当該著作物の著作権者に及ぼす影響の有無・程度などが総合考慮されなければならない。

イ しかるところ，控訴人は，その作製した本件各鑑定証書に添付するために本件各絵画の縮小カラーコピーを作製して，これを複製したものであるから，その複製が引用としての利用として著作権法上で適法とされるためには，控訴人が本件各絵画を複製してこれを利用した方法や態様について，上記の諸点が検討されなければならない

判決は、これは複製権侵害にはあたらず、「引用」に該当すると認定した。

判決では、引用による権利制限規定の判断手法として、

「他人の著作物を引用して利用することが許されるためには、引用して利用する方法や態様が公正な慣行に合致したものであり、かつ、引用の目的との関係で正当な範囲内、すなわち、社会通念に照らして合理的な範囲内のものであることが必要」である、「他人の著作物を利用する側の利用の目的、その方法や態様、利用される著作物の種類や性質、当該著作物の著作権者に及ぼす影響などを『総合的に考慮』」すべきであると示している。

そして，本件各コピーは，いずれもホログラムシールを貼付した表面の鑑定証書の裏面に添付され，表裏一体のものとしてパウチラミネート加工されており，本件各コピー部分のみが分離して利用に供されることは考え難いこと，本件各鑑定証書は，本件各絵画の所有者の直接又は間接の依頼に基づき1部ずつ作製されたものであり，本件絵画と所在を共にすることが想定されており，本件各絵画と別に流通することも考え難いことに照らすと，本件各鑑定証書の作製に際して，本件各絵画を複製した本件各コピーを添付することは，その方法ないし態様としてみても，社会通念上，合理的な範囲内にとどまるものということができる。
しかも，以上の方法ないし態様であれば，本件各絵画の著作権を相続している被控訴人等の許諾なく本件各絵画を複製したカラーコピーが美術書等に添付されて頒布された場合などとは異なり，被控訴人等が本件各絵画の複製権を利用して経済的利益を得る機会が失われるなどということも考え難い～

前述の判断基準を元に、本件各コピー部分のみが分離して利用に供されることは考え難いこと、すなわち鑑定書の性格として表面の鑑定証書と裏面の絵画のコピーは表裏一体のもので絵画のコピー部分のみが分離して利用されることは考え難い。また、鑑定書は絵画の所有者の依頼により作製されたものであり、通常は絵画と一緒に保管されることが想定され、絵画と別に鑑定証書のみが単独で流通するケースは考えにくい。

これらを総合的に判断して、この状態で絵画をコピーして鑑定書の裏面に添付することは、社会通念上、合理的な範囲内にとどまると結論づけている。

個別権利制限・・・引用

> 以上を総合考慮すれば，控訴人が，本件各鑑定証書を作製するに際して，その裏面に本件各コピーを添付したことは，著作物を引用して鑑定する方法ないし態様において，その鑑定に求められる公正な慣行に合致したものということができ，かつ，その引用の目的上でも，正当な範囲内のものであるということができるというべきである。

この事件では、権利者との利益バランスを含めた総合的判断で、絵画の鑑定証書の裏面全体に、その鑑定した絵のカラーコピーを貼付することは、公正な慣行に合致したものということができ、引用の目的上でも正当な範囲内であるから、引用による権利制限を認めている。

画像系著作物の場合、本質的に視覚に訴えるという性格があるため、引用の目的を広く解釈する余地があるかもしれない。一方で、画像を拡大しようが縮小しようが、著作物としての本質的な特徴を感得できる場合は、原則通り複製権侵害であるという対極の考えもある。

この点について、立ち位置を変えながら議論してみよう。

個別権利制限・・・引用

● 個別事例の検討

> 引用について，いろいろなケースを考えて検討してみよう！

1. 文章の場合・・・・
2. 標語の場合・・・・
3. 写真の場合・・・・
4. 表の場合・・・・・・
5. 図の場合・・・・・・
6. 動画の場合・・・・
7. 音楽の場合・・・・

> 音楽の著作物の引用？？？

著作物の態様も、文章、写真、音楽等々、さまざまである。引用の四つの基準や、そもそも前提となる公正な慣行、引用の目的上正当な範囲を判断する場合、元になる著作物の態様により当てはめ方が異なる可能性がある。

そこで、著作物の態様別に引用について、個別のケースを想定して議論してみよう。例えば、音楽の著作物の引用とは、具体的にどのような場合が考えられるだろうか。楽曲の紹介番組で、楽曲の曲想を解説する出演者が、自己の考えを補強説明するために該当曲の特徴的な部分を短く流す（出演者がピアノで演奏）ことは、音楽の著作物の引用に該当するかもしれない。このように、考えられるケースをできるだけ多く挙げてみよう。

個別権利制限・・・引用＿具体例

● レポートの場合

> 「大学の授業は，選択することができる。それは，学生が主体的に学問に取り組めるということである。」(1)、と言われるように、一般的に大学では高校とは異なり，学生が自らの選択により能動的に学習することが求められる。そして、能動的学習を通じて、社会人として必要な基礎力，例えば，行動力，考え抜く力，コミュニケーション力などを身につけることにもつながる。
>
> 注
> (1) 山口太郎，『入学前に知っておきたい大学での学び』第6版，山口出版者、2010年，p125.
>
> ＜ポイント＞
> (1) 引用の箇所は，「 」等で囲む（明瞭区別性）。※「 」等内の文章は勝手に変えない
> (2) 質的量的共に，自説が主に，引用箇所が従になるようにする（主従関係）。
> (3) 参考とした書籍や文献等と該当ページを明記する（出典明示）。
> (4) 自説を補強等するために必要な箇所のみを用いる（必要最小限）。

文章の著作物の引用方法を具体的に説明する。

レポートで単行本から文章を引用する場合である。引用の四つの判断基準を元に、ワークシート④の2を解答してみよう。

明瞭区別性については、引用の箇所を「 」で囲んでいる。なお、「 」内の文章はそのまま利用する必要がある。主従関係については、量的・質的に、自説が主で引用箇所が従になるようにする必要がある。出典明示については、参考とした書籍や文献等と該当ページを、例えば注釈として明記する。必要最小限については、自説を補強等するために必要な箇所のみを用いる。自分が述べたいことに対応する箇所とは無関係の箇所を持ってくると引用に該当しない。

個別権利制限・・・引用＿具体例

● 単行本の場合

> 「・・・・・引用部分・・・・・・・・になる。」1)とする説もある一方、「・・・・・引用部分・・・・・・・・である。」2)とする説もある。
> しかし、私は・・・・・・・・・・・・・・・・・・・・・・・・・・・・・・・・・・・・・・・であると考える。
>
> 1) 山大 花子 2001年「特許権」○○書房 pp.82-83
> 2) 山大 太郎 1999年「特許の歴史」○×出版 p.124

明瞭区別性：	カギ括弧で引用部を区分する
必要最小限：	必要最小限の引用とする
主従関係：	引用側が主で、被引用側が従
出典明示：	著者名、出版年、「書名」、出版社、引用ページ

● 論文集に掲載された論文の場合

> 「・・・・・引用部分・・・・・・・である。」1)という見解もある。
> しかし、私は・・・・・・・・・・・・・・・・・・・・・・・・・・・・・であると考える。
>
> 1) 山大 花子 1997年「特許権でビジネスを守る」月刊知財第26号 p.38 山大知財センター編 ○○印刷株式会社

出典明示：	著者名，出版年，「論文のタイトル」，論文の掲載された本・雑誌名，掲載雑誌の巻数･号数、引用ページ，論文集等の編者と出版社

文章の著作物の引用については、単行本からの引用の他に、論文集に掲載された論文からの引用もある。

特に、論文の引用については、被引用側の論文のページ番号だけでなく、そのページ中の該当行数の情報も記述する。

一般的に質の高い論文になるほど、相手側論文の文章を持ってくる引用は行わず、自己の意見に基づいて批評する相手側論文の該当箇所情報（注釈等でいわゆるリンク情報を末尾に表記等）のみにとどめる傾向がある。この点は、学術分野により微妙に流儀が異なるため、専門分野の学会誌を参考にするか指導教員に質問していただきたい。

個別権利制限・・・引用＿具体例

● 新聞記事の場合

「・・・・・引用部分・・・・・・・・・・となった。」1) とある。

1) 山大知財新聞 2014年4月24日朝刊 「全学生への知財教育必修化スタート」

出典明示：
新聞名，記事が掲載された日付，
朝夕刊の別，「記事のタイトル」

● Webページ（インターネットのページ）の場合

「・・・・・引用部分・・・・・・・・・・となった。」1) という見解もある。

1) 山口大学 「全学生への知的財産教育必修化スタート」
http://www.yamaguchiu.ac.jp/library/user_data/upload/Image/topics/2013/130422-1.pdf
2014年4月24日アクセス

出典明示：
作成者，「Webページのタイトル」，
アドレス(URL)，アクセスした日付

新聞記事からの引用、Webページからの引用を説明する。

出典明示等の引用の四つの判断基準は、単行本等からの引用と同様である。

新聞記事の引用では、日付、誌名、該当ページ、記事の特定だけでなく、版番号と対象発行地域名を記述する。新聞は、同じ日付でも印刷時間帯で記事が更新されることがあり、「第＊＊版」のように版番号の表記が望ましい。また、東京版、山口版のように、発行地域情報も必要である。

同様に、Webページからの引用に関しては、出典明示の際に、作者名、タイトル、アクセスしたURLを記載するだけでなく、原則としてアクセスした日付の記載も必要である。

個別権利制限・・・引用＿具体例

● 写真あるいは図の場合・・・考え方

・基本的には，引用の4条件「明瞭区別性」「主従関係」「出典明示」「必要最小限」を素直に読むと，引用概念を適用することは難しい。

・前述の東京美術倶楽部事件を，引用の観点から「一般化した解釈（絵画，写真，図その物の引用可）」として解釈するか，絵画鑑定書のような特殊事例として認められたと解釈するのか意見が分かれている。

・現時点では，写真・図の引用は，そこに比較配置しなければ説明が不可能な場合を除き極力控えた方が良いと考えられる。あるいは，権利者からの許諾を受けて掲載することが望ましい。

指導教員に確認。

・学会により扱いは微妙に異なるが，一般的に自然科学系の論文では他人の写真を引用で使用することは少ない（許諾を取る）。

写真や図等の画像系著作物の引用について補足説明する。

先に述べた、バーンズコレクション事件と東京美術倶楽部事件で検討したように、写真や図の場合は引用の四つの判断基準（明瞭区別性、主従関係、出典明示、必要最小限）の適用レベルが揺れていると解釈することもできる。東京美術倶楽部事件を、引用の観点から一般化した解釈（絵画、写真、図その物の引用可）としてみるか、絵画鑑定書の特殊事例として認められたと解釈するのか意見が分かれるところである。

現時点では、写真や図の引用は、比較配置しなければ説明が不可能な場合を除き極力控えた方がよいだろう。もしくは権利者からの許諾を受けて掲載することが望ましい。

著作権法の論理と研究者倫理

●著作権法の論理と研究者倫理
両者の処理は重複する部分も多いが，全てが一致，あるいは他方を内包するわけではない。

大学を含む研究機関では，研究者倫理（あるいは研究者の慣習）に基づく統制の方が，著作権法の論理に優越する事が多い。

一方で，最終的な紛争解決は裁判に委ねることになるが，この段階では判決に個別事情が反映されることもあり研究者倫理に添わない帰結もあり得る。

法律は羊の皮を被った狼にもなり得る・・・実務の理想は研究者倫理と法律の両対応

ここまでは、著作権法に基づく説明を続けてきたが、次に「著作権法の論理」と「研究者倫理」の二つの異なる観点から考察してみよう。

著作権法の論理は法律の世界からの観点、研究者倫理は研究の現場における「研究者ないしは学会等の慣習」という観点を意味する。

この両者（法の論理と研究者倫理）の実務処理は、重複する部分も多いが、必ずしも全てが一致するあるいは他方を内包しているわけではない。大学や研究所等の研究機関の現場では、日常的には研究者倫理に基づく統制の方が、著作権法の論理より優越して業務が流れる事が多い。

しかしながら、研究現場で実際に何らかの研究不正やトラブルが発生した場合、当該組織の内部統制による勧告や懲戒で止まることもあれば、最終的には当事者間の訴訟提起を経て裁判による紛争解決に委ねられることもある。

その場合、必ずしも結論が「研究者倫理」の感覚に添ったものになるとは限らない。法律は、羊の皮を被った狼にもなり得るため、実際の裁判では法律である著作権法の論理が優先されることも多い。両者は必ずしも対立する概念ではないが、個別紛争事件では個別の事情を取り入れて公平・正義の観点から判決が出されるため、表面的には著作権法の論理と研究者倫理がコンフリクトを起こしているように見える結論もあり得る。

研究現場での実務の理想は、法的対応と研究者倫理の両対応を目指したバランスのよいマネジメントである。

著作権法の論理と研究者倫理

● 両者の関係

先行論文
取得DATA
DATA分析
その他

→ 着想 思想 →

具体的表現を
経て
著作物になる

著作権法の世界
※表現の独自性

研究者倫理の世界
※着想, 思想, データ自体の独自性

研究の現場では、先行論文を調査し、実験データを取得、その研究データを分析考察して論文としてまとめる。それらの研究結果から、更に新たな着想が生まれ実験を繰り返すことが日常的に行われている。このような、着想、思想、データ自体の独自性等への尊敬・敬意（respect）が研究者倫理の本質である。

著作権法の世界は、思想感情の創作物として「表現」された著作物の成立を前提とする。すなわち、基本的には研究論文として具体的な表現としてまとめられた論文等になった段階で、はじめて著作権の論理が適用される。すなわち、著作権法の世界で判断される。着想や思想が、研究段階で不用意に流出した場合、他の法律も含めて法的に対処することがきわめて困難であることに留意すべきである。

山口大学の学術研究不正に関する規定

● 山口大学における研究者の学術研究に係る不正行為に対する措置等に関する規則から抜粋
第2条（定義）この規則において, 次の用語の意義は, それぞれ当該各号に定めるところによる。
(1)「学術研究」とは, 先人達が行った諸業績を踏まえたうえで, 自らの発想やアイデアに基づいた新たな知見を創造することをいう。
(2)「研究者」とは, 学術研究に携わる役員, 職員, 学生, その他本法人の施設設備の利用者をいう。
(3)「不正行為」とは, 研究の立案・計画・経費支援申請・実施・成果の取りまとめの過程において行われるデータその他研究結果の捏造, 改ざん, 盗用, 学術実績の虚偽記述等をいう。ただし, 悪意のない誤り及び意見の相違並びに当該研究分野の一般的慣行に従ってデータ及び実験記録を取り扱うものを除く。

発想, アイデア, それに基づく新たな知見が
研究の本質

「山口大学における研究者の学術研究に係る不正行為に対する措置等に関する規則」から抜粋する。本規定は、学術研究を「先人達が行った諸業績を踏まえたうえで、自らの発想やアイデアに基づいた新たな知見を創造すること」と定義する。同じく、研究者を「学術研究に携わる役員、職員、学生、その他本法人の施設設備の利用者」と定義し、学部生を含めた学生もその中に含まれている。そして、不正行為は、「研究の立案・計画・経費支援申請・実施・成果の取りまとめの過程において行われるデータその他研究結果の捏造、改ざん、盗用、学術実績の虚偽記述等」とされている。捏造とは「ないことをあったように仕立て上げる」、改ざんとは「研究データを自分の都合のように書き換える」、盗用とは「他人の研究データを盗むこと」である。

日本学術会議の報告書から

● 科学におけるミスコンダクトの現状と対策（H17.7.21）
【作成者】日本学術会議 学術と社会常置委員会
【URL】 http://www.scj.go.jp/ja/info/kohyo/pdf/kohyo-19-t1031-8.pdf

制度 / 制度支援措置

事前措置 ── (1) 研究者としての権利行使の妥当な枠組みの設定 ・倫理規定の設定
(2) 研究者としての義務履行の制約条件の設計 ・学会等における会則・規約・職務規程等
ミスコンダクトに係る調査・審査機関の設置
(a) 倫理教育の育成

事後措置 ── (3) ミスコンダクトに係る裁決機関の設置

(b) ミスコンダクトに係る公開制度の確立（チャンネルの明確化を含む）

※出典：同報告書22頁

研究不正行為に関連して、日本学術会議の学術と社会常置委員会が作成した「科学におけるミスコンダクトの現状と対策」という報告書がある（平成17年7月21日）。下記URLから報告書全文がダウンロードできる。

http://www.scj.go.jp/ja/info/kohyo/pdf/kohyo-19-t1031-8.pdf

図は、同報告書の22ページから引用している。ここで扱うミスコンダクトとは、研究における不正行為の総称を意味する。報告書は、データの捏造、改竄、論文盗用、倫理規定違反等の各国での対応状況、更にわが国における対応として、研究機関における倫理規定の設定、ミスコンダクトに係る審査・審査機関の設置などの必要性を論じている。

日本学術会議の報告書から

● 科学におけるミスコンダクトの現状と対策

客観性・合理性
事実と意見表明の分離
再現性

単なる願望、事実に基づかない論説は研究論文ではない

捏造
改ざん
盗用
引用の不備・不正
誇大な表現
新規性の偽称
都合の良い誤解をさせる表現（レトリックの誘惑）
重複発表
不適切なオーサーシップ

ミスコンダクトの形態とその発生の深度

─個人的内因性要因に基づくミスコンダクト─

深層 → 表層

ミスコンダクトの深度
※出典：同報告書49頁

前記報告書の49ページの図を基に説明する。

図は、右から左に行くほど ミスコンダクトの深度（悪質性）が高まることをイメージしている。

捏造、改ざん、盗用等の明白な不正が頻発していることは考えにくいが、新規性偽証（先行論文の存在秘匿）、客観性を疑わせる誇大な表現、引用の不備、重複発表などには日常の研究業務の中で注意を払う必要がある。

ミスコンダクトを防ぐためには、研究者自身の単なる願望あるいは事実に基づかない論説ではなく、研究データの客観性・合理性、事実と意見表明の分離、再現性の確保が重要である。

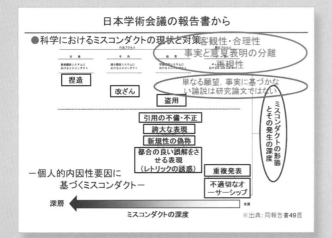

大学研究の紛争はアイデア盗用をより詳しく検討

●神奈川県内の地質図を巡る事件（大学研究ではない）

平成14年11月14日　東京高裁平成12（ネ）5964

控訴人（甲事件原告）：X研究会代表者会長
被控訴人（甲事件被告）：Y協議会代表者会長
　　内容（思想）と形式（表現）を分離
　　表現された部分の創作性否定
　　表現された部分の同一性否定

著作権法の
観点のみで判断

研究データや思想性の侵奪、学術的な神奈川県内の地質図の著作権侵害が争われた事件を扱う。裁判例情報検索サイトで、東京高等裁判所、事件番号平成12年（ネ）5964号を検索キーに判決文をダウンロードしてほしい。

判決では、「著作権法は、発見や仮説そのものを保護し、これらを発見者や仮説の提唱者に独占させようとするものではない」、「素材の取捨選択等の内容の重視を押し進めて、それが独創的であるとの一事をもって、表現に創作性がある、としたり、あるいは内容が同一であることから、表現にも同一性がある、としたりすると、その背後にある発見（発見された事実）や仮説の他者による表明が、事実上極めて困難」として、内容（思想）と形式（表現）を厳密に分離し、表現された部分の同一性を否定した。

大学研究の紛争はアイデア盗用をより詳しく検討

●同一大学同一学部同一講座内でオーサーシップ紛争（大学研究）

平成20年1月31日　知財高裁平成19（ネ）10030
平成19年2月27日　東京地裁平成17（ワ）15529　原審

A大学医学部の助教授である原告が，被告らが原告に無断で，かつ自らのものとして原告の研究成果ないし発明内容を発表したことにより，研究成果の侵奪による精神的損害及び上記発明に係る特許を受ける権利の侵害による財産的損害を被ったと主張して，損害賠償880万円（慰謝料500万円，財産的損害300万円及び弁護士費用相当額80万円）の支払並びに謝罪広告の掲載を請求する事案

剽窃，オーサーシップ紛争について，研究成果の侵奪による精神的損害（一般不法行為），特許を受ける権利の侵害による財産的侵害で論理構成。広義の研究ミスコンダクトに相当するという判断も含まれている。

一方、大学研究に関して、同一大学同一学部同一講座内で起こったオーサーシップに関する紛争事例がある。ここでは、発明思想の所有者および研究成果の侵奪に関する民法の一般不法行為で争っている。

A大学医学部の助教授である原告が、被告らが原告に無断で、かつ自らのものとして原告の研究成果ないし発明内容を発表したことにより、研究成果の侵奪による精神的損害および上記発明に係る特許を受ける権利の侵害による財産的損害を被ったと主張して、損害賠償880万円（慰謝料500万円、財産的損害300万円及び弁護士費用相当額80万円）の支払並びに謝罪広告の掲載を請求した事案である。

大学研究の紛争はアイデアの盗用をより詳しく検討

裁判資料　マウス系統樹　（東京地裁平成17（ワ）15529）

裁判所　裁判例情報　検索画面
http://www.courts.go.jp/app/hanrei_jp/search1

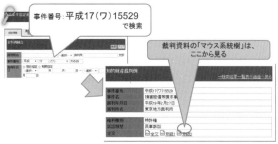

事件番号：平成17（ワ）15529
で検索

裁判資料の「マウス系統樹」は、
ここから見る

出典：裁判例情報検索データベースより
http://www.courts.go.jp/app/hanrei_jp/search1

この判決資料を参照したい場合は、東京地方裁判所、事件番号平成17年（ワ）15529号で検索するとよい。控訴審判決を参照する場合は、知的財産高等裁判所、事件番号平成19（ネ）10030号で検索する。

判決では、最終的に原告の主張と要求は完全に否定されているが、第一審では「被告氏名を発表者の1人として本件各研究発表において掲げることは、同ウの研究者行動規範にいう『名誉著者として、実際に貢献をしていない人の名前を入れる』ことに当たり、同規範にいう『広義の研究ミスコンダクト』に当たるというべきである」という判断も含まれている。

著作権法の著作者と論文の著作者名

●大学では論文共著者記述で紛争が始まることがある

　学問領域によって，共著者の順番や氏名記載の有無について慣行があり，これに「責任著者（Corresponding author）」の記述箇所まで含めると様々である。法律分野のように単著が多い分野もあるが，自然科学系分野の論文は複数の著作者表記が大半。

　基本的には学会等の慣習に基づく記述で動いているが，裁判になれば著作権法の解釈に基づく処理が行われる。この部分は，研究者の常識と乖離している可能性があり注意が必要である。

　著作者の推定（著作権法14条）・・・著作物の原作品に，又は著作物の公衆への提供若しくは提示の際に，その氏名若しくは名称（以下「実名」という。）又はその雅号，筆名，略称その他実名に代えて用いられるもの（以下「変名」という。）として周知のものが著作者名として通常の方法により表示されている者は，その著作物の著作者と推定する。

著作権法の著作者と論文の著作者名

●オーサーシップの論文　日本看護倫理学会誌VOL.5 NO.1 2013
【題名】本物の共著者は誰だ？－著者資格（authorship）の倫理－
【著者】勝原裕美子,前田樹海,小西恵美子,ウイリアムソン彰子,星和美,田中高政
【論文URL】http://jnea.net/journal_item/journal/0501/img/008.pdf

※日本看護研究学会「雑誌投稿規定」
「著者」とは，通常，投稿された研究において大きな知的貢献を果たした人物と考えられている。著者資格（Authorship）は以下に基づいているべきであるとともに，そのすべてを満たしていなければならない。
・研究の構想およびデザイン，データ収集，データ分析および解釈に，実質的に寄与した
・論文の作成または重要な知的内容に関わる批判的校閲に関与した
・出版原稿の最終承認を行った
出典：(一社)日本看護研究学会HP　http://www.jsnr.jp/contribution/magazine-reg/　（2016/02/12アクセス）

後段の出典：(一社)日本看護研究学会ホームページより

研究ノートに研究の事実関係・推移を記録する

●研究ノート
・自然科学系の研究では必須である。一方で，人文社会系では使用されていない場合も多い。
・研究者が研究の事実関係あるいは推移を記録し，研究管理者がサインすることで事実関係と日時を認証する。
・研究の事実証拠として残し，研究不正行為がないことを証明する。

論文オーサーシップ、共著者名に関して説明する。

　学問領域によって、共著者の順番や氏名記載の有無について慣行があり、これに「責任著者」の記述箇所まで含めると様々である。法律分野のように単著が多い分野もあるが、自然科学系分野の論文は複数の著作者表記が大半である。共著について基本的には学会等の慣習に基づく記述で動いているが、裁判になれば著作権法の解釈に基づく処理が行われる。著作権法の著作者は、「著作物の原作品に、又は著作物の公衆への提供若しくは提示の際に、その氏名若しくは名称又はその雅号、筆名、略称その他実名に代えて用いられるものとして周知のものが著作者名として通常の方法により表示されている者は、その著作物の著作者と推定する」と規定されている。

　日本看護倫理学会ホームページに、オーサーシップで参考になる論文が掲載されている。下記、論文URLを参照。
http://jnea.net/journal_item/journal/0501/img/008.pdf

　また、(一社)日本看護研究学会 の雑誌投稿規定では、次のように定義されている。「著者」とは、通常、投稿された研究において大きな知的貢献を果たした人物と考えられている。そこでは、

●研究の構想およびデザイン、データ収集、データ分析および解釈に、実質的に寄与した
●論文の作成または重要な知的内容に関わる批判的校閲に関与した
●出版原稿の最終承認を行った

　これらの要件を全て満たすことが求められている。

　研究不正に関するトラブルに巻き込まれた場合に、事実関係とその発生日付を立証する有効なツールとして、研究ノートがある。研究ノートは、研究データ等の保存に止まらず、研究の事実関係や思想発想の推移を記録するものである。通常は、自然科学系研究で必須であるが、人文社会系の研究者の間では必ずしも使用されていないことが多い。

　研究ノートは、一定の日時間隔で研究管理者がサインすることで、事実関係と日時を認証するものである。研究不正行為がないことを証明する資料でもあり、ページの引き抜きや空白のページなどで記載の順番に疑義をもたれることがないように留意する必要がある。

研究ノートに研究の事実関係・推移を記録する

●研究ノート

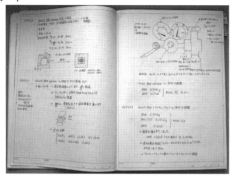

こちらは、実際の研究現場における研究ノート記載内容の実例である。プリンター等で打ち出したデータ帳票の貼付は原則として認められるが、当初からそこに貼付されていたことを証明するために割り印して日時等を記述する。

研究ノートに研究の事実関係・推移を記録する

●研究ノートの意義・・・研究の事実関係あるいは推移を記録

事実関係と時期を証拠として残す
研究不正がないことを証明
着想の時期を証明
着想・発想の基本資料
データの記録・整理
研究計画立案の資料として利用する
知的財産創作の事実立証・・・発明の成立時点の証明, 発明の寄与度の判断資料

先発明主義を取る国では, 先発明の立証資料として。

研究ノートの意義を整理すると、次のようになる。

● 事実関係と時期を証拠として残す

● 研究不正がないことを証明

● 着想の時期を証明

● 着想・発想の基本資料

● データの記録・整理

● 研究計画立案の資料として利用する

● 知的財産創作の事実立証…発明の成立時点の証明、発明の寄与度の判断資料

研究ノートに研究の事実関係・推移を記録する

●研究ノートの書き方等

・鉛筆は使用しない。ボールペン・万年筆等の消せない筆記具を使用。
・記入者は研究したその日に記入し, 年月日も記述する。
・アイデア・着想はすぐに記入する。
・頁の順番に記入する。
・できるだけ余白ができないように記述し, 余白の部分には斜線や×印を記入するか, 「以下余白」と記述する。
・データ出力用紙や資料等貼付の場合は割り印と日時等を記述する。
・修正の際は「見え消し」にする, 二重線を引き修正前の文字が確認できるようにする。
・確認者の署名と確認年月日を記述する。
・保管は施錠できるところで厳重に管理する。
・卒業時, 大学院修了時にはそのまま一定期間保存する。

立証資料としての証拠力を高めるためには書き方を留意する必要があり、以下の点に留意すべきである。

● 鉛筆は使用しない。ボールペン、万年筆等の消せない筆記具を使用。なお、消せるボールペンは使用しない方が望ましい。

● 記入者は研究したその日に記入し、年月日も記述する。

● アイデア・着想はすぐに記入する。

● 頁（ページ）の順番に記入する。

● できるだけ余白ができないように記述し、余白の部分には斜線や×印を記入するか、「以下余白」と記述する。

● データ出力用紙や資料等貼付の場合は割り印と日時等を記述する。

● 修正の際は「見え消し」にする。二重線を引き修正前の文字が確認できるようにする。

● 確認者の署名と確認年月日を記述する。

● 保管は施錠できるところで厳重に管理する。

● 卒業時、大学院修了時には研究室等で一定期間（10年間）保存する。

第五章

産業財産権の基礎知識
― 特許制度 ―

学習の目標

- 産業財産権制度の全体像を把握する。
- 特許制度の目的・意義等を説明できるようになる。
- 身近にある特許発明の存在を認識することができる。
- 特許発明を巡る開発競争を理解することができる。
- 特許を取得するための要件を説明することができる。
- 特許情報の利用に着手する基本情報を把握する。

学習に必要な知識（項目）

- 産業財産権
- 特許制度の目的
- 特許権
- 特許権の効力
- 特許権取得までの手続き
- 特許権の存続期間

- 特許権を取得するための要件
  - ・発明
  - ・産業上の利用可能性
  - ・新規性
  - ・進歩性
  - ・先願主義
  - ・明細書用の記載規定
- 特許情報
- 特許情報の活用

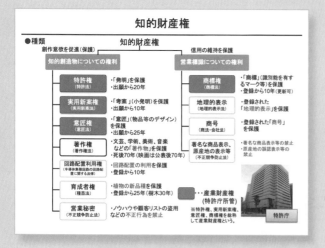

知的財産権

●種類

知的財産権

創作意欲を促進（保護）
知的創造物についての権利

信用の維持を保護
営業標識についての権利

特許権（特許法）	・「発明」を保護 ・出願から20年
実用新案権（実用新案法）	・「考案」（小発明）を保護 ・出願から10年
意匠権（意匠法）	・「意匠」（物品等のデザイン）を保護 ・出願から25年
著作権（著作権法）	・文芸、学術、美術、音楽などの「著作物」を保護 ・死後70年（映画は公表後70年）
回路配置利用権（半導体集積回路の回路配置に関する法律）	・回路配置の利用を保護 ・登録から10年
育成者権（種苗法）	・植物の新品種を保護 ・登録から25年（樹木30年）
営業秘密（不正競争防止法）	・ノウハウや顧客リストの盗用などの不正行為を禁止

商標権（商標法）	・「商標」（識別能を有するマーク等）を保護 ・登録から10年（更新可）
地理的表示（地理的表示法）	・登録された「地理的表示」を保護
商号（商法・会社法）	・登録された「商号」を保護
著名な商品表示、原産地の表示等（不正競争防止法）	・著名な商品表示等の禁止 ・原産地の誤認表示等の禁止

・・・産業財産権（特許庁所管）
※特許権、実用新案権、意匠権、商標権を総称して産業財産権という。

特許庁

知的財産権の種類は、創作意欲を促進・保護する知的創造物についての権利と、営業上の信用維持を担保する営業標識についての権利の二系統に分けることもできる。

前者は、

● 発明を保護する特許権

● 物品の形状・構造等の考案を保護する実用新案権

● 物品等のデザインを保護する意匠権

● 文芸・学術・美術・音楽・プログラムなどの精神的作品を保護する著作権

● 半導体集積回路の回路配置を保護する回路配置利用権

● 植物の新品種を保護する育成者権

● ノウハウや顧客リスト盗用等の営業秘密に対する不正行為を禁止する権利

がある。

後者の、信用の維持を保護する営業標識についての権利としては、

● ブランド名・商品のネーミング等の商標を保護する商標権

● 会社の社名など登記された商号を保護する権利

● 著名な商品表示や原産地の誤認表示等を禁止する権利

がある。

この中で、特許権、実用新案権、意匠権、商標権をまとめて産業財産権と呼び、特許庁が所管する。著作権は文化庁、回路配置利用権は経済産業省、育成者権は農林水産省、不正競争防止法は経済産業省の所管となっている。

権利の存続期間は、それぞれの権利で異なる。

特許権は出願の日から原則として最長20年、実用新案権は出願の日から10年、意匠権は出願の日から25年、商標権は設定の登録の日から10年で、その後更新登録も可能となっている。著作権の存続期間は、創作時から著作者の死後70年までである。法人著作の場合は公表後70年で、映画の著作物は、公表後70年となっている。著作権に関する詳細な権利期間の説明は第二章に記述した。回路配置利用権は設定の登録から10年、育成者権は設定の登録から25年（樹木については30年）となっている。

第五章では、産業財産権のうち、特許制度を説明する。

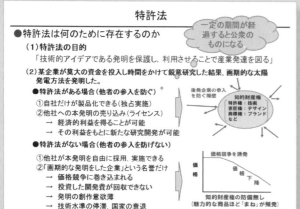

特許法

●特許法は何のために存在するのか

一定の期間が経過すると公衆のものになる

（1）特許法の目的
「技術的アイデアである発明を保護し、利用させることで産業発達を図る」

（2）某企業が莫大の資金を投入し時間をかけて鋭意研究した結果、画期的な太陽発電方法を発明した。

●特許法がある場合（他者の参入を防ぐ）

①自社だけが製品化できる（独占実施）
②他社への本発明の売り込み（ライセンス）
　→ 経済的利益を得ることが可能
　→ その利益をもとに新たな研究開発が可能

後発企業の参入を防ぐ障壁

知的財産権
特許権：技術
意匠権：デザイン
商標権：ブランド
など

●特許法がない場合（他者の参入を防げない）

①他社が本発明を自由に採用、実施できる
②「画期的な発明をした企業」という名誉だけ
　→ 価格競争に巻き込まれる
　→ 投資した開発費が回収できない
　→ 発明の創作意欲薄
　→ 技術水準の停滞、国家の衰退

価格競争を誘発

価格

価格下降

知的財産権の防備無し
（魅力的な商品ほど「まね」が頻発）

特許法の目的は「技術的アイデアで発明を保護し、そして利用させることで産業の発達を図ること」とされている。

産業の発達を図ることとは、どういうことだろう。

特許法がある場合とない場合で、それぞれどのようなことが起こり得るのか考えてみよう。ある企業が多額の資金を投入し、時間をかけて研究開発を行った結果、画期的な発明をしたとする。特許法があれば、その研究成果について特許権を取得して自社が独占的に関連する製品をつくる、あるいは他者に作らせることができ経済的利益を得ることができる。すなわち、後発企業の参入を防ぐ知的財産権の障壁をつくることができる。そこで得られた利益で新たな研究開発が可能となり、次の新たな創作意欲に繋がる。

前ページからの続き→

このような継続的な企業活動によって、社会全体としては技術の累積的進歩が図られ、総じて産業の発達に寄与することになる。一方、特許法がなければ効果的に他社の参入や模倣を防ぐことができない。他社も同じ発明を短期間で自由に実施でき価格競争に巻き込まれる。優れた発明を完成しても、画期的な発明をした企業という名誉だけで経済的利益を得ることができないから、投資した開発費の回収も危うくなり新しい発明の創作意欲も薄れていく。結果、社会全体で見れば、技術水準の停滞を促すことになる。そこで、技術的アイデアとしての発明を保護し、その利用を促すことで産業の発達を図る特許制度を制定したのである。

特許法

●他社参入を許さなかった事例

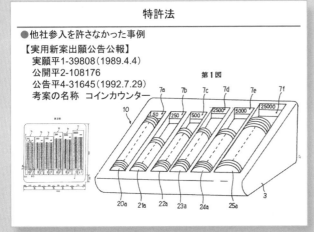

【実用新案】
実願平1-39808（1989.4.4）
「コインカウンター」

【商標】
登録番号：第2388227号
登録商標：エンゲルス
権利者 ：橋義晴

価格　ブランド化よる価格の維持

・製品名　　　　　　　：エンゲルス
・製造販売　　　　　　：Engels（株式会社エンゲルス）
・発売時期　　　　　　：1989年
・価格　　　　　　　　：3000円
・サイズ(縦×横×厚さ[mm])　：170×165×70

図は、株式会社エンゲルスが製造販売するコインカウンターである。10円玉や100円玉などの硬貨が一目でいくらあるかがわかるようになっており、コンビニやスーパーなどのレジなどでみかける。1989年に最初に販売され、価格は3000円であった。当時は、レジの中の硬貨を数える場合、いちいち硬貨を手にとり数える必要があった。それに対して、この製品は同一硬貨の合計金額が一目で確認できるよう工夫されており、枚数を数える手間を省けるという顕著な効果があった。このコインカウンターは次図のように実用新案権を取得しており、独占的な製造販売を維持することができ、結果として価格競争に巻き込まれず、ブランド化も図られている。

なお、「エンゲルス」という商標も登録されている。

商標登録番号　第2388227号
指定商品　16類　コインカウンター（台上に硬貨を重ねて収納する溝を金種別に形成し各溝の内外に硬貨の金額・枚数を知るための目盛を形成したもの）

これは、技術的思想の権利化およびブランド戦略が理想的に回った事例といえるだろう。

なお、模倣品が登場し価格が下がると、需要者にとって朗報と感じるが実はそうではない。純正品製造販売企業は、利益が減少し、従業員も給料が減るなどのしわ寄せが生じ、次の商品を開発する余力がなくなる。模倣品を買った需要者も、コピー商品は品質に配慮した作りになっていないことが多く、すぐに壊れたり補修サービスも担保されていないため、純正品に比べると満足度が低いことが多い。

特許法

●他社参入を許さなかった事例

【実用新案出願公告公報】
実願平1-39808（1989.4.4）
公開平2-108176
公告平4-31645（1992.7.29）
考案の名称　コインカウンター

第1図

図の出典：J-PlatPat　実用新案出願公告公報平4-31645から

特許制度は技術の公開を前提としている。すなわち、発明を特許出願すると一定期間後（出願日から1年6カ月経過後）にその内容は必ず公開される。第三者は、その公開情報を見て、改良を加え新しい発明を創作するなど、公開された技術情報を利用することができる。これにより、技術の累積的進歩が図られ、結果的に産業の発達に寄与することとなる。

一方、技術を公開した発明者に対しては、公開の代償として、一定期間その技術を独占的に実施できる権利が与えられる。それにより経済的利益などを得られるようになり、また次の発明を創作しようという意欲意識が湧き、産業の発達に寄与するのである。

特許制度

●特許制度は技術の公開が大前提

「発明をした人に対して，その技術を公開してもらい，その代償として一定の期間，一定の条件下でその技術に対しての独占権を与えることによって，産業の発達に寄与する。」

一定期間独占的実施権
出願日から20年間（公開の代償）

新技術の公開
出願日から1年6ヶ月経過後公開

創造意欲　競争意識

第三者の利用

産業の発達に寄与

発明は最先端のものだけではない

●発明には・・・
時代を超える最先端の特許発明もあれば
生産工程の改良や身近な生活のアイデアから生まれる発明もある

技術の高度性・先端性

基礎研究から
製品化まで道
のりは長い

バイオ
新薬
デバイス

・アクティブタイムバトル特許
・マビオン特許
・取っ手付紙箱特許
意外に・・・商売として利益がとれる部分
ちょっとしたアイデアを実現化

産業としての広がり

特許法で保護される発明というと、一般的に最先端の高度な技術を思い浮かべる方が多いかもしれない。しかしながら、特許法では技術の高度性・先端性だけでなく、産業としての広がりについても考慮されている。

大学や企業で進められている最先端の研究・技術は当然特許法の保護対象となるが、産業としての広がりをみた場合、例えば、普段不便に感じていたものにちょっとした改良・アイデアを加えたものも特許法の保護対象となる。なぜならば、特許法は今までに世の中になかったアイデアを、最初に考え出した人に権利を与える制度だからである。

ここで、最先端の技術開発の場合、基礎研究から製品化までの道のりは一般的に長い。例えば、医薬品の場合は10年～15年かかるともいわれる。一方、ちょっとしたアイデアの実現は、製品化までの道のりが比較的に短かく、市場も現実にそこに存在するため商売として利益が取れる場合がある。例えば、インクジェットプリンターのインクジェットとインクカートリッジを見た場合、プリンターのインクジェット部分は最先端技術であるが、実際に収益をあげているのはプリンターではなくインクカートリッジの方である。プリンターのメーカーは、プリンター本体の基礎研究で先端技術の開発競争を行う一方で、カートリッジの構造等の身近な発明でも開発にしのぎを削っているのである。

このように、特許制度は、そもそも産業の発達を目的とした制度であるので、保護対象となる発明は単に技術の高度性・先端性だけでなく、産業としての広がり・有用性についても考慮しているのである。

最先端発明の事例

●山中伸弥先生の特許出願　　　　国内出願一覧

最先端の技術・発明の事例として、人工多能性幹細胞（以下、「iPS細胞」）で有名な京都大学の山中伸弥教授の研究成果がある。図は、山中教授が発明者の日本国内特許出願リストの一部を表示している。検索は、山口大学特許検索システム（YUPASS®）を使った。

山中教授の特許出願には、iPS細胞をつくるのに必要な四つの遺伝子に関する基本発明に関するものや、分化した細胞を選別する方法に関するものがあり、その多くは権利化まで進んでいる。リストの中には、iPS細胞の製造に必要な四つの遺伝子、山中ファクターに関する発明も入っている。

最先端発明の事例

●山中伸弥先生の特許出願
・特許5098028号の特許請求の範囲
【請求項1】 ※請求項2以降は省略
下記の(1)、(2)、(3)および(4)の遺伝子：
(1)Oct3／4遺伝子，
(2)Klf2遺伝子およびKlf4遺伝子から選択される遺伝子，
(3)c−Myc遺伝子，N−Myc遺伝子，L−Myc遺伝子および<u>c−Myc遺伝子の変異体であるT58A遺伝子</u>から選択される遺伝子，および
(4)Sox1遺伝子，Sox2遺伝子，Sox3遺伝子，Sox15遺伝子およびSox17遺伝子から選択される遺伝子，
を体細胞に導入する工程を含む，誘導多能性幹細胞の製造方法であって，初期化される体細胞において前記遺伝子のいずれかが発現している場合には，該遺伝子は導入する遺伝子から除かれていてもよい，前記製造方法（ただし，Oct3／4遺伝子，Klf4遺伝子，c−Myc遺伝子およびSox2遺伝子を体細胞に導入する場合を除く）。

出典：J-PlatPat　特許公報第5098028号から

特許権が付与された発明のことを「特許発明」と呼ぶ。図は、山中教授の核初期化因子の特許発明、特許第5098028号（権利者は京都大学）である。「特許発明」は、特許公報の「特許請求の範囲」という項目に記載されている。「特許請求の範囲」は特許権の権利範囲を表す項目である。

アイデア勝負に近い発明の事例

●アクティブタイムバトル特許
【特許番号】第2794230号　　【登録日】平成10年6月26日
【発明の名称】ビデオ・ゲーム装置，その制御方法および制御ディバイス
【目的】
実際の戦闘に似た臨場感とスリルにあふれるスピーディなゲームを提供する。
【構成】
プレイヤ・キャラクタに対するコマンドの入力中においても，時間の流れが停止することがなく，敵キャラクタはそのキャラクタ固有の設定時間が経過すると攻撃する。

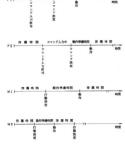

図の出典：J-PlatPat　特許公報第2794230号から

アイデア勝負に近い発明の事例

【請求項1】プレイヤ・キャラクタと敵キャラクタとを表示装置の表示画面上に表示し，入力された動作指令またはあらかじめ定められた動作指令に応じて，プレイヤ・キャラクタと敵キャラクタとに相互に動作を行わせるものにおいて，
キャラクタごとにそれぞれ計時手段を用意し，キャラクタの動作に関する処理に応答して，そのキャラクタに対応する上記計時手段にキャラクタに対応する時間を設定して
上記計時手段の動作を開始させ，
上記計時手段が設定された時間を計時し終えたときに上記計時手段から発生する信号に応答して，
上記計時手段に対応するキャラクタについて次の動作に関連する処理に移るように制御し，
キャラクタの次の動作に関連する処理が終了したとき，そのキャラクタに対応する上記計時手段にキャラクタに対応する時間を再び設定して，上記計時手段の動作を再び開始させる，ビデオ・ゲーム装置の制御方法。

出典：J-PlatPat　特許公報第2794230号から

商品改良・改善のための発明事例

●取っ手付紙箱特許 🖞
　特許第3813253号

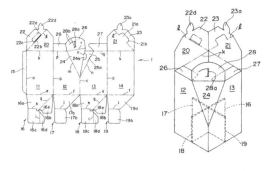

図の出典：J-PlatPat　特許公報第3813253号から

産業としての広がり（有用性）を考慮した、アイデア勝負に近い特許発明の例である。

現スクウェア・エニックスのゲーム、「ファイナルファンタジー」シリーズに搭載されているアクティブタイムバトルというシステムがある。初期の頃の、一般的なロールプレイングゲームでは、敵との戦闘中はプレイヤがコマンドを入力している間ゲーム内の時間の流れは止まっていた。「ファイナルファンタジー」シリーズでは、戦闘の流れに沿って時間が止まったり流れたりして、臨場感あふれる戦闘シーンになっている。図は、このゲームに使われている特許発明（特許第2794230号）である。

ゲームのキャラクタに、次の動作に自動的に移る時間を設定し、プレイヤが入力にもたついていると敵キャラクタが襲ってくる臨場感を生じさせる特許発明である。

特許請求の範囲には、「キャラクタごとにそれぞれ計時手段を用意し、キャラクタの動作に関する処理に応答して、そのキャラクタに対応する上記計時手段にキャラクタに対応する時間を設定して上記計時手段の動作を開始させ、上記計時手段が設定された時間を計時し終えたときに上記計時手段から発生する信号に応答して、上記計時手段に対応するキャラクタについて次の動作に関連する処理に移るように制御し…」と記述されている。

これも産業としての広がりの観点からちょっとした商品改良・改善を行った事例である。

日本酒などは贈答用に瓶3本を紙箱にいれて販売しているものがあるが、その紙箱の改良に関する発明で、出願人・権利者は大手の印刷会社である。

従来の紙箱は日本酒の瓶3本を横一列に並べたもの、箱を三角形にして瓶も三角形に並べて収納できるようにしたものがある。しかし、横長の箱では置いたときに倒れやすく安定性が悪い、三角形の箱は形が異形なのでブランクの紙から箱を組み立てるのを機械装置で行うことが困難、また出荷時に輸送用の段ボール箱にぴったりと詰めることが困難であるといった課題があった。一方で、正方形の箱にした場合は縦横の中心線で四つに仕切って瓶を3本いれるが、そのときに瓶3本の重心が箱の中心からずれバランスが悪くなり、持ちにくいことが課題であった。見た目の不自然さから、需要者が4本目が入っていないと誤解するリスクもある。

これらの課題を解決するために改良されたのが、この紙箱の発明である。この発明によれば、四角形の箱でも瓶を3本入れて持ったときに安定性良くバランスがくずれない。

また、箱の組み立ても機械で行うことができ、出荷時の箱詰めにも適している。更に、一カ所を斜面にして瓶が入っていないことを認識できるようになっている。

この発明は、必ずしも最先端とは言えないが、人々が抱える問題点を解決するため、誰も気づいていない発明思想をいち早く創作したことに意義がある。

手持ち技術を他分野製品開発に転用した発明

● 大量の卵を使用する生産場面を想定して議論しよう

大量に割ったときに生卵に殻が混入しないようにするには？

手持ち技術を他分野の製品開発に転用

● ミタカ電機の卵自動割り方法及びその装置 🔊　　動画 🔊

【特許番号】第2602409号　【登録日】平成9年(1997)1月29日
【発明の名称】卵自動割り方法及びその装置
【特許権者】有限会社ミタカ電機
【特許請求の範囲】　【請求項 I 】
対向吸盤間に卵の両端を挟持し、該卵を
上記吸盤の共通中心線の回りに回転さ
せながら、該中心線と直交する回転刃の
両側に設けた案内ガイドに上記回転
卵の中央部を接し、その状態で上記
回転刃の外周刃先で上記卵の殻を
外側から切削することを特徴とする
卵自動割り方法。
【請求項2】～【請求項5】は省略。

出典：J-PlatPat　特許公報第2602409号から

手持ちの技術を、他分野の製品開発に転用した事例を紹介する。

大量の卵を使用する生産場面を想定して、大量の卵を割って中身を取り出すときに、どのような方法が考えられるだろうか。数百個、数千個の卵を人間の手で一つずつ割ると想定すると、多くの時間や労力がかかる。しかも、手で割ることは卵の殻が混入する可能性も高い。そこで、大量の卵をできるだけ労力をかけずに簡単に割るにはどのような方法が考えられるか考えてみよう。さらに卵の殻が入らないようにするにはどのような方法が考えられるか、ワークシート⑥の1に自由に思いついたものを書いてみよう（文章や絵で考えてみよう）。

ミタカ電機という会社が、卵自動割り装置を開発し、特許を取得している。この会社は、半導体ウェハーを切削するダイヤモンドカッターの技術を保有し、その技術を割卵に転用して装置開発に繋げている。

ミタカ電機は長崎県内に本社を持つ企業である。長崎はカステラで有名であるが、カステラを作るには大量の卵が必要となり、現状の自動割卵機では卵の殻が混入してしまうという課題があった。人間の手で割った場合も同様な課題が生じ、卵の殻が混入しない自動割卵装置はできないのかというニーズがあった。さらに、フィルター等で殻を取り除く方法ではなく、黄身と白身をそのまま取り出すことも求められていた。地域性の強い課題だが、同社はダイヤモンドカッターという全く異分野の技術を転用した。また、ダイヤモンドカッターで卵の殻を切ると微細な殻の粉末が出るが、それを吸引することで殻の混入をなくすことができる装置を開発した。

最大の課題は、切断の前に個々の形が異なる"卵の芯（中心）を捉える"ことだった。この課題については、試行錯誤の上、卵を自転させながら一定距離転がすことで解決できることを見いだし最終的な製品開発に至った。

その後、更なる改良を加え、最新装置では卵の中央部ではなく、三分の一程度ずれた部分を切断する装置としている。この装置では、中身を取り出した後の殻の部分を家庭園芸用やデコレート用途などに使うなど、新たな事業展開がされるようになった。

コーヒードリップの開発競争

● 開発の方向性（各社の開発ポジショニング）を考えてみよう

布ドリップ

改良

課題の発見・抽出と、その課題を解決するためののアイデア創出の観点から、コーヒードリップの開発要素について考えてみよう。

ドリップ式とは、コーヒーを入れる方法の一つで、ひいたコーヒー豆にお湯などを注ぐことでコーヒーを抽出する。以前は布製のフィルターが広く使用されていたが、利便性から紙フィルターの需要が高まっている。

左の写真を参考に、コーヒードリップを現状技術とし、これに更に改良を加えるとしたら、どのような開発の方向性が考えられるかワークシート⑥の1に書いてみよう。

コーヒードリップの開発競争

改良

現状技術の問題点

一つだけ条件・・・『一人用』

解決すべき課題
発明の目的

課題を実現するための手段・構成

実施例

技術の改良の流れを考えると、はじめに、現状技術の問題点を抽出、把握する。そこから解決すべき課題、発明の目的を明らかにする必要がある。その課題を解決するための手段・構成を考えていく。この課題解決のための具体的な手段・構成、技術的な創意工夫が発明となる。さらに、最後に、思いついた創意工夫（アイデア）が実際に実現可能かどうか実証するという流れである。この流れは特許出願の際に必要な書類（明細書）に記載する項目と合致する。

さきほどのコーヒードリップの改良について、上記の考え方の流れに基づいて考えてみよう。コーヒードリップの開発要素の前提条件として、ペーパーフィルターにコーヒー豆を入れ、お湯を注ぐ形態を現状技術とする。最終的な目的は、「1杯分のコーヒーをおいしく飲みたい」である。考え方の流れを下記に示す（ワークシート⑥の2を参照）。

(1) 現状技術の問題点として、ペーパーフィルターを利用し、1杯分のおいしいコーヒーを入れようとした際にどのような問題点があるか。

(2) その問題点をクリアにするには、具体的にどのような技術的課題を解決しなければならないのか。

(3) 課題を解決するための具体的な方法はどのよなものが考えられるのか。

解決すべき課題とその課題を解決するためのアイデアをワークシート⑥の2に書いてみよう。どのような構成・構造が必要であるか、図も併用しながら記述してほしい。

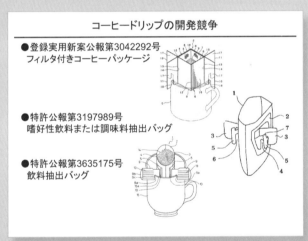

コーヒードリップの開発競争

●登録実用新案公報第3042292号
フィルタ付きコーヒーパッケージ

●特許公報第3197989号
嗜好性飲料または調味料抽出バッグ

●特許公報第3635175号
飲料抽出バッグ

図の出典：J-PlatPat
特許公報第2794230号　第3197989号　第3635175号から

図は、権利化された特許・実用新案の代表的な図面を提示している。この中で、市販されているものもあり、比較的厚い紙を利用してコップの上にコーヒーを入れたフィルター部分が配置されるもの、コップの縁にカギ爪状の部分を掛けてフィルター部分を支持する方法があり、コスト優先か、フィルター部分がお湯に浸かって渋みが抽出されるのを防止するのか、ユーザーの利便性を重視するのか等々、開発の方向性も様々である。ユーザーのニーズに応えるための商品コンセプトを決定し、そこでの課題解決を行い、試作品をつくり試行錯誤を繰り返す。課題の発見とそれを解決するためのアイデアを出す商品開発の過程で発明が生み出されているのである。

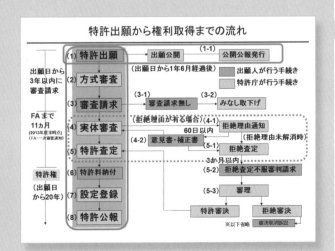

特許出願から権利取得までの流れ

(1) 特許出願 → 出願公開 → (1-1) 公開公報発行
出願日から3年以内に審査請求
（出願日から1年6月経過後）
出願人が行う手続き
特許庁が行う手続き
(2) 方式審査
(3) 審査請求 → (3-1) 審査請求無し → (3-2) みなし取下げ
FAまで11ヵ月（2013年度末時点）（FA：一次審査通知）
(4) 実体審査 →（拒絶理由が有る場合）→ (4-1) 拒絶理由通知
(4-2) 意見書・補正書 ← 60日以内
(5) 特許査定 →（拒絶理由未解消時）→ (5-1) 拒絶査定
特許権（出願日から20年）
3か月以内
(6) 特許料納付 → (5-2) 拒絶査定不服審判請求
(7) 設定登録 → (5-3) 審理
(8) 特許公報 → 特許審決 / 拒絶審決
※以下省略
審決取消訴訟

次に、特許出願から特許権取得までの流れを説明する。

出願人は、特許出願書類を作成して特許庁に提出する。通常は、オンラインで特許出願を行うことになる。特許庁では、提出書類の様式不備など形式的な方式審査を行う。方式審査は記載内容ではなく、様式のチェックのみが行われる。特許性があるかどうかの審査については、出願人が特許庁に対して特許出願審査請求手続き、すなわち審査開始の意思表示を行う必要がある。この特許出願審査請求は、特許出願の日から3年以内に行わなければならない。この手続きを受けて、特許庁では出願書類に記載されている発明に特許性があるかどうかの実体審査を行う。

実体審査は、審査官が特許権を取得するための要件（特許要件）に照らしあわせて審査する。実体審査の結果、特

前ページからの続き→

許要件を全て満たしていれば（正確には拒絶理由が見つからなければ）そのまま特許査定となる。特許要件を満たさない場合は、その理由を付した拒絶理由通知書が出願人に送られてくる。この実体審査は、一つの出願につき一人の審査官が行う。拒絶理由通知に対して、出願人は意見書を提出して反論することができる。手続補正書を提出して出願書類の内容を補正することも可能である。これにより拒絶理由が解消されれば、特許査定となる。意見書・補正書の提出により拒絶理由が解消されなければ、さらに拒絶理由が発せられるか、あるいは拒絶査定となる。

特許査定となった場合は、出願人が特許料を納付すると特許原簿に登録された時点で特許権が発生する。特許権の権利存続期間は、出願日から原則として最長20年である。特許権の効力が発生するのは設定登録時点からであるが、権利存続期間の終期は出願日から起算される。従って、登録までに長期間経過した場合は、残り権利期間が短くなる。

拒絶査定となった場合、拒絶査定不服審判請求を行うことができる。審判では、三人または五人の審判官の合議で審理がされ、審理の結果、特許審決となれば最終的に特許査定となるが、拒絶審決であれば審決の取消訴訟を起こすことができる。ここからは司法裁判所での争いとなる。

特許出願から特許権取得までは一般的に数年の年月を要する。その要因としては、出願審査請求期間（出願日から3年以内）に加え、特許庁での審査待ち期間があるためである（「FA」とはファーストアクションの略で、「一次審査」のこと）。特許庁への特許出願件数は年間約30万件であり、審査請求率は50～60％程度とされている。これに対して、特許庁の審査官の数には限りがあり（特許・実用新案の審査官数は1700人程度）、出願人が審査請求をしてもすぐに審査に着手できないのが現状である。FA待ち期間は、2011年末時点では平均25.9カ月だったが、特許審査の迅速化・効率化が進められ、2012年末時点では16.9カ月に、2013年末時点では11.0カ月に短縮され、改善が進められている。

特許権を取得するための要件

1. 技術に関する創意工夫であること（特許法上の「発明」）
（自然法則を利用した技術的思想の創作のうち高度なもの）

①自然法則を利用 例:万有引力の法則、 エネルギー保存の法則 遠心力	×自然法則とは無関係の人為的に取り決められたもの … 計算方法(nからn+kの和を求める) 社内の管理規定 コンピュータ言語 ×自然法則に反しているもの … 永久機関
②技術的思想 問題解決のための手段	×単なる情報の提示 … 電気製品の操作方法のマニュアル デジタルカメラで撮影された画像 ×知識として第三者に伝達できない … 熟練した職人のプレス加工技術 フォークボールの投げ方
③創作 人工的に新しいものを作り出すこと	×発見や解析 自然現象 天然物 （天然物から人為的に分離した化学物質や微生物などは、創作したものであるので、発明に該当する）
④高度	産業に革命をもたらすような偉大な発明という意味ではない （実用新案法との違いを明らかにするための程度のもの）

特許権を取得する実体審査の要件は七つあり、特許権を取得するためには全ての要件を満たす必要がある。

最初の要件は技術に関する創意工夫であること、すなわち特許法上の発明に該当することである。特許法は発明を、「自然法則を利用した技術的思想の創作のうち高度なもの」と定義する。自然法則とは、例えば、万有引力の法則やエネルギー保存の法則等をいう。新しく発明を創作した場合は、何らかの自然法則を利用していることが多く、実際に発明の創作段階では特段意識する必要はない。自然法則を利用していない人為的に取り決めたものは発明に該当しない。例えば、nからn+kの和を求める計算方法や社内の管理規定、遊戯方法、コンピュータ言語など自体である。また、永久機関のように、自然法則に反しているものも特許法上の発明には該当しない。

前ページからの続き→

技術的思想とは、問題・課題を解決するのための手段としての思想のことである。デジタルカメラで撮影された画像などは、単なる情報の提示にすぎず、技術的思想に該当しない。また、職人技のように知識として第三者に伝達できないものは該当しない。

創作とは、人工的に新しいものを作りだすことを意味している。従って、自然現象や既存の天然物などの単なる発見は創作には該当しない。

高度なものとは、ノーベル賞のような優れた画期的な技術、偉大な発明を意味しているのではなく、実用新案法との違いを明らかにするためのものである。

特許権を取得するための要件

2. 発明が完成していること（産業として実施可能）

✕ 「人間を手術, 治療, 診断する方法」
　　医療機器, 医薬品による手術方法（医療行為）

○ 医薬, 医療機器

✕ 「事実上, 明らかに実施することのできないもの」

　　例：オゾン層の減少に伴う紫外線の増加を防ぐために、地球全体を紫外線吸収フィルムで覆う方法など

✕ 「商売として利用できないもの」

　　個人的にのみ利用される発明（例：喫煙方法）、学術的, 実験的にのみ利用される発明は、市販や営業の可能性無し→産業の発達に貢献しないため、保護されない

3. まったく新しい技術的思想であること

（新規性があること, つまり, 公然知られたり, 公然実施されたり, 刊行物に記載されたりしたものではないこと）

2番目の要件は、発明が完成していること、産業として利用可能性があることである。

人間を手術、治療、診断するなどの医療行為については、産業上の利用可能要件を満たしていない（緊急時の治療の妨げ）とされ、特許権を取得することはできない。手術ロボットを使った患部の処置方法も医療行為に該当する。一方、手術ロボットシステムの作動方法は医療行為に該当せず、医薬や医療機器そのものは、産業として実施可能であるため特許を取得できる。

技術的な可能性があるものの、経済的理由を含めて明らかに実施することがかなわないものは産業としての実施可能要件を満たさない。例えば、台風による高波や地震による津波の被害をなくすため、国内の「全海岸線に設置することを必須要件に」50mの高さの特殊な構造の堤防を設置する発明である。もちろん、特殊な堤防の個々の技術要素を抽出して特許権を取得する余地はある。

3番目の要件としては、まったく新しい技術的思想であること、すなわち新規性である。出願書類の特許請求範囲に記載されている発明が、日本だけでなく世界中で知られていないことや実施されていないこと、刊行物に記載されていないことがその条件である。

特許権を取得するための要件

4. 同類の研究者が容易に思いつくものではないこと

（進歩性があること, つまり, 既に知られたものから容易に思いつくものではないこと）　※寄せ集め（例：多機能付ナイフ）、置き換え（例：キャスター付机）に過ぎない発明は✕

5. 人より先に出願したものであること

（先願主義, 米国だけが先発明主義だったが2013年3月16日より移行）

6. 公序良俗に反するものでないこと

（社会の一般的な道徳や倫理に反する発明や、国民の健康に害を与えるおそれのある発明でないこと。例：偽札をつくる機械、害毒物塗布玩具）

7. 明細書の記載が規定のどおりであること

（第三者が実施できる程度に記載されているか、権利範囲は明確か）

4番目の要件は、容易に思いつくものでないことである。

進歩性があることであり、当業者（その分野の平均的な技術者）が既に知られたものから容易に思いつくものでないことである。例えば、缶切りや栓抜きなどがついている多機能ナイフのように従来あるものの寄せ集めにすぎないもの、キャスター付椅子が知られている場合、それを椅子ではなく机に置き換えたにすぎないものは進歩性が認められず、特許を取得することができない。

5番目の要件は、先に出願したものであることである。いわゆる先願主義と呼ばれ、同じ発明をした人が複数いた場合、一日でも早く先に特許庁に特許を出願した者が、特許を受けることになる。先進国のほとんどが先願主義をとっているが、アメリカでは最近まで一定条件があるものの先

前ページからの続き→

に発明した人が特許権を得る制度「先発明主義」を取っていた（2013年3月より先願主義へ移行）。

6番目の要件は、公序良俗に反するものでないことである。社会の一般的な道徳や倫理に反する発明や、国民の健康に害を与えるおそれのある発明は、特許を取得できない。例えば、偽札をつくる機械や、人間の身体に害を及ぼすよう玩具などは特許を取ることができない。

7番目の要件は、明細書の記載が規定どおりであることである。第三者が実施できる程度に発明の内容が記載されているか等である。

以上の7要件を全て満たすことが、特許取得の要件である。

特許情報

●特許情報とは

「特許庁が発行する公報と公報の内容を加工したものの総称」

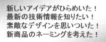

発明やアイデア，デザイン（意匠），トレードマーク（商標）等の出願されたものに関する情報

こんなときに特許情報を調べよう！！

新しいアイデアがひらめいた！
最新の技術情報を知りたい！
素敵なデザインを思いついた！
新商品のネーミングを考えた！

特許情報とは、特許庁が発行する発明等に関する公報および公報の内容を加工したものの総称のことである。

実際の特許公報そのままの情報だけでなく、分類記号の付与などデータベースとしての機能に資する情報を付加して整形した整理標準化情報も重要な情報である。

実際には、発明やアイデアを学ぶことができるこれらの特許情報に、デザインおよびトレードマークなど特許庁に出願された産業財産情報全体を検索しながら事業戦略に合わせた分析を進めることになる。新しいアイデアがひらめいたときにすでに同じ発明がないかを特許情報で調べる、新しいデザインやネーミングを思いついたときにその他の産業財産情報を調べて先行調査を行う等である。

特許情報

●特許情報の活用

研究開発の方向決定
他社技術開発動向把握
将来の技術予測
特許マップの作成
重複研究の防止
発明アイディアのヒント

出願の事前調査
重複出願の防止
商品化の検討
無効審判の請求
権利侵害のチェック

最新技術情報の把握
無駄な研究開発の防止
（技術課題とその解決手段がわかる）

権利の確認
特許権侵害の回避
（自分の発明と同じものがあるかわかる）

特許情報の活用方法は二つ考えられる。

一つは、技術の課題とその解決手段を知り、自社の研究開発の方向性を決めたい、他社の技術開発動向を把握したい、将来の技術予測をしたい、発明アイデアのヒントを得たい場合に調査を行い、最新技術情報を把握することで重複する研究開発（無駄な研究開発）をすることを防ぐことである。

次に、他者の特許権侵害を防ぐため、出願の前に事前調査をしたい、同じような発明の重複出願をしたくない、商品化の検討をしたいので他社の権利があるか知りたい場合に、自分が実施する発明について他の人が権利を持っているかどうかを事前に確認することである。

二種類の検索システム

●特許情報プラットフォーム（J-PlatPat）
https://www.j-platpat.inpit.go.jp/
「工業所有権情報・研修館」が提供する，無償の産業財産権情報検索サイトです。
※H27年3月23日（月）より提供開始

●山口大学特許検索システム（YUPASS）
https://www.yupass.jp/v4/
画面右上の「ログイン」部分をクリックしてログイン画面に入る。山口大学メールアドレスの@より前の部分がログインID，パスワードは山口大学メールのパスワード。

特許情報のうち、特許庁が発行している公報情報は、独立行政法人工業所有権情報・研修館が運用する下記の特許情報プラットフォーム（J-PlatPat）で閲覧できる。

https://www.j-platpat.inpit.go.jp/

J-PlatPatの利用および検索方法は第六章で説明する。

他の検索システムとして、山口大学特許検索システム（YUPASS®）がある。YUPASS®の特徴は、検索後の公報集合群の公報テキストデータをまとめて取得可能でありパテントマップの作成が容易であること。授業で100人規模の学生が同じ検索を一斉に行っても耐えられるシステムになっていることである。このように、教育現場での利用に特化したシステムになっている。

特許情報から見えるもの

● 新幹線（登録商標）先頭車両形状の例
　検索語句：公報全文に対して、（形×風×抵抗）×（先頭＋前部＋頭）
　　　　　　×全文and（高速　鉄道　車両）
【解決すべき課題】
　A. 走行時の離合問題（300k／hで脱線のリスク）
　B. トンネル走行時のパルス状圧力波（トンネル微気圧波）の軽減

【特許番号】特許第3685816号
【登録日】平成17年6月10日
【発明の名称】高速列車を編成する
先頭車両の先頭形状
【出願日】平成6年6月1日
【公開番号】特開平7－323839
【公開日】平成7年12月12日

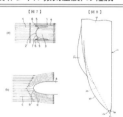

図の出典：J-PlatPat　特許公報第3685816号から

実際の特許情報から確認できる内容を紹介する。

　図の検索語句を参考に、新幹線の先頭車両の形状に関する特許情報を検索する。特許第3685816号では、解決すべき課題として、離合の際に300km/hを超すと脱線のリスクがあることを指摘している。特に、車両側部の空間が狭いトンネル内や防音壁のある所での衝撃から生ずるリスクが大きい。これに対処するために、図にあるように「車両に分流ひれを設け、この分流ひれと前記車両の前端部から後方へ傾斜して立ち上がる先頭部の上面との間に胴部幅内で対向する気流を抱き込み掬い上げて上方へ乱れなく排除する凹部を形成し、車両の左右両面に排除する空気をほとんどなくすようにした」発明で特許権が取得されている。

特許情報から見えるもの

B. トンネル走行時のパルス状圧力波（トンネル微気圧波）の軽減

【特許番号】特許第4357522号　【登録日】平成21年8月14日
【発明の名称】高速走行用の編成列車
【公開番号】特開2007－91221　【公開日】平成19年4月12日
【特許請求の範囲】【請求項1】
　複数の車両を連結して編成される高速走行用の編成列車において，先頭部分の前側の断面積増加率は，後側の断面積増加率よりも大きく，中間の断面積増加領域は，運転室に対応する部分であって，前側及び後側の断面積増加領域よりも断面積増加率が小さく前半部分の断面積増加率が後半部分の断面積増加率より大きくなっている先頭車両を備え，前記先頭車両に続く後続車両のいずれかの車両が，それより前側に位置する車両の後尾の横断面積とほぼ一様の横断面積を有する前側部分と，この前側部分より車体高さ又は車体幅が大きく後側に位置する車両の先端の横断面積とほぼ同じ車体高さ又は車体幅で余裕がある客室空間を確保する後側部分とを段部を介して有することを特徴とする高速走行用の編成列車。

出典：J-PlatPat　特許公報第4357522号から

　スライドは、トンネル走行時の圧力波軽減の課題を解決する特許発明である（特許第4357522号、発明の名称「高速走行用の編成列車」）。高速走行列車がトンネルに突入する際に発生するトンネル微気圧波（空気の圧力波）軽減は大きな課題である。高速でトンネルに突入するとトンネルの入口側で圧力波が生じ、それが音速で出口側に移動し一気に解放され発破音や振動が発生する。この課題に対する解決を図る特許である。

　特許請求の範囲の記述で示された発明により、微気圧波の低減効果を損ねることなく、一方で余裕がある客室空間が確保され、微気圧波の低減と余裕がある客室空間の確保との両立を図ることを実現している。

特許情報から見えるもの

【図1】　【図2】　　　　特許公報
変形例
【図7】

図の出典：J-PlatPat　特許公報第4357522号から

　同特許発明の図面の中で、トンネル走行時の圧力波軽減のために開発された先頭車両の形状の図面を提示した。先頭車両の先端の鼻の部分の横幅がやや細くなっていること、車両後部の幅が大きくなっていることが確認できる。

　なお、車両前部の断面積より車両後方部分の断面積の方が大きくなっていたらよいので、先頭車両の後部で断面積を拡大しても、二両目以降で拡大してもよい。一般的には、先頭車両でこのアイデアを実現した方が、二両目以降が同じ形状になるため一編成の総コストは安価であると推測される。

特許情報から見えるもの

身の回りに存在する
事物から特許発明を
探してみよう！
J-PlatPat　YUPASS

　写真は、実際の車両の先頭車後部を写したものである。

　右側が先頭方向であり、後方のドアの前の部分から微妙に車体幅、車体断面が大きくなっていることがわかる。この断面積が変化した箇所でトンネル出口から微気圧波振動を起こす気流を乱して破裂音等を防ぐ仕組みになっている。この仕組みであれば、先頭部分ノーズを極端に長くする必要もなく車内空間が確保できる効果がある。

　J-PlatPat等の検索システムを利用して、身の回りにある事物から特許発明を調査してみよう。

第六章

知財情報検索・解析・活用
― 特許情報 ―

学習の目標

● 特許情報の役割および2種類の公報の概要について説明できる。

● 特許情報の初歩的な検索方法を理解し、自発的に検索できる。

● 特許検索から得られた情報を活用できる。

● パテントマップの概要を理解できる。

学習に必要な知識（項目）

● 特許情報プラットフォーム（J-PlatPat）

● 特許・実用新案検索

● 検索式

● 出願番号

● 出願人

● 特許権者

● 発明者

● 特許請求の範囲

● 公開特許公報

● 特許公報

● パテントマップ

出典：J-PlatPat 検索画面から
以下この章の検索出力画面は全て同じ検索サイトからです。

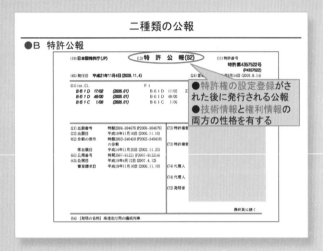

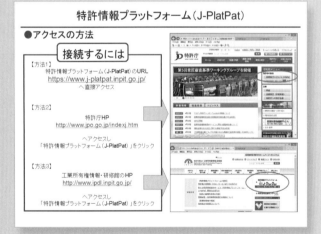

この章では、知的財産情報の検索・解析・活用方法を説明する。中でも、特許情報を詳しく扱っている。

特許庁が発行する公報には多くの種類があるが、代表的なものとして公開特許公報と特許公報がある。

公開特許公報とは、特許出願から1年6カ月経過後に発行されるもので、「技術情報」としての役割を有する。なお、特許協力条約に基づく国際出願で翻訳文が提出された外国語特許出願について、原則として国内書面提出期間の経過後に翻訳文が国内公表される。この公報を「公表特許公報」と呼び、内容と法的性格はほぼ公開特許公報と同じである。いずれも、出願の過程で公開されるものであるから、権利化の有無は関係ない。

特許公報とは、審査の結果、特許として権利が付与され、特許権の設定登録がされたときに発行される公報のことである。従って、特許公報は、「技術情報」と「権利情報」の両方の役割を有する。

公開特許公報と特許公報の見分け方は、前者は暦年ごとの番号管理を行い後者は通し番号での管理となっている点である。特開2007-123456であれば、2007年に公開された123456番目の公開特許公報となる。一方、後者は通し番号であり、特許第5123456号のような表記となる。ただし、平成8年1月1日以前は審査を経て登録前に出願公告を行う制度があり、これは審査を経ているが暦年の管理番号が表記される。例えば、特公平成6年－12345号の表記である。

ここからは、特許情報プラットフォーム（J-PlatPat）を利用した検索・閲覧方法について概説する。サイト名の由来は、特許情報の検索時に「ぷらっと」寄って、「ぱっと」みつけることを意味している。

この検索サイトでは、明治以来特許庁が発行してきた公報など1億件を超える特許情報が閲覧可能で、審査情報や権利情報などの経過情報も閲覧できることである。また、外部サービスとの連携（J-GLOBAL：科学技術総合リンクセンターや中韓文献翻訳・検索システム等）も充実している。

下記のURLからこの検索サイトに入り、ヘルプファイル等も参照しながらサイトの全体像を確認しよう。

https://www.j-platpat.inpit.go.jp/

特許情報プラットフォーム（J-PlatPat）
●トップページ

検索メニュー

※「特許・実用新案」、「意匠」、「商標」、「経過情報」などの特許情報の検索が可能

画面を下にスクロールさせ、「参考情報」欄の「文献蓄積情報」をクリック

特許情報プラットフォーム（J-PlatPat）のトップページに表示される検索のカテゴリーは、「特許・実用新案」、「意匠」、「商標」、「審判」および「経過情報」の5種類である。その他に「お知らせ」、「参考情報」、「セミナー・講習会情報」欄などがある。

検索するにあたって、特許情報プラットフォーム（J-PlatPat）で調べられる検索可能範囲を確認することが重要である。「参考情報」欄の「文献蓄積情報」をクリックする。検索種別における検索可能範囲・文献蓄積情報について各自で調べてみよう。各検索の種別名をクリックすると、各検索における検索範囲・閲覧可能な文献の蓄積情報を閲覧できる。

特許情報プラットフォーム（J-PlatPat）
●検索可能範囲の確認

「特許・実用新案」をクリック

※各検索の種別名をクリックすることで、各検索における検索範囲・閲覧可能な文献の蓄積情報をみることができる

一例として、「特許・実用新案検索」の中の「特許・実用新案検索」をクリックすると、表示可能な文献の蓄積範囲が表示される。

「特許・実用新案検索」は、公開特許公報の場合は昭和46年（1971年）以降の公開特許公報が基本的な検索対象範囲であることが確認できる。他の公報も蓄積情報が閲覧できるから、特許情報を検索する際に、各公報の検索可能範囲を把握していただきたい。「意匠検索」、「商標検索」など、その他の主要な検索種別における検索可能範囲・文献蓄積情報を調べてみよう。

特許情報プラットフォーム（J-PlatPat）
●特許情報の調査

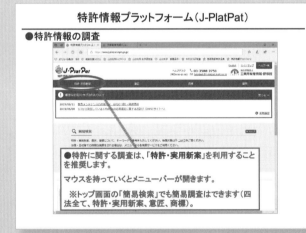

●特許に関する調査は、「特許・実用新案」を利用することを推奨します。

マウスを持っていくとメニューバーが開きます。

※トップ画面の「簡易検索」でも簡易調査はできます（四法全て、特許・実用新案、意匠、商標）。

特許情報の検索は、「特許・実用新案」のメニューを利用する。トップページのデフォルト画面では「簡易検索」も見えているが、後の検索スキル獲得を考えると、できればトップページの左上に配置された「特許・実用新案」のメニューを利用することを推奨する。

特許情報プラットフォーム（J-PlatPat）
●特許・実用新案検索：キーワード検索

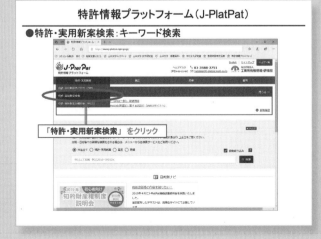

「特許・実用新案検索」をクリック

「特許・実用新案」のボタンにマウスを重ねるとサブメニューが開く。

初学者が特許・実用新案について調べる際は、キーワード検索が可能である「特許・実用新案検索」を使うことを基本にするとよい。

「特許・実用新案検索」を選択して、検索方法を確認しよう。

特許情報プラットフォーム（J-PlatPat）

●特許・実用新案検索：キーワード検索

文献種別の選択

① 国内文献 ・・・デフォルトでチェックが入っている。

⇒ 特許・実用新案だけを調べたい場合はデフォルトのままで良い。

⇒ 詳細設定をしたい場合は、「文献種別」、又は「詳細設定」をクリック

④ 画面を下にスクロール

② 外国文献 ・・・外国文献を検索対象としたい場合、チェックを入れる。（必要に応じて）

③ 非特許文献 ・・・非特許文献（技報や学会論文等）を検索対象としたい場合、必要な項目にチェックを入れる。（必要に応じて）

④ J-GLOBAL ・・・科学技術総合リンクセンターに収録されている文献を検索したい場合、チェックを入れる。（必要に応じて）

「特許・実用新案検索」のトップ画面では、はじめに文献種別を選択する。

デフォルトとして「国内文献」にチェックが入っている「詳細設定」をクリックすることで「国内文献」に含まれる文献種別を確認することができる。「国内文献」に含まれているのは、

- 特許（特開・特表（A）、再表（A1）、特公・特許（B））
- 特許発明明細書（C）
- 実用新案（実開・実表・登実（U）、実全（U1）、再公表（A1）、実公・実登（Y））
- 登録実用新案明細書（Z）
  である。

技術情報分析を行う場合、公開特許公報（特開・特表（A）、再表（A1））が基本の検索対象となる。また、特許公報（特公・特許（B））は、実体審査後に権利が確定した出願に対してのみ発行され、権利情報としての価値が高い。

「特許」と「実用新案」だけを調べたい場合はデフォルトのままでも良い。

なお、「特許発明明細書」と「登録実用新案明細書」は、現行法（昭和34年法）が施行される前の旧法（大正10年法）下で発行すべきものとされていたものであり、現在の特許公報や登録実用新案公報に相当するものである。

他にも、「外国文献」と「非特許文献」等があるが、外国文献を検索対象としたい場合や非特許文献を検索対象としたい場合に、必要に応じて各項目にチェックを入れると良い。

特許情報プラットフォーム（J-PlatPat）

●特許・実用新案検索：キーワード検索

検索項目の選択

※技術用語を用いたキーワード検索では、"要約／抄録"又は"請求の範囲"が基本

・要約／抄録 ・・・ 課題や解決手段が記載されています。

＜参考＞ 要約：特許出願人が作成して願書に添付したもの
抄録：特許庁（データベース作成者）が便宜上作成したもの

・請求の範囲 ・・・ 技術の権利範囲（解決手段）が記載されています。

権利取得の対象は、解決手段です。そのため、解決手段を記載した「要約／抄録」で調査します。

公報"全文"検索も可能！但し、ノイズが多くなる

続いて、検索項目を選択する。

検索に習熟するまでは、基本的に「要約／抄録」又は「請求の範囲」を指定するとよいだろう。要約には、課題と解決手段、請求の範囲には解決手段が記載されている。特許出願に係る発明は、最終的には具体的な技術課題の解決方法・手段として権利化されるから、それが記載された「要約／抄録」又は「請求の範囲」で調査するのが入り口である。なお、特許出願に係る明細書等の全文検索も可能だが、技術分野が異なるものや全く関係がない文献も検索されるなど、検索結果にノイズが入ることが多い。ノイズが入っても網羅的に検索するのか、ある程度絞るのかという判断能力は、検索を続けていくうちに自然に獲得されるものである。

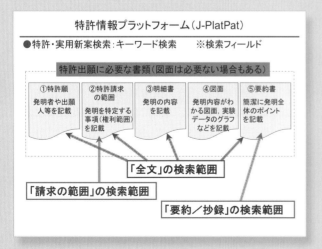

特許情報プラットフォーム（J-PlatPat）

●特許・実用新案検索：キーワード検索 ※検索フィールド

特許出願に必要な書類（図面は必要ない場合もある）

①特許願	②特許請求の範囲	③明細書	④図面	⑤要約書
発明者や出願人等を記載	発明を特定する事項（権利範囲）を記載	発明の内容を記載	発明内容がわかる図面、実験データのグラフなどを記載	簡潔に発明全体のポイントを記載

「全文」の検索範囲

「請求の範囲」の検索範囲

「要約／抄録」の検索範囲

特許出願に必要な書類は、① 発明者や出願人が記載された特許願、② 権利範囲を示す特許請求の範囲、③ 発明の内容が詳しく記載されている明細書、④ 発明内容がわかる図面や実験データのグラフ等が記載された図面、⑤ 簡潔に発明全体のポイントを記載している要約書、である。

検索項目を「要約／抄録」にするとこのうち⑤「要約書」に記載されている内容が検索の対象となり、検索項目を「請求の範囲」にすると②「特許請求の範囲」に記載されている内容が検索の対象となる。

検索項目を「全文」にすると、②と⑤に加え、①「特許願」と③「明細書」の範囲が検索対象となる。

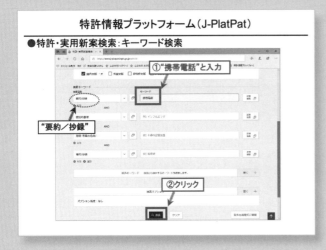

検索項目を「要約／抄録」又は「請求の範囲」に設定した後は、調べたい内容に関連するキーワードを、「キーワード」欄に入力する。

例えば、「携帯電話」について調べたい場合、検索項目を「要約／抄録」とし、「キーワード」欄に、「携帯電話」と入力する。

次に、「検索」のボタンをクリックする。

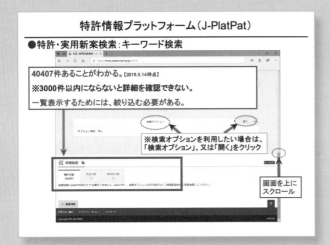

検索結果は、ヒット件数として表示される。

ヒット件数は3000件以内でなければ、詳細を確認することができない。3000件を超す場合は件数情報のみ判明する。

3000件を超えている場合は、他のキーワードを追加する、あるいは日付で期間を限定するなど、検索範囲を絞り込む必要がある。例えば、「検索オプション」の日付指定の項目を「出願日」とし、「20160118」～「20160331」と入力して検索すると、その期間内（2016年1月18日～2016年3月31日）に限定された該当出願が抽出される。

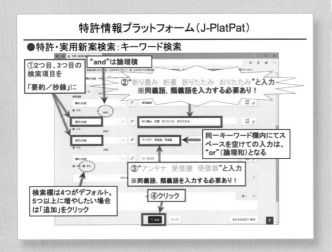

携帯電話のうち「折りたたみ式」、さらに「アンテナ」について絞り込む場合には、二つ目の検索項目を「要約／抄録」とし、「キーワード」欄に「おりたたみ」を入力する。次に、三つ目の検索項目を「要約／抄録」とし、「キーワード」欄に「アンテナ」を入力する。

考えられるフリガナも入力する。「おりたたみ」については、「折り畳み」、「折畳」、「折りたたみ」も入力する。「アンテナ」については、同義語・類義語として「受信機」、「受信器」も入力する。キーワードを用いた検索では、キーワードとして入力した文字列と同じものだけを検索するので、漏れのない検索を行うためには、同義語、類義語も入力する必要がある。J-PlatPatは、ある程度の類義辞書を備えているようであるが、検索漏れを回避するために、考えられる同義語、類義語を投入する慎重さは必要である。

入力し終えたら、「検索」ボタンをクリックする。

特許情報プラットフォーム（J-PlatPat）

●特許・実用新案検索：キーワード検索

観点1：対象
携帯電話

観点2：課題1
折り畳み，折畳，折りたたみ，おりたたみ

観点3：課題2
アンテナ，受信機，受信器

※検索式としての記載例：

携帯電話×（折り畳み＋折畳＋折りたたみ＋おりたたみ）×（アンテナ＋受信機＋受信器）

・同義語，類似語を入力しないと

→ 観点の範囲が狭くなる（円が小さくなる）

→ 調査漏れが生じる可能性がある

各テーマに基づく、検索キーワードと検索結果との関係を整理すると一例として図のようになる。

三つのテーマで、それぞれキーワードを選定し、論理積を用いての検索を行う。各テーマの対象を広くし、できるだけ調査漏れを少なくするためには、同義語や類義語の入力が必要である。

特許情報プラットフォーム（J-PlatPat）

●特許・実用新案検索：キーワード検索　※検索時の留意点

①文献種別の『国内文献』は、デフォルトとしてチェックが入っている。特許・実用新案だけを調べたい場合は、基本的にはデフォルトのままで良い。
（『外国文献』と『非特許文献』等は必要に応じてチェックを入れる。）

②技術用語を用いたキーワード検索を行う場合、検索項目は“要約／抄録”、又は“請求の範囲”とする。
（“公報全文”でもいいが・・・ノイズが多くなる。）

③対象技術をカテゴリー（観点）ごとに整理する。

④一つの観点についてはできるだけ同義語・類義語を入力。
→検索漏れを少なくする。

⑤ヒット件数を3000以内に絞らないと一覧表示ができない。

※特許・実用新案検索の文献蓄積情報は、昭和46年以降の公開特許公報を基本としている。

特許・実用新案検索時の留意点としては、

①文献種別は、特許・実用新案だけを調べたい場合、デフォルトのまま（「国内文献」にチェックが入っている状態）で良いこと

②検索項目は、"要約／抄録"、又は、"請求の範囲"とすること

③対象技術をカテゴリー（観点）ごとに整理すること

④一つの観点についてはできるだけ同義語・類義語を入力し、検索漏れを少なくすること

⑤一覧表示をするためにはヒット件数を3000以内に絞る必要があること

などが挙げられる。

特許情報プラットフォーム（J-PlatPat）

●特許・実用新案検索：キーワード検索

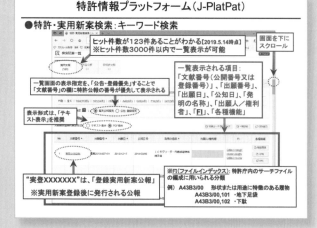

ヒット件数が123件あることがわかる[2019.5.14時点]
※ヒット件数3000件以内で一覧表示が可能

画面を下にスクロール

一覧画面の表示指定を「公告・登録優先」することで「文献番号」の欄に特許公報の番号が優先して表示される

表示形式は、「テキスト表示」を推奨

一覧表示される項目：「文献番号（公開番号又は登録番号）」、「出願番号」、「出願日」、「公知日」、「発明の名称」、「出願人／権利者」、「FI」、「各種機能」

"実登XXXXXXX"は、「登録実用新案公報」
※実用新案登録後に発行される公報

※FI（ファイルインデックス）：特許庁内のサーチファイルの編成に用いられる分類
例）A43B3/00　形状または用途に特徴のある履物
A43B3/00,101・地下足袋
A43B3/00,102・下駄

ヒット件数が3000件以内になると「検索結果一覧」が表示される。

一覧表示される項目は、「文献番号（公開番号又は登録番号）」、「出願番号」、「出願日」、「公知日」、「発明の名称」、「出願人／権利者」、「FI（ファイルインデックス：特許庁内のサーチファイルの編成に用いられる分類）」等である。

「文献番号」が「実登XXXXXXX」となっているのは「登録実用新案公報」（実用新案登録後に発行される公報）を表している。

なお、「一覧画面の表示指定」を「公告・登録優先」にすることで、「文献番号」の欄に特許公報の番号が優先して表示される（該当があるもののみ）。また、「文献表示画面の表示形式」は、「テキスト表示」と「PDF表示」があるが、「テキスト表示」を推奨する（画面上で見やすいため）。

画面を下にスクロールさせてみよう。

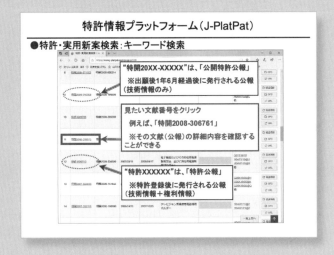

「文献番号」が「特開20XX-XXXXX」となっているのは「公開特許公報」、「特許XXXXXX」となっているのは「特許公報をそれぞれ表している。

　個別の文献の内容を閲覧したい場合は、文献番号をクリックすると、その文献の詳細内容を確認することができる。

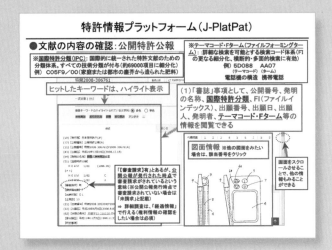

　ヒットした検索キーワードは、ハイライト表示される。

（1）「書誌」事項として、公開番号、発明の名称、国際特許分類（国際的に統一された特許文献のための分類体系）、FI、出願番号、出願日、出願人、発明者、テーマコード・Fターム（ファイルフォーミングターム：詳細な検索を可能とする検索コード体系）等の情報を閲覧できる。

　また、画面右側では図面の情報を閲覧できる。画面をスクロールさせることで、他の情報を閲覧する。

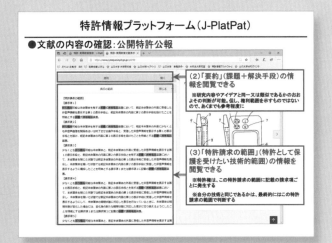

（2）画面を下にスクロールさせ、「要約」をクリックすると、「要約」の情報を閲覧できる。

　「要約」には、発明が解決しようとする「課題」と「解決手段」が記載されている。つまり、「要約」をみることで、公報に記載されている発明と自分のアイデアや研究内容が、同一又は類似であるかのおおよその判断を行うことができる。但し、「要約」は権利範囲を示すものではないので、あくまでも参考程度となる。

（3）「特許請求の範囲」をクリックすると、「特許請求の範囲」の情報を閲覧できる。

　「特許請求の範囲」には、特許として保護を受けたい技術的範囲が記載されている。特許査定後登録料を納付すると、「特許請求の範囲」に記載の「請求項」ごとに特許権が発生する。自分の技術と同じであるかは，最終的にはこの「特許請求の範囲」で判断する。

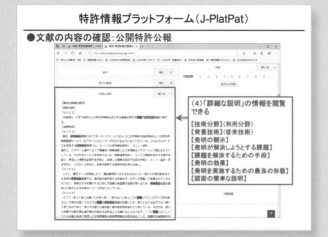

（4）「詳細な説明」をクリックすると、「詳細な説明」の情報を閲覧できる。

「詳細な説明」には、技術分野（利用分野）、背景技術（従来技術）、発明が解決しようとする課題、課題を解決するための手段、発明の効果、発明を実施するための最良の形態、図面の簡単な説明等が記載されている。

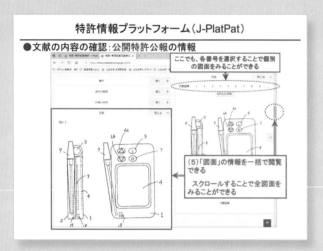

（5）「図面」をクリックすると、「図面」の情報を一括で閲覧できる。画面を下にスクロールさせることで全図面をみることができる。

なお、画面右側においても、番号を選択することで、個別の図面をみることができる。

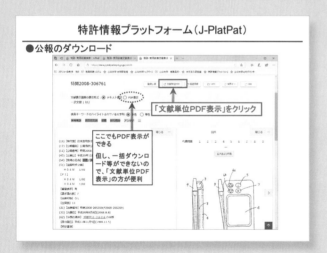

公報は、テキスト表示以外にPDFで表示をすることができる。

PDFで表示する場合は、画面左上の「PDF表示」ボタンをクリックするか、画面右上の「文献単位PDF表示」のボタンをクリックする。一般的に、「文献単位ＰＤＦ表示」の方が公報を一括して表示でき、印刷やダウンロードに便利である。

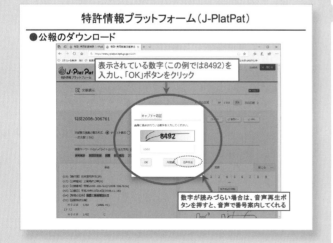

文献単位PDF表示をクリックすると、認証画面が表示される。

画面中央の色枠内に表示されている数字を、入力欄に入力し、「OK」ボタンをクリックする。数字が読みづらい場合は、音声対応が可能である。認証されると、公報の全文が文献単位でPDFで表示される。

印刷ボタンおよび保存ボタンにより、プリンターでの印刷、PDFファイルでのデータ保存が可能である。

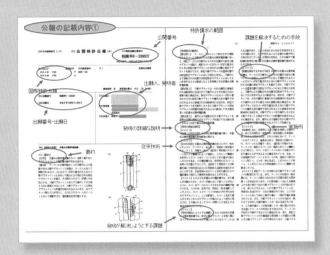

公報を文献単位で表示または印刷することで、公開番号や出願人・発明者、要約、特許請求の範囲、従来技術、発明が解決しようとする課題、課題を解決するための手段、実施例、発明の効果および図面などの各情報を、一括して閲覧することができる。

登録情報画面では、特許番号、設定登録日、権利者、存続期間満了日、登録記録および最終特許料納付日などの情報を確認することができる。

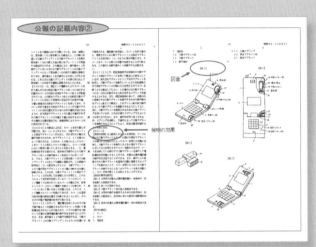

PDF形式で表示された公報を、順に最終ページまで閲覧しよう。図面は、それが必要な場合に添付することになっているため、図面部分がない公報もある。

公報内容を詳細に閲覧すると、そのテーマの問題点、技術的な課題、課題を解決する手段、具体的な実施態様、効果等の情報を得ることができる。また、実験データも表示されていることがあり、技術開発情報として一定の価値を見いだすことができる。

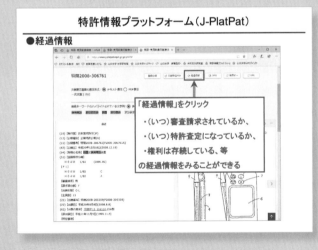

経過情報を確認する場合に、画面右上の「経過情報」のボタンをクリックする。

特許・実用新案検索では、出願が審査請求されているのか、特許査定になっているのか、審査過程で補正等がなされているのか、権利が存続しているのか等の経過情報も閲覧できる。当該特許権に対する、他社の無効審判提起情報なども取得でき（該当する情報がある場合に限る）、この特許権に何らかの興味を持っている会社を確認することができる。

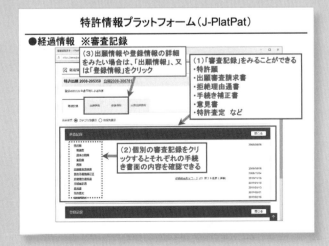

「審査記録」には、出願人が行った各手続きや特許庁での処分・審査結果等が、時系列で記述されている。

特許願、出願審査請求書、拒絶理由通知書など個別の審査記録をクリックするとそれぞれの手続き書面の詳細内容を確認することができる。

出願情報や登録情報の詳細をみたい場合は、「出願情報」、又は「登録情報」をクリックする。

特許情報プラットフォーム（J-PlatPat）

●経過情報 ※登録情報

ここでも、最終処分状況を確認できる

特許出願 2009-205359　公開2008-306791

（1）特許番号、設定登録日（権利の始期）

（2）権利者（特許権者）

（3）最終処分状況、存続期間満了日（権利の終期）、権利消滅日 など

例えば、ここでの最終処分状況は、「年金不納による抹消」となっている
※権利が存続している場合は、「本権利は抹消されていない」の表記となる

「登録情報」では、

（1）特許番号、設定登録日（権利の始期）、

（2）権利者（特許権者）、

（3）最終処分状況、存続期間満了日（権利の終期）、

などの情報を閲覧することができる。

特に最終処分状況は、権利（特許権）が存続しているか否かを確認する上で重要である。最終処分状況としては、「本権利は抹消されていない」、「年金不納による抹消」などがある。

検索キーワードを考えてみよう

●演習例題 ①

「家庭用パン焼き器」
に関する特許情報を
集めたい。

実際に検索キーワードを考えてみよう。

演習例題①は、「家庭用パン焼き器に関連する特許情報を集めたい」である。

どのようなキーワードや検索式で検索をしたらよいか考えてみよう。検索キーワードを考える方法の一例として、調べたい内容を対象や用途および目的などのカテゴリーに分類し、そこから連想されるキーワードを設定する方法がある。表の空欄に入るワードを考えてみよう（宿題レポート⑥の1に記入してもよい）。

検索キーワードを考えてみよう

●演習例題 ①

家庭用のパン焼き器

集合体	分解されたワード	カテゴリー	連想されるキーワード
A	パン	対象	パン、ブレッド
B	家庭用	用途	家庭
C	焼き	目的	焼く、ベイク、ベーク、ロースト

※検索式の記載例：（パン＋ブレッド）×家庭×（焼く＋ベイク＋ベーク＋ロースト）

演習例題①では、対象物はパン、用途は家庭用、目的としては「焼き」となる。そして、これらの分解されたワードから連想されるキーワードとしては、

●パンについては、パン、ブレッド

●家庭用については、家庭

●焼きについては、焼く、ベイク、ベーク、ローストなど

ここに挙げられたキーワードを組み合わせ、検索式を作ることができる。検索式の記載例は、論理和や論理積を用いて、（パン＋ブレッド）×家庭×（焼く＋ベイク＋ベーク＋ロースト）のように表示する。

検索キーワードを考えてみよう

●演習例題 ②

「植物の乾燥を検知して、
"喉が渇いたよ"と
音声で呼びかける装置」、
に関する特許情報を
集めたい 。

乾燥を検知

"喉が渇いたよ"
（音声で呼びかける）

演習例題②は、「植物の乾燥を検知して"喉が渇いたよ"と音声で呼びかける装置に関する特許情報を集めたい」である。演習例題①と同様に検索式を考える。

宿題レポート⑥の2の解答欄を参考に、空欄にどのようなワードおよびキーワードが入るのか考えてみよう。それらをもとに、各ワードおよびキーワードを組み合せた検索式を作ってみよう。カテゴリーとしては、例えば、対象、機能①、機能②の三つを設定するとよい。

検索キーワードを考えてみよう

● 演習例題 ②

> 植物の乾燥を検知して、"喉が渇いたよ"と音声で呼びかける装置

集合体	分解された ワード	カテゴリー	連想される キーワード
A	植物	対象	植物、花
B	乾燥を検知	機能①	乾燥、湿度、温度
C	音声で 呼びかける	機能②	音声、メッセージ

※検索式の記載例：（植物＋花）×（乾燥＋湿度＋温度）×（音声＋メッセージ）

カテゴリー別のワードとしては、

● 対象としては「植物」
● 機能①としては「乾燥を検知」
● 機能②としては「音声で呼びかける」が考えられる。

これから連想されるキーワードとしては、それぞれ

● 植物、花
● 乾燥、湿度、温度
● 音声、メッセージなどが挙げられる。
　検索式としては、（植物＋花）×（乾燥＋湿度＋温度）×（音声＋メッセージ）、とすることができる（一例）。

特許情報プラットフォーム（J-PlatPat）で検索してみよう

● 宿題レポート

> 次の商品に関する特許について、調査してみましょう。

➤ 「消しゴム」です

　左図に示す商品について、特許情報プラットフォーム（J-PlatPat）の特許・実用新案検索を利用して、特許調査を行ってみよう（宿題レポート⑥の3）。
　検索式についても、演習例題①②と同様な方法で考えて宿題レポートに記入しよう。

パテントマップ

● パテントマップ
　膨大な特許情報を, 特定の利用目的に応じて収集・整理・分析・加工し, かつ図面, グラフ, 表などで視覚的に表現したもの。

1. 特許マップの種類
（1）利用分野による分類
・競合企業の出願動向, 技術動向調査
・技術開発のヒント, 技術を体系的に把握
・強い特許を取得　etc.
（2）作成方法による分類
・特許情報の書誌情報, 検索情報を用いた統計的手法
・各特許文献に記載の技術内容分析の整理
（3）表現方法による分類
・リスト形式, 表形式（マトリックスを含む）
・グラフ（折れ線グラフ, 棒グラフ, 円グラフ等）
・イラスト的に表現されたもの　etc.

　パテントマップとは、特許情報を目的に応じて収集、整理、分析・加工し、図面やグラフ、表など視覚的に表現されたものをいう。
　種類は、（1）利用分野による分類、（2）作成方法による分類、（3）表現方法による分類、がある。
　一般的には、競合企業の出願動向や技術開発動向調査、あるいは技術開発のヒントを得たい、技術を体系的に把握したい、強い特許を取得したい、といった場面で活用される。

パテントマップ

● パテントマップからわかること

①技術要素の変化を探る

■ 新規事業分野を参入する場合に, その分野の技術変化を正しく知るのが必要。

「時系列マップ」
⇒ 技術要素等の研究活動を比較し市場に対して中心となる技術を判別可能。

②技術開発活動の状況を見る

■ 研究開発や技術導入を進める上で, 当該技術の技術開発を把握するのは重要。

「技術成熟度マップ」
⇒ 出願人数と出願件数の推移を表示。

　パテントマップの例である。①は、技術要素の変化を探る「時系列マップ」である。技術要素ごとの出願件数を、年度ごとにプロットしている。新規事業分野に参入する場合に、該当分野の技術変化を把握するときや、技術要素ごとの研究活動を比較して市場で中心となる技術を判別することができる。②は、技術開発活動の状況をみる「技術成熟度マップ」である。出願人数と出願件数推移を表示している。
　研究開発や技術導入を進める上で、その技術の開発状況を把握することは重要である。例では、出願人数と出願件数が2001年と2002年を境に頭打ちになり、以後減少していることから、この分野の技術は成熟期に入っていることが推測される。

パテントマップ

●パテントマップからわかること

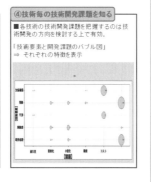

③参入企業の技術開発動向を見る

■多数の特許を保有する企業とその開発活動の状況を把握するのは技術導入を図る上で重要。

「ランキングマップ」
⇒ 各技術の出願件数の多い企業等より主要出願人の技術動向を知る。

		1991年	1992年	1993年	1994年
1	化学 A社	1	0	3	6
2	化学 B社	2466	3217	2623	2339
3	化学 C社	44	53	84	67
4	化学 D社	19	13	14	18
5	化学 E社	341	353	371	359
6	化学 F社	16	28	71	27
7	化学 G社	0	1	3	5

④技術毎の技術開発課題を知る

■各技術の技術開発課題を把握するのは技術開発の方向を検討する上で有効。

「技術要素と開発課題のバブル図」
⇒ それぞれの特徴を表示

③は、参入企業の技術開発動向をみる「ランキングマップ」である。多数の特許を保有する企業とその開発活動の状況を把握するのは、技術導入を図る上で重要である。各技術の出願件数の多い企業情報などから、主要出願人の技術動向を知ることができる。

④は、技術ごとの技術開発課題を知ることができる、「技術要素と開発課題のバブル図」である。各技術の技術開発課題を把握して技術開発の方向を検討する上で有効である。○の大きさが出願件数の多さ、つまり技術開発が活発に行われていることを表している。

パテントマップ

●パテントマップからわかること

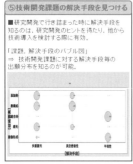

⑤技術開発課題の解決手段を見つける

■研究開発で行き詰まった時に解決手段を知るのは、研究開発のヒントを得たり、他から技術導入を検討する際に有効。

「課題、解決手段のバブル図」
⇒ 技術開発課題に対する解決手段毎の出願分布を知るのが可能。

⑥主要企業の技術開発拠点を知る

「技術開発拠点マップ」
⇒ 特許保有企業の開発拠点を知る。

154件

1090件
535件

⑤は、技術開発課題の解決手段をみつけるための「課題、解決手段のバブル図」である。研究開発で行き詰まった時に解決手段を知るのは、研究開発のヒントを得たり、他から技術導入を検討する際に有効である。技術開発課題に対する解決手段ごとの出願分布を知ることができる。

⑥は、主要企業の技術開発拠点を知るための、「技術開発拠点マップ」である。技術開発や研究開発を行っている拠点場所を確認できる。

パテントマップ

●パテントマップからわかること

⑦主要企業の技術開発戦略の推移を知る

■技術開発が継続して行われているのか、あるいは発明者を大量に投入しているのか等、各企業の技術開発戦略の動向を知るのは、開発計画において参考となる。

「発明者数・出願件数推移マップ」
⇒ その技術開発戦略の動きを読むのが可能。

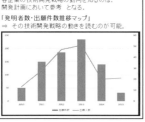

特許調査とその成果

JplatPatなどの検索システムにより特許調査を行い、これらのパテントマップから特許技術状況の把握を行う。

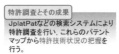

■各研究の成果の特許出願
■権利抵触の回避
■事業計画支援
■etc・・・

⑦は、主要企業の技術開発戦略の推移を知るための「発明者数・出願件数推移マップ」である。技術開発が継続して行われているのか、発明者を大量に投入しているのか等、各企業の技術開発戦略の動向を知ることは、開発計画において参考となる。技術開発戦略の動向を分析することができる。

このように、パテントマップは、特許情報プラットフォーム（J-PlatPat）などから収集した情報をもとに、検索システム等を用いて作成することができる。これらの特許情報から特許技術状況を把握でき、研究成果の期待できる特許出願や、他者の権利との抵触の回避、事業計画支援など企業経営に用いることができる。

なお、山口大学特許検索システム（YUPASS®）では、検索リストに挙がった特許公報の内容を、表計算ソフト形式でまとめて取得できるようになっている。このシステムが利用できる環境があれば、YUPASS®を利用すると効果的である。

※山口大学特許検索システム（YUPASS®）
　https://www.yupass.jp/v4/

第七章

デザインの保護

学習の目標

- 意匠デザインの保護事例を把握し、意匠制度の概要を理解する。

- 意匠登録出願の流れと登録要件を説明できる。

- 意匠侵害事件の例から、意匠保護の意義を理解する。

- 総合的なデザイン保護の観点を理解する。

学習に必要な知識（項目）

- 意匠制度の目的

- 意匠権

- 意匠権の効力

- 意匠権取得までの手続き

- 意匠権の存続期間

- 意匠権を取得するための要件

  - 意匠
  - 工業上の利用可能性
  - 新規性
  - 創作非容易性
  - 意匠登録を受けることができない意匠
    （公序良俗違反、他人の業務の物品と混同の
    恐れがある意匠、機能確保に不可欠な形状等）

- 意匠の類似判断基準

- 著作権法・意匠法・不正競争防止法による保護の違い

意匠デザインの保護

●性能も値段も全く同じ場合、何を基準に選ぶ？

携帯電話	カメラ	送風機	トースター

この章では、デザインの保護について説明する。

　私たちは、製品を購入する際の判断基準に価格や機能を用いるが、それ以外にも製品を選ぶ物差しがある。近年では環境性能も注目されているが、製品の形・デザインも重要な判断要素の一つである。

　例えば、二つの製品が性能も価格も等しい場合、私達はなにを基準に選ぶだろうか。「カッコ良さ」「見た目が素敵」というように、形、デザインが気に入った方を購入するという方も少なからずいると思う。デザインが、製品の売れ行きを左右することはよくあることである。産業財産権の中で、このような工業製品のデザインを保護しているのが、意匠制度である。

意匠デザインの保護

●意匠権で保護された製品

図の出典：J-PlatPat
意匠公報第1216509号　第1216510号　第1216757号

この左図の製品の形も意匠権で保護されている。

　清涼飲料水の「伊右衛門」のペットボトル容器の形である。伊右衛門は、日本の技術と伝統を融合し国際競争力を高める商品に贈られる賞「新日本様式百選」に、飲料部門で唯一入選している。想定以上の売り上げにより、一時販売を中止せざるを得ないほどの大ヒット商品となった。2004年3月に最初に販売され、清涼飲料製品の初年度の販売数量としては過去最多を達成したと推定される。意匠出願としては、通常の形状、表面をフィルムで覆った形状、持ち手部分が平らになっている形状の三つが2004年1月19日に出願され、半年後の平成16年7月23日にはいずれも意匠登録されている。意匠に係る物品は包装用容器となっている。

意匠デザインの保護

●意匠権で保護された製品

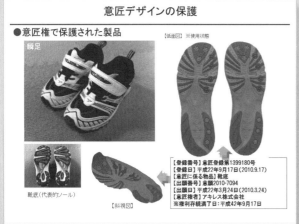

図の出典：J-PlatPat 意匠公報第13889180号から

この製品、小学生に大人気の靴「瞬足®」も意匠登録がされている。権利者はアキレス株式会社、意匠に係る物品は「靴底」である。左右非対称のソールが特徴で、そのスパイク配置と全体的な形状により複数の意匠登録がされている。ここで、ソールとは靴の底、および地面と接触するゴム部分のことを指している。

　2003年度、初年度の販売数は24万足、翌年度には70万足と前年度比の2倍超の販売数となり、さらに2009年度には年間販売足数600万足を超えたヒット商品となり、2014年度には累計販売足数5000万足を達成している。現在も全国の小学生から絶大な支持を得ている商品である。

　「瞬足®」は、左回りである運動場の徒競走で転ばずに走り抜けられるための、左右非対称にスパイクを配置したソールを採用している。瞬足のスパイクは、小学生の平均体重20kg以上（片足10kg）の重さで、アスファルト、コンクリートなどを歩行・走行する際に凹み、ソール全体がフラットになる工夫がされている。校庭などでは、スパイク部分が土面にささり、しっかりとしたグリップ力を発揮する。よって、校庭の歩行・走行と、日常の道路等での歩行・走行に両対応しているため、日常生活において全く影響を与えることはない。現在では瞬足®ブランドは、靴下や帽子などのアパレル製品、ランドセルやなわとびなどの小物、防犯ブザー、自転車、メガネなどにもライセンス商品として展開されている。図は、登録意匠第1399180号を表示しているが、このように事業活動においては、技術的アイデア、商標等を総合した事業戦略が進められているのである。

意匠制度

●意匠法…法目的と定義

第1条 この法律は、意匠の保護及び利用を図ることにより、意匠の創作を奨励し、もつて産業の発達に寄与することを目的とする。

第2条 1 この法律で「意匠」とは、物品（物品の部分を含む。以下同じ。）の形状、模様若しくは色彩若しくはこれらの結合（以下「形状等」という。）、建築物（建築物の部分を含む。以下同じ。）の形状等又は画像（機器の操作の用に供されるもの又は機器がその機能を発揮した結果として表示されるものに限り、画像の部分を含む。次条第二項、第三十七条第二項、第三十八条第七号及び第八号、第四十四条の三第二項第六号並びに第五十五条第二項第六号を除き、以下同じ。）であつて、視覚を通じて美感を起こさせるものをいう。

意匠制度

●意匠とは　　※形状等…形状、模様、若しくは色彩若しくはこれらの結合

（1）物品（物品の部分を含む）の形状等※

物品の「形状」	物品の「形状」+「模様」
物品の「形状」+「色彩」	物品の「形状」+「模様」+「色彩」

（2）建築物（建築物の部分を含む）の形状等※

建築物の「形状」	建築物の「形状」+「模様」
建築物の「形状」+「色彩」	建築物の「形状」+「模様」+「色彩」

（3）画像（画像の部分を含む）

物品から離れた画像自体 （機器の操作画像、又は機器がその機能を発揮した結果として表示される表示画像）	物品又は建築物の部分としての画像を含む意匠 （物品等の機能を発揮するための操作画像、又は物品等の機能にとつて必要な表示画像）

●基本的には特許法と同様の枠組みを持つ
審査登録主義、先願主義、工業上利用性、新規性、創作非容易性
保護期間限定（出願日から25年）

意匠制度

●意匠権の効力　　<参考>権利存続期間…平成19年3月までの出願は「登録日から15年」
平成19年4月から令和2年3月までの出願は「登録日から20年」

1. 意匠権の発生と消滅
- 権利存続期間（終期）は、出願日から25年
- 1年分の登録料の納付があれば設定登録される
- 15年以上存続する権利の割合は約20%

2. 意匠権の効力
- 意匠権者は、業として登録意匠及びこれに類似する意匠の実施をする権利を専有
- 第三者が、無断で登録意匠及び類似する意匠について、実施行為を行ったときは、
  - ①実施行為の差し止め（37条）
  - ②損害賠償（民法709）
  - ③侵害者は刑事罰の対象（69条、69条の2）
    10年以下の懲役もしくは千万円以下の罰金（併科も有り）
  - ④侵害品の輸入・輸出差し止め（関税定率法）

3. 意匠権の譲渡・実施権許諾
- 自己が取得した意匠権は、自由に他者に譲渡したり、実施権の許諾が可能
- 意匠権の譲渡は、特許庁長官への届出が効力発生要件
- 実施権には、①専用実施権と、②通常実施権とがある

意匠制度の目的は、意匠の保護および利用を図ることにより、意匠の創作を奨励し産業の発達に寄与することである。産業の発達に寄与することは特許法と同じであるが、特許法が自然法則を利用した技術思想の創作を保護しているのに対して、意匠法では形状、模様、色彩といった視覚に訴える意匠の創作を保護している。

意匠は物品等（物品、建築物又は画像）の外観に係るデザインであり、物品等のより美しい外観、より使い勝手のよい外観を求めるものである。しかしながら、特徴ある外観は一度見ることで誰にでも容易に模倣される可能性がある。模倣は、不当な競争などを招き、健全な産業の発達に支障をきたす恐れがある。そのため意匠制度が設けられ、新しく創作した意匠について創作者の財産として保護しその利用を図ることとした。それにより、さらに新しい意匠の創作を奨励し、産業の発達に寄与しようというものである。意匠登録を受けるためには、出願された意匠が意匠法で定義する「意匠」である必要がある。意匠法上の意匠とは、「物品の形状、模様若しくは色彩若しくはこれらの結合（以下「形状等」という。）、建築物の形状等又は画像であつて、視覚を通じて美感を起こさせるもの」と定義されている。

意匠は「物品若しくは建築物の形状、模様、色彩に関するデザイン、又は画像に関するデザイン」である。

特に、「物品」又は「建築物」については、「形状等」と一体不可分である。すなわち、「物品」又は「建築物」を離れた「形状等」のみの創作、例えば、模様のみ又は色彩のみの創作は、「物品」又は「建築物」の意匠とは認められない。「画像」については、「物品から離れた画像自体」、及び、「物品又は建築物の部分としての画像を含む意匠」の両方を保護対象としている。

意匠制度（意匠法）は、基本的には特許制度（特許法）と同様の枠組み（審査登録主義、先願主義、新規性など登録要件、保護期間限定など）を持つ。

意匠権の権利存続期間（終期）は、出願日から25年である（権利発生の始期は設定登録の日）。意匠権の設定登録時は、1年分の登録料の納付があれば足りる。特許の設定登録の場合は、最初の3年分の特許料を納付しなければならない。この違いは、意匠は物品等の外観のデザインであることから、流行り廃りの流行性が強いものも多く、中には登録から3年も権利維持をしたくない場合もあるからである。一方、権利存続期間の満了まで、権利が存続する意匠の割合は約20%にのぼる。流行によりモデルチェンジを続ける製品がある一方で、10年以上にわたり定番商品となる意匠も少なくないということである。

意匠権の効力として、意匠権者は、業（事業）として登録意匠およびこれに類似する意匠の実施をする権利を専有する。これにより、他社の模倣を防ぎ、自社の製品の価格を維持でき、経済的利益を得ることができる。

第三者が無断で登録意匠および類似する意匠について実施行為（侵害行為）を行ったときは、①その実施行為の差し止め、②損害賠償の請求などの民事上の救済を求めることができる。意匠権侵害は、刑事罰の対象にもなる。刑事罰は故意による侵害に限るが、10年以下の懲役もしくは1千万以下の罰金、あるいはその両方となっている。

意匠制度

●意匠権の効力（意匠法23条）

意匠権者は、業として登録意匠及びこれに類似する意匠の実施をする権利を専有する。ただし、その意匠権について専用実施権を設定したときは、専用実施権者がその登録意匠及びこれに類似する意匠の実施をする権利を専有する範囲については、この限りでない。

		物品等の用途及び機能		
		同一	類似	非類似
デザイン（形状等）	同一	同一の意匠	類似する意匠	非類似の意匠
	類似	類似する意匠	類似する意匠	非類似の意匠
	非類似	非類似の意匠	非類似の意匠	非類似の意匠

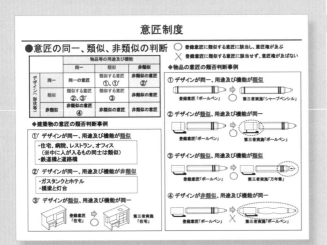

意匠権の効力は、類似の意匠にまで及ぶ。ここで類似とは、「デザイン（形状等）」の類似と、「物品等（物品、建築物又は画像）の用途及び機能」の類似の二つを意味する。「物品等の用途及び機能が同一でデザインも同一」の場合だけでなく、「物品等の用途及び機能が同一でデザインが類似」、「デザインが同一で物品等の用途及び機能が類似」、あるいは「物品等の用途及び機能とデザインの両方が類似」のいずれの場合にも意匠権の効力が及ぶのである。

「物品等の用途及び機能」の類似については、用途（使用目的、使用状態等）及び機能に「共通性」があれば、類似となる。

「デザイン（形状等）」の類似とは、形状等が異なるものの全体として観察したときに得られる美的創作の印象、視覚的効果が共通しているものをいう。「デザイン（形状等）」の類似判断においては、特徴的な部分を重視し、ありふれた部分は軽くみるなど、創作価値を正しく評価するような配慮がなされる。

左図は、意匠の類似、非類似の判断の一例である。

物品の意匠に関して、①は、デザインが登録意匠と同じで、物品がボールペンとシャープペンシルの場合である。ボールペンとシャープペンシルでは「書く」という用途が共通しているので、物品の「用途及び機能」は類似となる。従って、登録意匠の意匠権が及ぶことになる。②は、物品が同じボールペンで、カバー部分のデザインが少しだけ異なる場合である。この場合、カバー部分のデザインは異なるもののボールペン全体としてみた場合の美的創作の印象（視覚的効果）が共通しているので、「デザイン」類似となる。従って、登録意匠の意匠権が及ぶことになる。③は、物品がボールペンと万年筆であり、「書く」という用途が共通していることから物品の「用途及び機能」は類似、また先端の形状は異なるものの全体としてみたときの印象が似ていることからデザインも類似となる。従って、物品の「用途及び機能」と「デザイン」共に類似で、この場合も登録意匠の意匠権が及ぶことになる。④は、物品が同じボールペンであるが、デザインについては全体としてみた場合の美的創作の印象が登録意匠と異なる。従って、この場合、物品の「用途及び機能」は同一、「デザイン」は非類似となり、登録意匠の意匠権は及ばない。

建築物の意匠に関して、①'は、デザインが同じで、建築物の「用途及び機能」が類似の場合である。基本的に「中に人が入る」建築物同士は、「用途及び機能」が類似となる（例：住宅と病院）。②'は、デザインが同じで、建築物の「用途及び機能」が非類似の場合である（例：ガスタンクとホテル）。③'は、建築物の「用途及び機能」が同じで、デザインが少しだけ異なる場合である。全体としてみた場合の美的創作の印象（視覚的効果）が共通しているので、「デザイン」類似となる。

物品から離れた画像自体の意匠同士については、デザインの類似判断のみとなり、それらが表示される物品等の用途及び機能を考慮する必要はない。

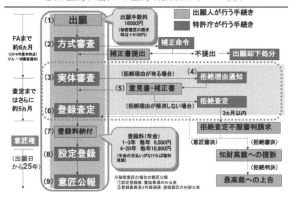

意匠登録出願から登録（権利化）までの流れ

意匠の出願から登録までの流れを説明する。

意匠出願は、特許出願と異なり出願審査請求と出願公開（公開意匠公報）がない。意匠の場合、出願すれば一定期間後に自動的に特許庁で審査される。審査待ち期間は約6カ月、その後最終的な結果がでるまではさらに約5カ月かかるとされている。従って、意匠の場合は、順調に推移すれば出願からほぼ1年で結果が出る。登録査定後に登録料を納付し意匠原簿に登録されると意匠権の効力が発生する。意匠は出願公開がないため、登録後に意匠公報が発行されることで初めて公開される。実体審査で登録要件を満たしていないものは拒絶される。拒絶査定となった場合は、拒絶査定不服審判請求、さらには知財高裁への提訴が可能である。

意匠権を取得するための要件

＜1＞ 意匠法に定められた「意匠」であること

意匠法では、「意匠」を「物品の形状等、建築物の形状等又は画像であって、視覚を通じて美感を起こさせるもの」と定義している（意匠法第2条第1項）。

意匠を構成するためには、下記の要件をすべてみたさなければならない。

1. 物品、建築物又は画像（以下、「物品等」という。）と認められるものであること
2. 物品等自体の形状等であること
3. 視覚に訴えるものであること
4. 視覚を通じて美感を起こさせるものであること

※形状等・・・形状、模様、若しくは色彩若しくはこれらの結合

意匠権を取得するための要件を順に説明する。

最初の要件〈1〉は、意匠法で定義する「意匠」に合致することである。意匠法では意匠を、「物品の形状等、建築物の形状等又は画像であって、視覚を通じて美感を起こさせるもの」と定義する。すなわち、意匠を構成するためには、

1. 物品、建築物又は画像（以下「物品等」という。）と認められるものであること
2. 物品等自体の形状等であること
3. 視覚に訴えるものであること
4. 視覚を通じて美感を起こさせるものであること

の全ての要件を満たさなければならない。

1. 物品等と認められるものであること（意匠法上の意匠）

（1）物品について

意匠法の対象となる物品とは、「有体物であり、市場で流通する動産（＝運搬可能）」をいう。

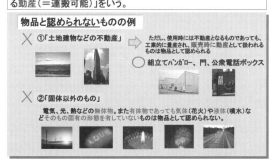

物品と認められないものの例

× ①「土地建物などの不動産」

× ②「固体以外のもの」

意匠を構成する要件について、ワークシート⑦の1を解答してみよう。

意匠を構成するための一番目の要件、物品等（物品、建築物又は画像）と認められるものについて見ていこう。意匠法の対象となる物品とは、「有体物であり、市場で流通する動産（＝運搬可能）」とされている。土地や建物などの不動産は物品として認められない。ただし、使用時に不動産であっても、工業的に量産され販売時に動産として扱われるものは、物品として認められる。例えば、プレハブや組み立て住宅、電話ボックス、門などである。固体以外のものも物品として認められない。電気や光、熱などの無体物、有体物であってもそのもの固有の形状等を有しない気体（花火）、液体（噴水）などである。

1. 物品等と認められるものであること（意匠法上の意匠）

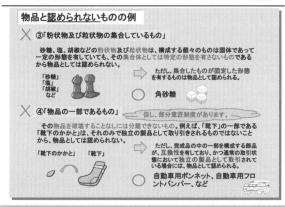

物品と認められないものの例

× ③「粉状物及び粒状物の集合しているもの」

× ④「物品の一部であるもの」

粒状物やそれが集合しているものも、物品としては認められない。例えば、砂糖、塩、胡椒などで、個々の粒は固体で一定の形状等を有しているが、集合体としては特定の形状等を有さないため物品としては認められない。ただし、角砂糖のように、集合したものが固定した形状等を有する場合は、物品として認められる。物品の一部で、その物品を破壊することなしには分離できないものも物品としては認められない。例えば、「靴下」の一部である「靴下のかかと」は、それのみで独立の製品として取り引きされるものではないから物品として認められない（「靴下のかかと」という物品はない）。なお、自動車用ボンネット、自動車用フロントバンパーなど完成品の中の一部を構成する部品が、互換性を有しており、かつ通常の取引状態において独立の製品として取り引きされている場合は、物品として認められる。

1. 物品等と認められるものであること（意匠法上の意匠）

（2）建築物について

意匠法の対象となる建築物とは、(a)「土地の定着物であること」、(b)「人工構造物であること（土木構造物を含む）」の全てを満たすものをいう。 例：商業用建築物、住宅、学校、病院、工場、競技場、橋梁、電波塔など

建築物と認められないものの例

●「土地の定着物であること」の要件を満たさないもの
- × ①「土地に定着させ得るが、動産として取り引きされるもの」 例：庭園灯
- × ②「一時的に設営される仮設のもの」 例：仮設テント
- × ③「不動産等の登記の対象となり得るが、動産として取り引きされるもの」 例：キャンピングカー、船舶、航空機

●「人口構造物であること」の要件を満たさないもの
- × ①「人工的なものでないもの」 例：自然の山・岩・樹木・河川・滝・砂浜
- × ②「人の手が加えられているものの、自然や地形等を意匠の主たる要素としているもの」 例：ゴルフコース スキーゲレンデ
- × ③「土地そのもの又は土地を造成したにすぎないもの」

---

1. 物品等と認められるものであること（意匠法上の意匠）

（3）画像について

意匠法の保護の対象なる画像としては、
(a)「物品から離れた画像自体（以下、「画像意匠」という。）、
(b)「物品又は建築物の部分としての画像を含む意匠（以下、「物品等の部分に画像を含む意匠」という。）の2通りがある。

(a)「画像意匠」とは
その画像を表示する物品や建築物を特定することなく、画像それ自体を意匠法による保護の客体とする意匠のことであり、以下の①又は②の少なくともいずれか一方に該当する画像のこと。

① 機器の操作の用に供されるもの（以下、「操作画像」という。）
② 機器がその機能を発揮した結果として表示されるもの（以下、「表示画像」という。）

<操作画像の例>　　<表示画像の例>　　× 映画やゲーム等のコンテンツ
商品購入用画像（ウェブサイトの画像）　アイコン用画像（クリックするとソフトウェアが立ち上がる操作ボタン）　医療用測定結果表示用画像　時刻表示用画像（壁に投影された画像）　（①及び②のいずれにも該当しない画像）

---

1. 物品等と認められるものであること（意匠法上の意匠）

(b)「物品等の部分に画像を含む意匠」とは

物品又は建築物に記録され、物品又は建築物の表示部に示された、以下の①又は②の少なくともいずれか一方に該当する画像のこと。

① 画像を表示する物品又は建築物の機能を発揮できる状態にするための操作の用に供されるもの（以下、「物品等の機能を発揮するための操作画像」という。）
② 画像を表示する物品又は建築物の機能を果たすために必要な表示を行うもの（以下、「物品等の機能にとって必要な表示画像」という。）

<物品等の機能を発揮するための操作画像の例>　　<物品等の機能にとって必要な表示画像の例>

【意匠に係る物品】音楽再生機能付き電子計算機
【意匠に係る物品の説明】正面に表された画像は、選曲方法を選択及び曲を選択するものである。
【意匠の説明】実線で表した部分が意匠等を受けようとする部分である。
【正面図】

【意匠に係る物品】電子メトロノーム
【意匠に係る物品の説明】正面図中央の表示部に示された画像でメトロノームとしての機能を発揮する電子メトロノームである。上部の表示部には設定されたテンポが表示され、下方のボタンでテンポや表示の変更が可能である。
【意匠の説明】実線で表した部分が意匠等を受けようとする部分である。
【正面図】

意匠法の対象となる建築物とは、(a)「土地の定着物であること」（継続的に土地に固定して使用されるもの）と、(b)「人工構造物であること」（建設される物体を指し土木構造物を含む）の両方を満たすものとされている。これに該当するものとして、商業用建築物、住宅、学校、病院、工場、競技場、橋梁、電波塔などが挙げられる。

一方、土地に定着させ得るが動産として取引されるもの（例：庭園灯）、一時的に設営される仮設のもの（例：仮設テント）、不動産等の登記の対象となり得るが動産として取り引きされるもの（例：キャンピングカー、船舶、航空機）は、「土地の定着物であること」の要件を満たさないものとして意匠法上の建築物に該当しない。また、人工的なものでないもの（例：自然の山・岩・樹木・河川・滝・砂浜）、人の手が加えられているものの自然物や地形当を意匠の主たる要素としているもの（例：ゴルフコース、スキーゲレンデ）、土地そのもの又は土地を造成したにすぎないものは、「人工構造物であること」の要件を満たさないものとして意匠法上の建築物に該当しない。

意匠法の保護の対象となる画像としては、(a)「物品から離れた画像自体（以下、「画像意匠」という。）と、(b)「物品又は建築物の部分としての画像を含む意匠（以下、「物品等の部分に画像を含む意匠」という。）の2通りがある。

「画像意匠」として、意匠法の保護を受けるためには、次の①又は②のどちらかに該当する画像でなければならない。

①機器の操作の用に供されるもの（以下、「操作画像」という。）。例えば、商品購入用画像（ウェブサイト画像）、アイコン用画像（クリックするとソフトウェアが立ち上がる操作ボタン）。

②機器がその機能を発揮した結果として表示されるもの（以下、「表示画像」という。）。例えば、医療用測定結果表示用画像、時刻表示用画像（壁に投影された画像）。

「物品等の部分に画像を含む意匠」として、意匠法の保護を受けるためには、次の①又は②のどちらかに該当する画像でなければならない。

①画像を表示する物品又は建築物の機能を発揮できる状態にするための操作の用に供されるもの（以下、「物品等の機能を発揮するための操作画像」という。）。例えば、音楽再生機能付き電子計算機の操作画像。

②画像を表示する物品又は建築物の機能を果たすために必要な表示を行うもの（以下、「物品等の機能にとって必要な表示画像」という。）。例えば、電子メトロノームのテンポ表示画像。

映画やゲーム等のコンテンツの画像については、「画像意匠」（要件：操作画像又は表示画像）及び「物品等の部分に画像を含む意匠」（要件：物品等の機能を発揮するための操作画像又は物品等の機能にとって必要な表示画像）のどちらの要件も満たさないものであり、意匠法の保護対象とならない。

2. 物品等自体の形状等であること（意匠法上の意匠）

物品等自体の形状等とは、「物品等そのものが有する特徴又は
性質から生じる形状等」をいう。

※形状等…形状、模様、若しくは色彩若しくはこれらの結合

物品等自体の形状等と認められないものの例

【意匠に係る物品】カップ入り飲料
【意匠に係る物品の説明】
この意匠登録出願の意匠は、カッ
プに入ったカフェラテであり、泡立
てたミルクとコーヒーにより、表面に
模様を描いたものである。

→ そのままの形状等を維持したま
ま流通等がなされることができな
いことから、物品等自体の形状等
には該当しないと判断される。

物品等自体の形状等と認められるものの例

● 販売を目的とした形状等であっても、流通時にそのままの形状等を維持できるもの

【意匠に係る物品】タオル
【意匠に係る物品の説明】
この意匠登録出願の意匠は、圧縮され
たタオルであり、使用前に水に浸すこと
により、通常のハンドタオルの大きさとな
り、タオルとして使用することができる。

圧縮されたタオル　　通常のタオル
（流通時）　　　　　（使用時）

---

3. 視覚に訴えるものであること（意匠法上の意匠）

視覚に訴えるものとは、「意匠登録出願されたものの全体の形状
等が、肉眼によって認識することができるもの」をいう。

視覚に訴えるものと認められないものの例

① 「粉状物又は粒状物の一単位」

その一単位が、微細であるために肉眼によってはその形状等を認識できないものは視
覚に訴えるものと認められない。すなわち、物品の形状等であっても、肉眼で観察でき
ないものは意匠を構成せず、保護対象とならない。

例：分子構造、砂糖、塩、胡椒、など（角砂糖やダイヤモンドは可）

分子構造　　　砂糖、塩、胡椒　　　ダイヤモンド　　角砂糖

② 「『意匠登録を受けようとする部分』の全体の形状等が、意匠に係る物品の
通常の取引状態において、外部から視認できないもの」

③ 「『意匠登録を受けようとする部分』の全体の形状等が微細であるために、
肉眼によってはその形状等を認識することができないもの」

---

4. 視覚を通じて美感を起こさせるものであること（意匠法上の意匠）

美感については、「美術品のように高尚な美を要求するものではな
く、何らかの美感を起こすもの」であれば足りる。但し、視覚を通
じて起こる場合に限る。（美感は、音楽のように聴覚を通じて起こる
場合もあるが、「視覚を通じて」以外の場合は含まない。）

視覚を通じて美感を起こさせるものと認められないものの例

① 「機能、作用効果を主目的としたもので、美感をほとんど起こさせないもの」

例：油取り紙（単なる四角い形）

機能、作用効果が主目的であっても、美感を
起こさせるものであれば良い

タイヤ
（滑り止めの
模様入り）

② 「意匠としてまとまりがなく、煩雑な感じを与えるだけで美感をほとんど起こ
させないもの」

『創作者がまったく美的処理を考えていないものは、保護対象から排除している』、
程度の解釈

意匠法上の意匠　　※ワークシート⑦

● 意匠法で定義されている「意匠」と認められるか検討してみよう

キャラクター
× 物品が特定されない
抽象的なモチーフ
操作画像、表示画像で
もないので画像意匠に
も該当しない

外観に特徴の
ある建築物
● 建築物の形状等
であって視覚を通じて
美感を起こさせるもの

デコレーションケーキ
● 物品の形状等で
あって視覚を通じて美
感を起こさせるもの

テレビの画面
（放送番組の映像）
× 無体物（物品が認
められない）
操作画像、表示画像でも
ないので画像意匠にも該
当しない

医療用測定結
果表示用画像
● 表示画像（機器が
その機能を発揮した結果と
して表示されるもの）で
あって視覚を通じて美感
を起こさせるもの

氷の結晶
× 肉眼で見えない
（視覚に訴えるものでない）

機械の内部構造
× 外から見えない
（視覚に訴えるものでない）

特徴のある形の噴水
× 液体（固体以外）
（物品として認められない）

表面にミルクで特徴の
ある模様を描いた
カップ入り飲料
× そのままの形状等を
維持可能なもの
（物品等自体の形状等で
ない）

油取り紙
（単なる四角い形）
× 機能、作用効果を
主目的として美感をほ
とんど起こさせないもの

意匠を構成するための二番目の要件は、物品等自体の形
状等であることである。物品等自体の形状等とは、物品等
そのものが有する特徴または性質から生じる形状等をいう。

例えば、泡立てたミルクとコーヒーにより表面に模様を
描いたもの（物品「カップ入り飲料」）は、物品等自体の形
状等であるとは言えない。そのままの形状等を維持したま
ま流通するわけではないからである。

一方、販売の目的の形状等であっても、流通時にそのま
まの形状等を維持可能なものについては、物品等自体の形
状等であると言える。例えば、流通時はタオルを圧縮した
特定の形状等（物品「タオル」）であるが、使用前に水に浸
すと通常のタオルの大きさとなるようなものである。

意匠を構成するための三番目の要件は、視覚に訴えるも
のであることである。視覚に訴えるものとは、意匠登録出
願されたものの全体の形状等が肉眼によって認識できるも
のをいう。物品等の形状等であっても、肉眼で観察できな
いものは意匠を構成しているとはいえず、意匠法の保護対
象にならない。例えば、分子構造、砂糖、塩、胡椒などは、
一単位が微細であるため、肉眼によってはその形状等を認
識できないので、視覚に訴えるものとは認められない。た
だし、ダイヤモンドのように取り引きの際、拡大観察する
ことが通常である場合には、肉眼によって認識できるもの
と同様な扱いとなり、視覚に訴えるものとして認められる。
通常の取引状態において外部から視認できないもの、また
微細であるために肉眼によってはその形状等を認識するこ
とができないものも、視覚に訴えるものとは認められない。

意匠を構成する四番目の要件は、視覚を通じて美感をお
こさせるものであることである。ここでいう「美感」とは、
美術品のレベルを要求するものではなく、何らかの美的処
理がされていれば足りる。単なる四角の「油取り紙」のよ
うなものは、機能、作用効果を主目的としているだけであ
って、美感を起こさせるものとは認められない。一方、「タ
イヤ」の模様のように美感を起こさせるものであれば、そ
れが機能、作用効果が主目的であっても視覚を通じて美感
を起こさせるものとして認められる。創作者が全く美的処
理を考えていないもの、意匠としてまとまりがなく煩雑な
感じを与えるだけで美感をほとんど起こさせないものは、視
覚を通じて美感を起こさせるものとして認められない。

左図は、ワークシート⑦の1の解答例である。キャラクタ
ーそのものは、物品と離れたデザイン、つまり、物品が特定
されない抽象的なモチーフである。また操作画像（機器の操
作の用に供されるもの）、表示画像（機器がその機能を発揮
した結果として表示されるもの）でもないので画像意匠にも
該当しない。つまり、キャラクターは、物品等（物品、建築
物又は画像）と認められず、意匠法上の意匠に該当しない。

外観に特徴のある建築物は、建築物の形状等であって視
覚を通じて美感を起こさせるものであるので、意匠に該当
する。デコレーションケーキは、物品の形状等であって視
覚を通じて美感を起こさせるものであるので、意匠に該当
する。

前ページからの続き→

テレビの画面に映る放送番組の映像は、電気や光、熱といったものと同じ無体物であるので物品として認められない。また操作画像、表示画像でもないので画像意匠にも該当しない。つまり、テレビに映る番組映像は、物品等と認められず、意匠に該当しない。医療用測定結果表示用画像は、表示画像（機器がその機能を発揮した結果として表示されるもの）であって視覚を通じて美感を起こさせるものであるので、意匠に該当する。

氷の結晶は、肉眼で見えないので、視覚に訴えるものと認められず、意匠に該当しない。機械の内部構造は、外から見えないので、視覚に訴えるものと認められず、意匠に該当しない。特徴ある形の噴水は、液体（固体以外のもの）であるので物品と認められず、意匠に該当しない。

表面にミルクで特徴ある模様を描いたカップ入り飲料は、流通時にそのままの形状等を維持できないので、物品等自体の形状等と認められず、意匠に該当しない。単なる四角い形の油取り紙は、機能・作用効果を主目的として美感をほとんど起こさせないものであるので、視覚を通じて美感を起こさせるものと認められず、意匠に該当しない。

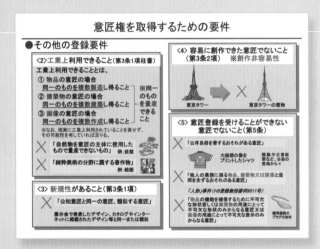

意匠権を取得するには、ここまでの説明してきた〈1〉意匠法上の意匠であること以外に次の各要件を満たす必要がある。〈2〉工業上利用できること、〈3〉新規性があること、〈4〉容易に創作できた意匠でないこと（創作非容易性があること）、〈5〉意匠登録を受けることができない意匠でないことである。

〈1〉意匠法上の意匠であること。

〈2〉工業上利用できることとは、物品の意匠の場合同一のものを複数製造、建築物の意匠の場合同一のものを複数建築、画像の意匠の場合同一のものを複数作成し得ることを意味する。すなわち、工業的生産過程において同一のものを量産できることを意味する。なお、同一のものを量産できる限り、その生産方法は機械的生産に限らず、手工業的生産でも良い。自然物を意匠の主体に使用したもので量産できない盆栽や観賞植物のようなもの、また絵画や彫刻のような純粋芸術品などは、工業的に利用できるものと認められず、意匠登録を受けることができない。

〈3〉新規性があることとは、既に世の中にある意匠と同一または類似の意匠でないことを意味する。展示会で発表したデザイン、カタログやインターネットに掲載されたデザイン等と同一または類似なものは意匠登録を受けることはできない。

〈4〉容易に創作できた意匠でないこと（創作非容易性があること）とは、その物品等分野のデザインに携わる平均的デザイナーの創作レベルを基準とする。東京タワーの形をした「置物」は容易に創作できたとして意匠登録を受けることはできない。

〈5〉意匠登録を受けることができない意匠でないこととは、公益的理由から登録を受けることができない意匠でないこと（不登録事由）を意味する。国旗をプリントした服は公益上の見地から意匠登録を受けることができない。また、他人の業務に係る物品等と混同を生ずるおそれのある意匠、物品等の機能を確保するために不可欠な形状のみからなる意匠、例えば、標準規格のプラグの形状なども意匠登録を受けることができない。

＜まとめ＞意匠権を取得するための要件

●意匠権を取得するためには、以下の要件を満たさなければならない。

＜1＞意匠法上の意匠であること。

意匠法では、「意匠」を「物品の形状等、建築物の形状等又は画像であって、視覚を通じて美感を起こさせるもの」（意匠法2条1項）と定義している。

※形状等…形状、模様、若しくは色彩若しくはこれらの結合

＜2＞工業上利用できること（同一のものを量産し得ること）

＜3＞全く新しい意匠であること（新規性があること）

＜4＞意匠の属する分野における知識を有する者（その物品等分野のデザインに携わる平均的なデザイナー）が容易に創作できた意匠でないこと（創作非容易性があること）

＜5＞意匠登録を受けることができない意匠でないこと（不登録事由）。すなわち、
・公序良俗を害するおそれがある意匠でないこと。
・他人の業務に係る物品、建築物又は画像と混同を生ずるおそれのある意匠でないこと
・物品の機能を確保するために不可欠な形状若しくは建築物の用途にとって不可欠な形状のみからなる意匠又は画像の用途にとって不可欠な表示のみからなる意匠でないこと

意匠権侵害事件

●自動二輪車事件（昭和43年(ワ)第11385号東京地裁昭和48年5月25日）

・原告A社登録意匠
意匠146113号
意匠に係る物品　第20類
自動二輪車
出願日　昭和33年5月7日

裁判所　裁判例情報　検索画面
http://www.courts.go.jp/app/hanrei_jp/search1

事件番号：昭和43年（ワ）11385で検索

東京地方裁判所と入力

写真は、ここから見る

出典：裁判例情報検索データベースより
http://www.courts.go.jp/app/hanrei_jp/search1

意匠権侵害事件

●自動二輪車事件（昭和43年(ワ)第11385号東京地裁昭和48年5月25日）
両意匠の類否判断（裁判所の判断部分）…下記の5つの点で特に看者の注意を引く。類似である。

右側面図（※イメージです）

構成1
構成2
構成3
構成4
構成5

意匠権侵害事件

●蒸気モップ事件（平成21年(ワ)第13219号東京地裁平成23年12月27日）

意匠権者：A社
意匠第第1334735号
出願日　平成20年1月4日
登録日　平成20年5月30日
意匠に係る物品　蒸気モップ

図の出所：意匠公報第1334735号

意匠権の独占的通常実施権
↓
（株）A2
通販で国内に販売

B（株）
類似デザイン商品を通販により国内輸入販売

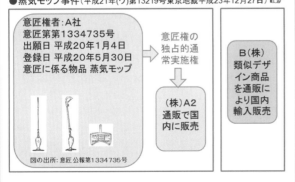

図の出所：J-PlatPat　意匠公報第1334735号から

短くまとめると、意匠権取得は、これらの要件を全て満たす必要がある。

〈1〉意匠法上の意匠であること

〈2〉工業上利用できること（同一のものを量産できること）

〈3〉全く新しい意匠であること（新規性があること）

〈4〉その物品等分野の平均的デザイナーが容易に創作できた意匠でないこと（創作非容易性があること）

〈5〉意匠登録を受けることができない意匠でないこと（不登録事由）。公序良俗を害するおそれがある意匠でないこと。他人の業務に係る物品等と混同を生ずるおそれのある意匠でないこと。物品の機能を確保するために不可欠な形状のみからなる意匠でないこと等

意匠に関する実際の紛争例を、A社が取得した自動二輪車の意匠権に基づいて説明する。該当するA社の登録意匠情報は、J-PlatPatの検索画面から、登録番号第146113号を検索キーに取得できる。また、事件の判決文と写真等の資料は、裁判所判決例検索システムから、東京地方裁判所、事件番号昭和43年（ワ）11385号を検索キーに取得できる。

事件は、B社が製造販売した自動二輪車の意匠デザインが、A社の意匠権侵害になるかが争われている。意匠デザインの類否判断、特に今までにない斬新なデザイン部分の類否判断、すなわち斬新な新規デザイン部分はその価値を重く見て類否判断をすべきかが争点となった。

東京地方裁判所は、B社が製造販売した自動二輪車は意匠権侵害にあたると認定した。

判決では、当該意匠の比較について、看者（需要者）の注意を引く五つの部分に分けて比較し、ほとんどが同じ形状であり、全体的に観察した場合に視覚を通じての美感が同じであると判断した。結果、意匠に係る物品が同一で、形態・デザインが類似しているということから意匠権侵害となった。また、「本件登録意匠にかかるこの種の自動二輪車を歴史的に見ても、本件登録意匠の意匠登録出願以前には、セミスクーターのクラスに属するこのようなタイプの自動二輪車は、全く存在しなかった」として、斬新な意匠であることを一定程度は判決に反映している。事件は東京高裁に控訴され、最終的に和解で終了した。

他にも、意匠権関連の事件として、東京地方裁判所が扱った「蒸気モップ事件」がある。

意匠権者は、アメリカのA社である。そのA社から意匠権の独占的通常実施権のライセンスを受けて、日本国内で通販を行っていたのがA2社である。

「蒸気モップ事件」は、A社の蒸気モップ製品にデザインが似た製品を、通販で販売していたB社に対して、A社とA2社が意匠権侵害として訴えた事件である。

意匠権侵害事件

●意匠の類否判断（判決文の当裁判所の判断部分から抜粋）

登録意匠とそれ以外の意匠との類否の判断は、需要者の視覚を通じて起こさせる美感に基づいて行うものとされており（意匠法24条2項）、この類否の判断は、両意匠を全体的観察により対比し、意匠に係る物品の性質、用途、使用態様、公知意匠にない新規な創作部分の存否等を考慮して、当該意匠に係る物品の看者となる需要者の注意を惹きやすい部分を把握し、この部分を中心に対比した上で、両意匠が全体的な美感を共通にするか否かによって類否を決するのが相当である。

需要者　　　　　　視覚的美感
全体的観察から
需要者の注意を引きやすい部分を把握

●意匠に係る物品の同一性（判決文の当裁判所の判断から抜粋）
被告製品は、蒸気モップであり、本件意匠に係る物品と同一である。

意匠権侵害事件

●蒸気モップ事件
（本件意匠　意匠登録1334735号の図面）

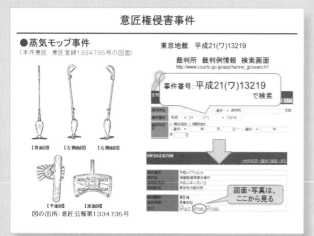

東京地裁　平成21（ワ）13219

裁判所　裁判例情報　検索画面
http://www.courts.go.jp/app/hanrei_jp/search1

事件番号：平成21（ワ）13219
で検索

知的財産裁判例

図面・写真は、
ここから見る

図の出典：意匠公報第1334735号

図の出典：J-PlatPat　意匠公報第1334735号から
出典：裁判例情報検索データベースより
http://www.courts.go.jp/app/hanrei_jp/search1

意匠権侵害事件

●蒸気モップ事件（本件登録意匠と被告製品1の意匠の対比・差異点）

←【対比】

【差異点】
↓

●東京地裁　平成21（ワ）13219

裁判所　裁判例情報　検索画面
http://www.courts.go.jp/app/hanrei_jp/search1

事件番号：平成21（ワ）13219
で検索

知的財産裁判例

対比・差異点は、
ここから見る

出所：裁判例情報検索データベースより
http://www.courts.go.jp/app/hanrei_jp/search1

裁判所は、意匠の類否判断に関して次のように述べている。「登録意匠とそれ以外の意匠との類否の判断は、需要者の視覚を通じて起こさせる美感に基づいて行うものとされており（意匠法24条2項）、この類否の判断は、両意匠を全体的観察により対比し、意匠に係る物品の性質、用途、使用態様、公知意匠にない新規な創作部分の存否等を考慮して、当該意匠に係る物品の看者となる需要者の注意を惹きやすい部分を把握し、この部分を中心に対比した上で、両意匠が全体的な美感を共通にするか否かによって類否を決するのが相当である」。すなわち、両者の類否判断は、全体的観察から需要者の注意を引きやすい部分を把握し、それらの部分を中心に対比をした上で、両意匠の全体的な美感が共通しているかどうかを判断するということである。

これは、原告A社が意匠登録を受けている蒸気モップの意匠図面である。基本構成は、ハンドル、ポール、本体部、モップヘッドから成っている。被告B社製品も、同じくハンドル、ポール、本体部、モップヘッドから構成されている。

裁判所判決文検索サイトから、東京地方裁判所、事件番号平成21年（ワ）13219号を検索キーに判決文を閲覧しよう。同時に、被告物件と登録意匠のデザインが施されているA2社商品の比較写真等を参照して、意匠の類否を検討しよう。

裁判所では、さきほどの自動二輪車事件と同じく、需要者の注意を引きやすい部分、すなわち、ハンドル、ポール、本体部、モップヘッド部を中心に対比を行っている。

そして双方の差異点を抽出し、最終的には全体的な美感が共通しているかどうかを判断し、類似であると結論づけている。例えば、モップヘッド部について、「(a) 本件意匠は、隆起の総数が約16本であるのに対し、被告製品1の意匠は、隆起の総数が20本である。しかしながら、上記本数の差異はわずかであるから、このような差異が看者の美感に与える影響は、ごく軽微であるというべきである」として、意匠デザインの類似性を認めている。

意匠権侵害事件

●蒸気モップ事件（原告製品と被告製品1の意匠の対比）
（例えば・・・）e. ポール部について
本件意匠は、1本の棒状であるのに対し、被告製品1の意匠は、2本の棒が中央部で接続されている。また、ポール部の長さは、本件意匠が全高の約40%であるのに対し、被告製品1の意匠は全高の約45%である。しかしながら、これらの差異は、本件意匠の全体からみれば、ごくわずかな部位に関する差異にとどまるものであり、差異の程度も、ごくわずかなものにすぎない。また、蒸気モップの通常の使用態様において、看者の注意を惹く部分に関するものともいえない。したがって、上記差異が看者の美感に与える影響は、ごく軽微なものにとどまる。
f. 以上のとおり、上記ないしeの差異点は、いずれも、本件意匠と被告製品1の意匠の類否判断に及ぼす影響は強いものではなく、これらがまとまって相乗的な効果を発揮する可能性を考慮したとしても、上記(ア)の共通点によって形成された全体的な共通感を凌ぐものではない。よって、両意匠は、看者に異なった美感を与えるものということはできない。

著作権法・意匠法・不正競争防止法

●著作権法
第2条1項 1 この法律において、次の各号に掲げる用語の意義は、当該各号に定めるところによる。
一 著作物 思想又は感情を創作的に表現したものであつて、文芸、学術、美術又は音楽の範囲に属するものをいう。
2 この法律にいう「美術の著作物」には、美術工芸品を含むものとする。

※文化庁HPに記述されている「美術工芸品」の定義
建造物、絵画、工芸品、彫刻、書跡、典籍、古文書、考古資料、歴史資料などの有形の文化的所産で、我が国にとって歴史上、芸術上、学術上価値の高いものを総称して有形文化財と呼んでいます。このうち、建造物以外のものを総称して「美術工芸品」と呼んでいます。

純粋美術　　　　美術工芸品　　　　応用美術？

著作権法・意匠法・不正競争防止法

●美術作品の分類（文化庁著作権制度審議会答申説明書S41.7.1）
1. 純粋美術
　思想または感情が表現されていて、それ自体の観賞を目的とし、実用性を有しないもの
2. 応用美術
　実用品に美術あるいは美術上の感覚・技法を応用したもの（実用に供し、あるいは産業上利用することを目的とする美的創作物）、後者の「応用美術」はさらに4つの分類が例示されている。

(1) 美術工芸品・・・一品ものの陶器
(2) 実用品と結合されたもの・・・家具に施された彫刻
(3) 量産される実用品のひな形・・・文鎮のひな型
(4) 実用品の模様として利用されるもの・・・染色図案

著作権法・意匠法・不正競争防止法

応用美術　→　工業的（商業的？）に量産される実用品に体現される美的な創作物
　純粋美術は、専ら鑑賞するために創作された美的創作物。工業的に量産される「物品」の形状、模様若しくは色彩又はこれらの結合で、視覚を通じて美観を起こす美的創作物（意匠）は意匠法で保護される。しかし、後者の意匠について、有体物である物品から離れてそこに体現されているデザインが純粋美術（あるいは美術工芸品）に匹敵する美的創作性を持つことがあり得る。「応用美術概念」はこの部分の法的処理に利用される（制定時「著作権制度審議会答申説明書」の記述）。

　実用に供され、あるいは、産業上利用される美的な創作物。
【事例】 対象物自体が実用品であるもの（花瓶、博多人形など）、実用品と結合された美的創作物（家具の彫刻、仏壇の飾りなど）、量産される実用品の雛形（文鎮の雛形など）、量産される実用品の模様（壁紙、染色図案）

出典：裁判例情報検索データベースより
http://www.courts.go.jp/app/hanrei_jp/search1

　裁判所は、モップのaからeの個々の部分を比較して最終的な総合判断として、「上記aないしeの差異点は、いずれも、本件意匠と被告製品1の意匠の類否判断に及ぼす影響は強いものではなく、…（略）…共通点によって形成された全体的な共通感を凌ぐものではない。よって、両意匠は、看者に異なった美感を与えるものということはできない」と述べている。すなわち、需要者の注意を引きやすい部分であるハンドル、ポール、モップヘッドの各部分には美感に影響を与える大きな差異はなく全体的な美感は共通している、よって両意匠は類似している（意匠権侵害）、と判断している。

　次に、意匠権だけでなく、もう少し広い視野からデザイン保護を考えてみる。意匠制度は、デザインの中で物品等の形態に係わるもの、すなわち量産品の工業デザインのみを保護対象としている。これに対して、一品製作の絵画などの純粋美術は著作権で保護される。美術の著作物には、美術工芸品も含まれるから、作家の名前を付して売り出される一品製作の茶碗やツボなどは、美術工芸品として著作権法で保護される。一方、スーパーや百貨店等で売られている同一デザインの大量生産品の茶碗等は、原則として著作物でないと考えられている。この中間にある、量産される実用品でデザイン価値の高いもの、すなわち応用美術については、デザインの総合的な保護の観点からどのように保護されるのだろうか。

　文化庁の著作権制度審議会答申（昭和41年7月1日）では、純粋美術を、思想または感情が表現されていて、それ自体の観賞を目的とし、実用性を有しないもの（専ら鑑賞するために創作された美的創作物）としている。これに対して、応用美術は、実用品に美術あるいは美術上の感覚・技法を応用したもの（家具、衣装など工業的に量産される実用品のデザイン）としている。応用美術も、美的な創作物であるという点では絵画や彫刻などの純粋美術と変わりない。

　しかしながら、著作権法では、応用美術のうち美術工芸品（壺、茶碗、刀剣等の観賞用の一品制作品）が保護の対象になることを明らかにしているが、それ以外の応用美術については保護範囲は明らかにされていない。

　一方、意匠、工業的に量産される物品の形状等で視覚を通じて美観を起こさせる美的創作物は、意匠法で保護される。そして、この意匠法上の意匠も事実上は純粋美術（あるいは美術工芸品）に匹敵する美的創作性を持つこともあり得るともいわれる。すなわち、応用美術は工業的に量産される実用品のデザインであり、基本的には「意匠」として意匠法で保護される、しかしながら、その意匠が純粋美術（あるいは美術工芸品）に匹敵する美的創作性を持つ場合には、著作物として著作権法でも保護される可能性があり得ると解釈することもできる。両方の法律で重畳的に保護されるのか、あるいはどちらかの法律のみの保護に止まるのかは、事案の内容によって異なることもあり、判例実務上も必ずしも統一されていない。

著作権法・意匠法・不正競争防止法

●不正競争防止法
第2条 この法律において「不正競争」とは、次に掲げるものをいう。
一　他人の商品等表示（人の業務に係る氏名、商号、商標、標章、商品の容器若しくは包装その他の商品又は営業を表示するものをいう。以下同じ。）として需要者の間に広く認識されているものと同一若しくは類似の商品等表示を使用し、又はその商品等表示を使用した商品を譲渡し、引き渡し、譲渡若しくは引渡しのために展示し、輸出し、輸入し、若しくは電気通信回線を通じて提供して、他人の商品又は営業と混同を生じさせる行為
二　自己の商品等表示として他人の著名な商品等表示と同一若しくは類似のものを使用し、又はその商品等表示を使用した商品を譲渡し、引き渡し、譲渡若しくは引渡しのために展示し、輸出し、輸入し、若しくは電気通信回線を通じて提供する行為
三　他人の商品の形態（当該商品の機能を確保するために不可欠な形態を除く。）を模倣した商品を譲渡し、貸し渡し、譲渡若しくは貸渡しのために展示し、輸出し、又は輸入する行為

また、不正競争防止法においても、「商品の形態」（デザイン）が保護される。

他人の商品の最初の発売日から3年間は、その他人の商品の形態（デザイン）を模倣した商品を譲渡等してはいけないと規定されている。

著作権法・意匠法・不正競争防止法

●商業デザイン保護法体系の全体像
　　・・・商業デザインは意匠法を軸に他の法律で補充する・・・

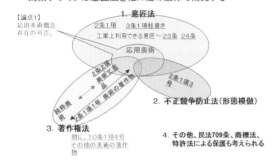

総合的な観点から俯瞰した、デザイン保護に関する法体系の全体像を左図に示した。

工業デザインは意匠法で、純粋美術品は著作権法で、商品の形態模倣は不正競争防止法で、それぞれ保護される。

一方、保護対象によっては、保護範囲が重複する場合がある、または判断が分かれる場合があるということである。

特に、応用美術については、意匠権と著作権の両方、あるいは不正競争防止法を含めた複数の権利で保護を受けることができる場合も皆無ではない。

著作権法・意匠法・不正競争防止法

●NYチェアー事件
「ニーチェア事件」
　（大阪高裁平成元年（ネ）第2249号、平成2年14判決）
　（最高裁第一小法廷平成2年（オ）第706号、平成3年3月28日判決）

※判例集（裁判所裁判例情報）未登録

●赤とんぼ事件

「博多人形赤とんぼ事件」
（長崎地裁佐世保支部、昭和47年（ヨ）第53号、昭和48年2月7日決定）

●長崎地裁　昭和47（ワ）53
裁判所　裁判例情報　検索画面
http://www.courts.go.jp/app/hanrei_jp/search1

事件番号：昭和47（ヨ）53
で検索

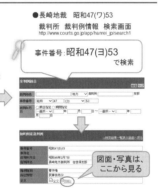

図面・写真は、ここから見る

実用品である椅子のデザインが著作権法で保護されるかどうかが争われたニーチェア事件の判決文を検索しよう。裁判所は、①このデザインは量産されることを前提とした実用品である椅子に関するものであるということで、実用を兼ねた美的創作物として意匠法による保護を受けるべきものである、②それ自体が実用面および機能面を離れて完結した美術作品として専ら美的観賞の対象とされるものではないから、著作権法上の著作物として認められないとした。

次に、専ら美的観賞の対象とされる大量生産品の事例として、博多人形赤とんぼ事件の判決文を検索しよう。こちらは、意匠出願をしていなかったが、大量生産の製品であるにもかかわらず著作権による保護が認められている（仮処分事件）。

両者の判決文を読み比べて、検討してみよう。

第八章

商標の基礎知識

学習の目標

- 商標制度の目的・意義等について、その概要を説明できる。
- 商標の種類、商標の機能、商標権を取得するための要件を説明できる。
- 商標権の効力と類否判断を理解する。

学習に必要な知識（項目）

- 商標制度の目的
- 商標権
- 商標権の効力
- 商標権取得までの手続き
- 商標権の存続期間
- 商標権を取得するための要件

　・商標
　・自他商品識別性（普通名称、慣用商標など）
　・公益性（国旗、国際機関など）
　・先願

- 商標の類否判断基準

商標とは

● 機能（作用効果）やデザイン・価格等が同じ場合、何を基準に選ぶ？
<お茶の例>【機能（作用効果）】のどの渇きを潤す。【価格】一律160円
【デザイン】容器のデザインと中身のお茶の見た目はほぼ同じ

I社	A社	K社	PS社
お〜いお茶	十六茶	生茶	玉露入りお茶

機能やデザイン、価格が同じ製品が複数ある場合、私たちは何を基準に選ぶだろう。例えば、のどの渇きを潤すため（機能）にお茶を購入する場合に、価格も同一であり、容器のデザインと中身の見た目もほとんど同一の緑茶が複数あるとき、商品を選ぶ判断基準の一つに「商品名」がある。商品名以外にも、商品を特定する図形・マークも基準となる場合がある。このように、私たちが商品やサービスを選ぶときの大きな目安となる名前やマーク等が「商標」である。商標は、商品を製造・販売する企業あるいはサービスを提供する企業にとって、自社の商品またはサービスと、他社の商品またはサービスを区別し、自社の営業上の信用を守るために必要なものである。

商標制度

● 法目的と定義

第1条 この法律は、商標を保護することにより、商標の使用をする者の業務上の信用の維持を図り、もつて産業の発達に寄与し、あわせて需要者の利益を保護することを目的とする.

第2条 ①この法律で「商標」とは、人の知覚によって認識することができるもののうち、文字、図形、記号、立体的形状若しくは色彩又はこれらの結合、音その他政令で定めるもの（以下「標章」という。）であつて、次に掲げるものをいう。
一 業として商品を生産し、証明し、又は譲渡する者がその商品について使用をするもの
二 業として役務を提供し、又は証明する者がその役務について使用をするもの（前号に掲げるものを除く.）
②前項第二号の役務には、小売及び卸売の業務において行われる顧客に対する便益の提供が含まれるものとする.

商標法の目的は、「商標の使用をする者の業務上の信用の維持を図り、もって産業の発達に寄与し、あわせて需要者の利益を保護すること」である。

「需要者」とは、最終的な消費者だけなく商取引を行う事業者も含まれる。「需要者の利益を保護」するとは、私たちが、ある有名なブランドのマークを見て、その企業の製品だと思って購入したとする。しかし、実際にはそのブランドのマークと全く関係のない企業の製品（模倣品）だった場合、購入した私たち（消費者）が不利益を被ったことになる。また、模倣品とは知らずに取り引きした事業者も不利益を被ったことになる。このようなことから、商標法では、「商標の使用をする者の業務上の信用の維持」を図り、「需要者の利益を保護」することを目的としている。

商標法上の「商標」とは、「人の知覚によって認識することができるもののうち、文字、図形、記号、立体的形状若しくは色彩又はこれらの結合、音その他政令で定めるもの（以下「標章」という。）」であり、「商品又は役務（サービス）について使用をするもの」と規定されている。平成27年4月に施行された商標法改正で、音の商標、位置の商標等の新たな商標が追加された。

商 標

● 商標は 標章（マーク等）と形のある商品や役務（サービス）の合体

※標章（マーク等）だけ、例えば、ラベルだけでは、商標ではない

・商標登録第4766195号で説明すると、商品区分数は5区分で権利を取得している。

1 標章（マーク等）は伊右衛門 ＋ 商品は第32区分「清涼飲料」
2 標章（マーク等）は伊右衛門 ＋ 商品は第30区分「茶」
3 標章（マーク等）は伊右衛門 ＋ 商品は第21区分「ガラス基礎製品など」
4 標章（マーク等）は伊右衛門 ＋ 商品は第20区分
　　　　　　　　　　　　「木製・竹製又はプラスチック製の包装用容器など」
5 標章（マーク等）は伊右衛門 ＋ 商品は第16区分
　　　　　　　　　　　　「懐紙及びその他の紙類 など」

商標は、標章（マーク等）と、形のある商品や役務（サービス）を合わせたものである。例として、サントリー食品インターナショナルが販売する「伊右衛門」の商標を紹介する。「伊右衛門」が標章であり、清涼飲料が商品となる。商標出願の際には、その標章をどの商品・サービスに使用するのかを必ず指定する。商標登録を確認すると、「伊右衛門」は、商品としては、清涼飲料、茶、ガラス基礎製品、木製・竹製またはプラスチック製の包装用容器などが商品として指定されている。商標出願の際、手続き的には一つの標章に対して複数の商品・役務を指定することができる。これは、出願手続きの簡素化のためである。

ちなみに、より正確に説明すれば、「伊右衛門」の商標権者は、京都にある株式会社福寿園であり、ここからサントリーにライセンスされている。

商 標

●山口大学の商標で説明
　登録商標　4804717号
　－標章－

－役務－　41類 大学における教授、献体に関する情報の提供、動物の調教、植物の供覧、電子出版物の提供、オンラインによる書籍の制作、映画の上映・制作又は配給、演劇の演出又は上演、音楽の演奏、放送番組の制作、教育・文化・娯楽・スポーツ用ビデオの制作等々・・・

●「商品・役務」は45類の区分に分類されている

出典：J-PlatPat　商標公報第4804707号から

商 標

●指定商品区分（例として第30類を下記に示す）　　　指定商品全体□☞

第30類　1　コーヒー　ココア
　2　コーヒー豆
　3　茶
　4　調味料
　5　香辛料
　6　食品香料（精油のものを除く。）
　7　米　脱穀済みのえん麦　脱穀済みの大麦
　8　食用粉類
　9　食用グルテン
　10　穀物の加工品
　11　ぎょうざ　しゅうまい　すし　たこ焼き　弁当　ホットドッグ　ミートパイ　ラビオリ
　12　菓子
　13　パン
　14　サンドイッチ　中華まんじゅう　ハンバーガー　ピザ
　15　即席菓子のもと
　16　アイスクリームのもと　シャーベットのもと
　17　イーストパウダー　こうじ　酵母　パスタソース　ベーキングパウダー
　18　氷
　19　アイスクリーム用凝固剤　家庭用食肉軟化剤　酒かす　ホイップクリーム用安定剤

商 標

●商標の種類

文字商標‥　YAMAGUCHI UNIVERSITY　　YUPASS
　　　　　　山口大学　　　ユーパス

図形商標‥

記号商標‥暖簾記号、文字を図案化.

立体商標‥　第4173103号
　　　　　出願日1997年4月1日

結合商標‥文字・図形・記号等の二つ以上の組み合わせ、
　　　　　文字と文字の組み合わせも結合商標.

出典：図はJ-PlatPat 商標検索から

山口大学のロゴマークも商標登録されている。商品区分としては4区分（類）が指定されており、商品としては第16類　事務用又は家庭用ののり及び接着剤、封ろう、印刷用インテル……等、第25類　被服、ズボンつり、履物……等の二区分、役務としては第41類　大学における教授、その他の技芸・スポーツ又は知識の教授……等、第44類　美容、理容、有害動物の防除、栄養の指導……等の二区分が登録されている。

　J-PlatPatを利用して、商標登録番号第4804717号で検索してみよう。

　指定商品・指定役務は、全体で45に区分されている。左図は第30類の例であり、このように区分（類）の中に同種類の商品名が細かく規定されている。

　第1類から第34類までが商品についての区分、第35類から第45類までが役務（サービス）についての区分である。

　左図は、商標の種類のうち、文字商標、図形商標、記号商標、立体商標および結合商標を表している。

　文字商標とは、文字のみから構成される標章と、商品または役務が合体したものである。文字は、片仮名や平仮名、漢字、ローマ字および外国語数字等によって表される（例：「山口大学」、「YUPASS」など）。

　図形商標とは、写実的なものから図案化されたものや幾何学的模様等の図形のみから構成される標章と、商品または役務が合体したものである（例：山口大学の学章「ヤマミィ」、「クロネコ」のマークなど）。記号商標とは、暖簾記号、仮名文字、アルファベット文字を輪郭で囲んだもの、文字を図案化し組み合わせた記号、記号的な紋章などの標章と、商品または役務が合体したものである（例：三菱のスリーダイヤなど）。

　立体商標とは、特殊な形状の包装容器や人形のように立体化した標章と、商品または役務が合体したものである（例：ぺこちゃん人形、カーネル・サンダース人形）。

　結合商標とは、文字と文字、図形と図形、図形・記号等と文字のように、二つ以上を組み合わせた標章と商品または役務が合体したものである。スライドの結合商標部分に表示している商標は、萩のちょんまげビールの商標である。アルファベット文字の「cyonmage、Yamaguchi hagi beer」と「侍の横顔図形」が結合した商標となっている。

商　標

●商標の種類

色彩の商標‥	図形等と色彩が結合したものではなく、色彩のみからなる商標
音の商標‥	音楽、音声、自然音等からなる商標
動きの商標‥	視覚的に認識できる図形等が時間によって変化して見える商標
ホログラムの商標‥	ホログラムに映し出される図形等が見る角度によって変化して見える商標
位置の商標‥	標章が常に商品の特定の位置に付されることによって、識別力を獲得する商標

商　標

●商標であることを示す印

①商品（有体物）について使用される印　　　例）ABC^{TM}

TM（Trademarkの略）

②役務（サービス）について使用される印　　例）OPQ^{SM}

SM（Servicemarkの略）

※TM、SMは単に「商標」の意味に過ぎない。したがって、登録していない商標や出願中の商標について付されることもある。TM、SMを付すこと自体に法律的な効果はなく、普通名称化して識別力がなくなってしまうことを防止するなどの効果が期待できる。

③商標権を取得した商品・役務について使用される印

Ⓡ（Registered Trademark：登録商標の意味）

※Ⓡは登録商標である旨の表示であるが、日本では表示の義務はなく商標権者の自由である。他者による登録商標の無断使用を防止、及び自身のブランドをアピールするなどの効果が期待できる。

例）XYZ[Ⓡ]　XYZ_Ⓡ

商標の機能

●商標の三大機能

平成27年4月から施行された商標法改正に伴い、色彩の商標、音の商標、動きの標章、ホログラムの商標および位置の商標が追加された。

　色彩の商標とは、色彩のみからなる標章（図形等と色彩が結合したものは除く）と、商品または役務が合体したものである（例：MONOケシゴムの「青・白・黒」の色彩、クリスチャン・ルブタンの靴の「赤色」の色彩など）。

　音の商標とは、音楽、音声および自然音等からなる標章と、商品または役務が合体したものである（例：久光製薬の「ヒサミツ」という音、アメリカンファミリー生命保険会社のアヒルの声で「アフラック」という音など）。動きの商標とは、視覚的に認識できる図形等が時間によって変化して見える標章と、商品または役務が合体したものである（例：例：エステーの「ひよこの動き」、20世紀フォックスの「20th CENTURY FOX」の動きなど）。

　ホログラムの商標とは、ホログラムに映し出される図形等が見る角度によって変化して見える標章と、商品または役務が合体したものである（例：クレジットカード等にある角度によって虹色の図形が表示されるホログラムなど）。

　位置の商標とは、常に商品の特定の位置に付されることによって識別力を獲得する標章と、商品または役務が合体したものである（例：日清食品のカップヌードルの商品包装側面の上方部と下方部の周縁に付されたストライプの図形）。

　商標であることを示すマークは、①商品（有体物）について使用される印「TM」（Trademark）、②役務（サービス）について使用される印「SM」（Servicemark）、③商標権を取得した商品・役務について使用される印「Ⓡ」（Registered Trademark：登録商標の意味）」である。TMとSMは単に「商標」の意味に過ぎないため、登録していない商標や出願中の商標についても付されることがある。TM、SMを付すこと自体に法律的な効果はなく、普通名称化して識別力がなくなることを防止する効果を期待して付す場合が見られる。Ⓡは登録商標である旨の表示である。日本では表示の義務はなく商標権者に任されている。Ⓡマークを表示することで、他社による登録商標の無断使用を防止する、自社のブランドをアピールするなどの効果が期待できる。

　商標の機能は、次の三種類である。

1．**出所表示機能**
　同じ商標を付した商品またはサービスは、同一の生産者、提供者によるものであることを示す機能のことである。自己の商品またはサービスを他人のものと区別するための役割があることから、自他商品・役務識別機能とも呼ばれる。

2．**品質保証機能**
　同じ商標を付した商品またはサービスは、いつも一定の品質または質を備えているという信頼を保証する機能のことである。

3．**広告機能**
　需要者や消費者にその生産者、提供者の商品またはサービスであることを伝え、購買、利用を喚起させる機能のことである。

　この中で、最も大事な機能は1の出所表示機能（自他商品・役務識別機能）である。

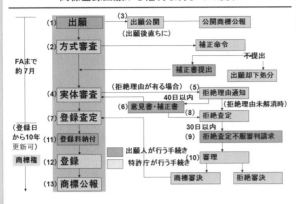

商標登録出願から権利取得までの流れ

```
                              (3)  出願公開          公開商標公報
          (1)  出願
                              (出願後直ちに)
          (2)  方式審査                   補正命令
                                                  不提出
FAまで                            補正書提出
約7月                                          出願却下処分
                    (拒絶理由が有る場合) (5)
          (4)  実体審査                   拒絶理由通知
                        (6)  意見書・補正書   40日以内
                                                  (拒絶理由未解消時)
(登録日      (7)  登録査定          (8)   拒絶査定
から10年)
更新可                                     30日以内
商標権     (11)  登録料納付          (9)   拒絶査定不服審判請求
          (12)  登録      出願人が行う手続き
                         特許庁が行う手続き (10)  審理
          (13)  商標公報
                                    商標審決      拒絶審決
```

商標権を取得するための要件

●積極的登録要件・・・自他商品・役務識別機能を担保する条件

第3条 自己の業務に係る商品又は役務について使用をする商標については、次に掲げる商標を除き、商標登録を受けることができる。
一 その商品又は役務の普通名称を普通に用いられる方法で表示する標章のみからなる商標
二 その商品又は役務について慣用されている商標
三 その商品の産地、販売地、品質、原材料、効能、用途、数量、形状（包装の形状を含む。）、価格若しくは生産若しくは使用の方法若しくは時期又はその役務の提供の場所、質、提供の用に供する物、効能、用途、数量、態様、価格若しくは提供の方法若しくは時期を普通に用いられる方法で表示する標章のみからなる商標
四 ありふれた氏又は名称を普通に用いられる方法で表示する標章のみからなる商標

商標権を取得するための要件

●積極的登録要件・・・自他商品・役務識別機能を担保する条件

五 極めて簡単で、かつ、ありふれた標章のみからなる商標
六 前各号に掲げるもののほか、需要者が何人かの業務に係る商品又は役務であることを認識することができない商標

2 前項第三号から第五号までに該当する商標であっても、使用をされた結果需要者が何人かの業務に係る商品又は役務であることを認識することができるものについては、同項の規定にかかわらず、商標登録を受けることができる.

商標登録は、特許出願手続とは異なり、出願審査請求手続きはない。出願後は、自動的に特許庁で実体審査が開始される。また、商標にも特許と同様に公開制度があるが、特許が出願後1年半経過後に公開されるのに対して、商標は出願後すぐに公開される。

商標権の権利存続期間は「登録日から10年」であるが、一定条件の下に更新登録が認められる。産業財産権のうち、権利存続期間の更新ができるのは商標権だけであり、その理由は商標制度の目的である、「業務上の信用の維持」を図り「需要者の利益を保護」するためには、必要に応じて永続的な利用を可能にすることが望ましいからである。例えば、有名ブランドの登録商標が「登録日から10年」で権利がなくなったと仮定すると、権利期間満了後は誰もがその商標を自由に使うことができるようになる。私たちは、このマーク（商標）に、商品やサービスの信頼を託しているが、その購入した製品が思っていたブランドの企業の製品ではない場合もあり得ることになる。

商標を使用する者が、指定している商品・役務を販売・提供し続けている限りは、その権利を存続させるほうが、公正な取引秩序が図れる可能性が高い。このように、業務上の信用の維持を図り、需要者の利益を保護するために、商標権は存続期間を更新できるようにしている。この10年毎の更新は不要となった商標を整理する機会を設けるという意味もある。

商標権を取得するための要件は、主に積極的登録要件と消極的登録要件がある。積極的登録要件とは、「自他商品・役務識別機能」を担保することである。すなわち、自他商品・役務識別機能（出所表示機能）のないマーク等は商標登録できない。この積極的登録要件を満たさないものとして、以下のものが挙げられる。

一、商品または役務（サービス）の普通名称

二、慣用されている名称

三、商品の産地、販売地、品質その他の特徴等の表示、または役務の提供の場所、質その他の特徴等の表示

四、ありふれた氏または名称

五、極めて簡便で、かつ、ありふれた標章

六、その他、識別力のないもの

一方、三～五に該当するものであっても、使用された結果、需要者が誰の業務に係る商品・役務であることを認識できるようになったものについては、商標登録を受けることができる。

商標権を取得するための要件

●消極的登録要件・・・公益的理由で登録を避ける必要がある

第4条 次に掲げる商標については、前条の規定にかかわらず、商標登録を受けることができない。
一 国旗、菊花紋章、勲章、褒章又は外国の国旗と同一又は類似の商標
二 パリ条約の同盟国、世界貿易機関の加盟国又は商標法条約の締約国の国の紋章その他の記章であって、経済産業大臣が指定するものと同一又は類似の商標
三 国際連合その他の国際機関を表示する標章であって経済産業大臣が指定するものと同一又は類似の商標　〜以下省略

●先願主義

第8条 同一又は類似の商品又は役務について使用をする同一又は類似の商標について異なった日に二以上の商標登録出願があったときは、最先の商標登録出願人のみがその商標について商標登録を受けることができる。

商標法第4条は、公益的理由で登録を避ける必要がある商標を規定している（消極的登録要件）。

例えば、国旗や国の紋章、国際機関を表示する標章などは、本来それを使用する必要がある者が占有すべきである。他の者がこのような標章を独占使用することを、公益的観点から排除するものである。

次に、商標権を取得する要件の一つに先願主義がある。

同一または類似の商品・役務について使用をする、同一または類似の標章について、二以上の出願があったときは、最先の出願人のみが商標登録を受けることができる。特許や意匠の先願主義に相当する規定である。

商標権の効力

●商標権の効力は「標章（マーク）」と「商品・役務」それぞれについて、同一と類似の範囲まで及ぶ

	標章同一	標章類似	標章非類似
商品役務同一	◎独占排他権	○排他権	×効力なし
商品役務類似	○排他権	○排他権	×効力なし
商品役務非類似	×効力なし	×効力なし	×効力なし

商標権の効力は、「標章」と「指定商品または指定役務」について、それぞれの同一と類似の範囲まで及ぶ。

標章と指定商品または指定役務のそれぞれが「同一」の場合には、独占・排他権（自分が使用でき、あわせて他者の使用を禁ずること）の効力がある。標章と指定商品または指定役務のいずれかが「類似」の場合には、排他権（他者の使用を禁ずること）のみ効力がある。商標の場合、それぞれ類似の範囲までは需要者に出所の混同を生じる可能性があるため、他者の使用を禁止している。前者の「独占」部分を「専用権」、後者の「排他」部分を「禁止権」と呼ぶことがある。権利者であれば、禁止権の部分を事実上使用することは可能であるが、登録商標の使用の実績とは認められない。

商標権の効力

●標章の類否判断基準

称呼類似	外観類似	観念類似

●商品の類否判断基準

生産部門の一致　　販売部数の一致　　原材料及び品質の一致
用途の一致　　需要者の範囲の一致
完成品と部品との関係にあるかどうか

●商品と役務の類否判断基準

商品の製造・販売と役務の提供が同一事業者によって行われているのが一般的であるかどうか
商品と役務の用途が一致するかどうか
商品の販売場所と役務の提供場所が一致するかどうか
需要者の範囲が一致するかどうか

標章の類否判断基準は三つある。称呼類似とは、呼び方、読み方が紛らわしいものをいう。例えば、バッファローとバッハローのようなものは称呼類似となる。外観類似とは、外見・態様が紛らわしいものをいう。観念類似とは、意味内容が紛らわしいものをいう。例えば、王様とKING、友達とFriendといったものである。

商品の類否判断基準は、生産部門の一致や販売部数の一致、原材料および品質の一致、用途の一致および需要者の範囲の一致などである。商品と役務の類否判断基準は、商品の製造・販売と役務の提供が同一事業者によって行われているのが一般的であるかどうか、商品と役務の用途が一致するかどうか、商品の販売場所と役務の提供場所が一致するかどうか、および需要者の範囲が一致するかどうかなどである。

商標権の効力を考える

●面白い恋人事件を検討する

「白い恋人®」 と 「面白い恋人」

（2011.11.28）
人気菓子「白い恋人®」を製造販売しているA社（札幌市）が
商標権を侵害されたとして、
菓子「面白い恋人」の製造販売元のB社（大阪市）などに
販売停止などを求めて提訴

 称呼類似
 外観類似
 観念類似
・市場、需要者の重複・・・陳列場所等々

具体的な事例として、「面白い恋人」事件を例に、商標権の効力について考えてみよう。面白い恋人事件とは、「白い恋人」を製造しているA社が、菓子「面白い恋人」を製造販売するB社を商標権侵害等で訴えた事件である。A社側は、「白い恋人」について一連の商標権を取得している。

「白い恋人」と「面白い恋人」の二つの標章の類似性について考えてみよう。ワークシート⑧の1で、「白い恋人」と「面白い恋人」の標章は、"類似していると思う"あるいは"類似していないと思う"のどちらかに○をつけ、そう考える理由を書いてみよう。

なお、この事件については、両社は和解（2013年2月13日）しているので最終的な判決は下されていない。

「面白い恋人」が「白い恋人」の商標権を侵害しているか否かについては、様々な理由により侵害判定は難しいという意見が見られた。興味のある人はぜひ、考えてもらいたい。主な和解内容は、「B社側は、2013年4月1日を目処に『面白い恋人』のパッケージデザインについて『白い恋人』と誤認混同の恐れがない内容に変更する。B社側は、『面白い恋人』の販売地域を、近畿6府県（大阪府、京都府、兵庫県、奈良県、滋賀県及び和歌山県）に限定する。 但し、北海道及び青森県を除く地域において、年間36回を上限とした期間1か月以内の催事での販売は例外とする。また、商品名の『面白い恋人』はそのまま使用してよい、和解に伴うB社側からA社への金銭支払いはない」とされた。

商標権の効力を考える

●実際には不正競争防止法での対応も検討すべき
第2条（定義）
　この法律において「不正競争」とは、次に掲げるものをいう。

一　他人の商品等表示（人の業務に係る氏名、商号、商標、標章、商品の容器若しくは包装その他の商品又は営業を表示するものをいう。以下同じ。）として*需要者の間に広く認識されている*ものと同一若しくは類似の商品等表示を使用し、又はその商品等表示を使用した商品を譲渡し、引き渡し、譲渡若しくは引渡しのために展示し、輸出し、輸入し、若しくは電気通信回線を通じて提供して、他人の商品又は営業と混同を生じさせる行為

二　自己の商品等表示として他人の*著名な*商品等表示と同一若しくは類似のものを使用し、又はその商品等表示を使用した商品を譲渡し、引き渡し、譲渡若しくは引渡しのために展示し、輸出し、輸入し、若しくは電気通信回線を通じて提供する行為

三　他人の商品の形態（当該商品の機能を確保するために不可欠な形態を除く。）を模倣した商品を譲渡し、貸し渡し、譲渡若しくは貸渡しのために展示し、輸出し、又は輸入する行為

本事件については、たとえ商標では非類似であったとしても、不正競争防止法に基づく不正競争行為になり得るとの見解がある（著名表示冒用行為：業務上の信用や商品等表示の周知・著名性へのフリーライド、またその著名性の希釈化からの保護）。

左図の条文を確認して、なぜそのような見解が存在するのか考えてみよう。

商標権の効力を考える

●A社の商標事例（一部）
【登録番号】第4778317号　【登録日】平成16年（2004）6月11日
【出願番号】商願2003－60719　【出願日】平成15年（2003）7月2日
【商標（検索用）】北海道銘菓＼白い恋人∞
CHOCOLAT BLANC ET LANGUE DE
CHAT∞Handmade ＆ Original∞Shiroi
＼Koibito∞ISHIYA＼GUARANTEED
【称呼】ホッカイドーメーカシロイコイビト、シロ
イコイビト、ショコラブランエラングドゥシャ、ハ
ンドメードアンドオリジナルシロイコイビト、イシ
ヤギャランティード、イシヤ
【ウィーン図形分類】1.15.17; 2.9.1.2;
5.5.19; 5.5.20; 5.5.22; 6.1.2; 25.1.5; 25.1.6;
25.1.25; 26.1.2; 26.1.18; 26.4.2; 26.4.7;
26.4.10; 26.4.15; 26.4.16; 26.4.18; 26.5.2;
26.5.4; 26.5.18
【類似群】30A01 【国際分類版表示】第8版
【区分数】1
【商品及び役務の区分並びに指定商品又は指定役務】
30 チョコレート、チョコレートを使用してなる菓子、チョコレートを使用してなるパン

出典：J-PlatPat　商標公報第4778317号から

左図は、商標登録されている石屋製菓側の商標の一例である。このように、白、青、金の色彩をベースに、パッケージ外側に近い周囲にリボン状のデザイン、中央のハート型の窓の中にモンブランの山岳図が表示されている。

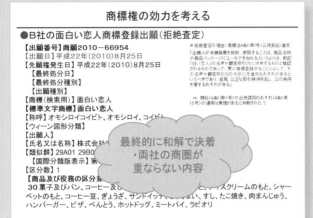

商標権の効力を考える

●B社の面白い恋人商標登録出願（拒絶査定）

【出願番号】商願2010−66954
【出願日】平成22年(2010)8月25日
【先願権発生日】平成22年(2010)8月25日
【最終処分日】
【最終処分種別】
【出願種別】
【商標（検索用）】面白い恋人
【標準文字商標】面白い恋人
【称呼】オモシロイコイビト、オモシロイ、コイビト
【ウィーン図形分類】
【出願人】
【氏名又は名称】株式会社〇〇〇〇
【類似群】29A01 29B0〇〇〇〇
【国際分類版表示】第〇〇〇
【区分数】1
【商品及び役務の区分並〇〇〇〇〇
　30 菓子及びパン、コーヒー及び〇〇〇〇〇、アイスクリームのもと、シャーベットのもと、コーヒー豆、ぎょうざ、サンドイッチ、〇〇〇まい、すし、たこ焼き、肉まんじゅう、ハンバーガー、ピザ、べんとう、ホットドッグ、ミートパイ、ラビオリ

最終的に和解で決着
・両社の商圏が
重ならない内容

※拒絶査定の理由：商標法4条1項7号（公序良俗）違反
「出願人が本願商標を採択、使用することは、商品名称や商品パッケージにユーモアを加えるというよりは、前記「白い恋人」の名声や顧客吸引力に便乗するものと認識されるものであって、更に信憑性を増すことによって、その名声や顧客吸引力の希釈化を進めるおそれがあるといろくおそれがあり、結局、公正な取引秩序を乱し、公の秩序を害するおそれがある」

⇒ 類似(4条1項11号)や出所混同のおそれ(4条1項15号)の適用は無理があると判断された？

出典：J-PlatPat 商標検索から

商標戦略の観点

●「うどん県」の商標戦略
　▲課題・・・香川県の「うどん県」商標を検索してみよう
　マスコミ報道の検討、正確な情報か、どの情報を補充すべきか。
　香川県「うどん県」商標登録の態様？　標準文字か図形商標か？

　▲香川県の「うどん県」商標の戦略を考えてみよう
　　　　　　　　　　　　YouTube® : https://www.youtube.com/
　　　　　　　　　　　　※検索してみよう。

香川県　うどん県にようこそ 👉　　　うどん県

要潤 ダバダ「2013年のうどん県」👉　要潤 ダバダ

「うどん県」新作PR動画発表 👉　　「うどん県」新作PR動画

商標戦略の観点

●「うどん県」関連の商標出願

標準文字商標
「うどん県」

指定商品又は指摘役務
30 穀物の加工品 etc.
39 企画旅行の実施 etc.
43 宿泊施設の提供 etc.

出典：J-PlatPat　商標公報第5516559号から

一方、B社側は「面白い恋人」の標準文字商標登録出願をしていたが、最終的に登録は認められなかった。理由は、公序良俗違反（商標法4条1項7号）であった。このことから、特許庁でも「面白い恋人」を、先願商標との類似（商標法4条1項11号）や、出所の混同のおそれ（商標法4条1項15号）があるとして拒絶するのは無理があると判断したと推測される。これは、「白い恋人」と「面白い恋人」が商標法上は非類似と考える一つの事例であろう。

　次に、商標を用いたブランディング戦略を考えてみよう。

　みなさんは、「うどん県」をご存じだろうか。中には「香川県は、うどん県に改名しました」というCMを視聴した方もいるかも知れない。この、「うどん県」の一連の商標は香川県が商標登録している（指定商品又は指定役務：穀物の加工品、食用粉類等）。

　香川県は、2011年10月から「うどん県」PRプロジェクトをスタートさせている。県の認知度アップ、イメージアップを図る情報発信事業で、うどん県という商標をメインテーマに県のPR戦略、ブランディングに活用している。

　当時、セルフ式うどん店の全国チェーン展開、映画「UDON」などの影響で「さぬきうどん」は全国的にも認知度が高くなっていた。一方、香川県自体の認知度は、平成22年度の都道府県の地域ブランド調査で24位と低迷していた。そこで、「香川県は『うどん県』に改名しました」というキャッチコピーを掲げ、県出身のタレントを「うどん県副知事」に起用した。また、東京・霞が関の郵便事業会社を訪問し「うどん県」と宛先に書けば、郵便物が届くように要望したりもしている。

　CMの動画は、YouTube®等で確認していただきたい。その後も、2012年3月には高松駅に「さぬき高松うどん駅」、宇高国道フェリーに「宇高うどんフェリー」という愛称をつけ、県内の空港や主要観光地で「うどん県パスポート」なるものも発行し、その他の取り組みと併せてブランド価値の向上を進めている。

　「うどん県」の登録商標を順に確認する。

　図は、「うどん県」の文字商標であり、標準文字商標として権利化されている。なお、標準文字による登録とは、明朝体であろうが、POP体であろうが、解読できる書体であれば、どの書体でも「うどん県」と記述されていたら権利範囲になるということである。

　商標権者は香川県、登録番号：商標登録第5516559号、登録日は平成24年8月24日である。

　指定商品または指定役務は、

　第30類　穀物の加工品、食用粉類、茶、菓子、パン、調味料、香辛料、弁当

　第39類　企画旅行の実施、旅行者の案内、などである。

出典：J-PlatPat　商標公報第 5540877 号
第 5540875 号　第 5540876 号　第 5544210 号から

「うどん県」関連商標は、他にもいくつか登録されている。

　右上の標章が、「うどん県バッチ」に使用されているものである。左上は、商標策定の一つのバラエティーとして、いわゆる「キモカワキャラクター」を狙っていると考えられる。右下は、WEB検索されることを想定して、地図による香川県の位置表示の上に「うどん県」検索ボックスを重ねている。これにより、指定商品についての商標使用の態様であれば、このような画面を他社が利用することを阻止することができる。これらは、商標登録番号第5540877号、商標登録第5540875号、商標登録第5540876号、商標登録第5544210号であり、J-PlatPatで、これらの商標公報を検索して出願日や指定商品を確認しよう。

出典：J-PlatPat　商標公報第 5516559 号から

　図も、うどん県に関連する登録商標である。地図による香川県の位置表示の上に「うどん県それだけじゃない香川県」と表記している。前スライドと冒頭スライドで表示した商標の出願日に着目してほしい。冒頭の標準文字商標（商標登録第5516559）の商標登録出願日は、平成24年3月2日である。前スライド4件の出願日と、本スライドの出願日は、平成24年6月11日である。後者も、権利者は全て香川県である。平成24年3月2日に、先行して標準文字商標の出願を行い、その後にいくつかのパターンで戦略的な出願をしていることがわかる。特に、本スライドの出願は「うどん県」のブランディングが定着することを前提に、そのイメージを逆に利用した優れた出願であると考えられる。

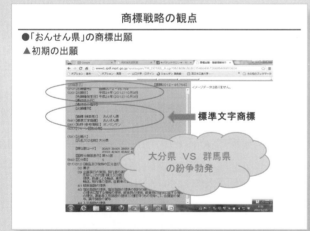

出典：J-PlatPat 商標検索から

　香川県の「うどん県」に続いて、大分県が「おんせん県」（標準文字）で商標出願した。しかしながら、「おんせん県」は、「うどん県」と違い、商標登録が認められなかった。なぜだろう。その理由は、「おんせん県」は「温泉を多く有している県を紹介する言葉として既に広く使用されている」、「『多数の温泉を有する県』という意味しかないと判断される」、つまり、「おんせん県」と聞いても大分県を思い浮かべることが難しく他の県と区別できなかったからである。

　うどん県の場合は、「うどん」と「県」はそれぞれ普通名称やありふれた漢字一文字であるが、これを組み合わせた「うどん県」はありふれた組み合わせではなく、商品・役務の識別力があると判断された。

商標戦略の観点

●「おんせん県」の商標出願

【登録番号】第5628132号　　【登録日】平成25年(2013)11月8日
【出願日】平成25年(2013)5月29日
【商標(検索用)】§OITA∞おんせん県おおいた
【権利者】【氏名又は名称】大分県
【商品及び役務の区分並びに指定商品又は指定役務】
30 菓子
39 企画旅行の実施,旅行者の案内,旅行に関する契約(宿泊に関するものを除く。)の代理・媒介又は取次ぎ,観光業務,地域観光に関する情報の提供,鉄道による輸送,車両による輸送,船舶による輸送,航空機による輸送,飛行場の提供,自動車の貸与,自転車の貸与
41 娯楽施設の提供
43 大分県における宿泊施設の提供,宿泊施設の提供の契約の媒介又は取次ぎ,宿泊施設の提供に関する情報の提供,飲食物の提供,飲食物の提供に関する情報の提供,高齢者入所施設の提供(介護を伴うものを除く。),会議室の貸与,展示施設の貸与
44 大分県における入浴施設の提供

 おんせん県おおいた

出典：J-PlatPat　商標公報第5628132号から

大分県は、「おんせん県（標準文字）」の商標登録出願では商標権を取ることができなかった。そこで、新たに「ふろおけ」から出る湯気にローマ字OITAをあしらった図柄と「おんせん県おおいた」の文字を組み合せた結合商標として商標出願を行い、商標権を取得したのである。

指定商品・指定役務は、菓子、企画旅行の実施、娯楽施設の提供、宿泊施設の提供、入浴施設の提供などである。

商標戦略の観点

●「おんせん県」

自虐ネタCMでも復活

おんせん県って言っちゃいましたけん！ CMシリーズ総集編 👉

大分県 おんせん県おおいた 👉

おんせん県って言っちゃいましたけん！CMシリーズ予告動画 👉

⬇

おんせん県おおいた：http://onsenkenoita.com/

※アクセスして、CMをみてみよう。

そして、登録された商標を使ったPR活動を始めている。

「滑って転んで大痛（大分）県」、といった自虐ネタのCMがまだ記憶に新しい。2013年10月当時、大分県はCMによる宣伝効果は4.7億円に上ると発表している。大分県では、その後も継続的に「おんせん県おおいた」のPR動画を制作し、2015年バージョンの「シンフロ篇」（お風呂でシンクロ）が再び話題となった。「おんせん県おおいた」ホームページ（http://onsenkenoita.com/）を参照いただきたい。

大分県は、「おんせん県」（標準文字）では商標権が取れなかったが、それを逆手に取った県のPR活動には成功したといえる。

自分の出身県や市の特産品や商品、観光地をPRしたい場合、自分ならどのような戦略が考えるだろうか。自分が県や市の職員・担当者であるとして、その立場から考えてみよう。

自分の出身地域の情報（場所、歴史、文化、特産品、観光地など）を、ワークシート⑧の2①に書き出してみよう。その中から自分がブランディングしたい対象を選び、ブランディングに用いたい標章（マーク等）を考えよう。

そして、できるだけ具体的な戦略として、誰に、何を、どのようにしてPR等するのかについて考え、ワークシート⑧の2②に書いてみよう。

商標戦略の観点

●団体商標

｟団体が使用するのではなく、団体の構成員に使用させる｠ ➡ ｟地域おこしや特定の業界の活性化のため｠

長野県味噌工業協同組合(登録番号 第5279186号)
 信州味噌
（地域名＋商品）

⬅ 原則、地域の産地表示(信州)のみの標章は、商標登録できないが(3条1項3号)、全国周知となれば、自他商品の識別力を発揮するために商標登録可能(3条2項)となる。

第七条（団体商標）
一般社団法人その他の社団（法人格を有しないもの及び会社を除く。）若しくは事業協同組合その他の特別の法律により設立された組合（法人格を有しないものを除く。）又はこれらに相当する外国の法人は、その構成員に使用をさせる商標について、団体商標の商標登録を受けることができる。
2　前項の場合における第三条第一項の規定の適用については、同項中「自己の」とあるのは、「自己又はその構成員の」とする。
3　第一項の規定により団体商標の商標登録を受けようとする者は、第五条第一項の商標登録出願において、商標登録出願人が第一項に規定する法人であることを証明する書面を特許庁長官に提出しなければならない。

地域おこしや特定の業界の活性化のために、団体が中心となって、独自ブランドによる特産品作りをする場合に利用できる制度として、「団体商標制度」がある（平成9年4月1日運用開始）。「団体商標」とは、団体が使用するのではなくその団体の構成員に使用させる商標のことである。団体商標の登録を受けることができる者は、社団（法人格を有しないものおよび会社を除く）、特別の法律により設立された組合（例えば、農業組合法により設立された農業協同組合）などである。団体商標における標章は「文字、図形等及びこれらの結合並びにこれらと色彩との結合」から構成されるもので、指定商品・役務も原則としてなんら限定されるものではない。地域との密接関連性も特に必要ない。

商標戦略の観点

●地域団体商標

地域ブランドへの期待
が全国的に盛ん

→

地域ブランドは、地域名＋商
品からなる商標が多い

↓ しかし

地域おこしや特定の業
界の活性化のために

← そこで

自他商品の識別力がない
ために商標権は与えられない
（3条1項3号,6号）

団体商標に比べて周知性の
程度（隣接県）を下げて商標
登録を可能とした（全国周知
である必要はない）

仙台味噌 登録番号（第5032789号）

宮城県味噌醤油工業協同組合

第七条の二（地域団体商標）
事業協同組合その他の特別の法律により設立された組合（法人格を有しないもの
を除き、当該特別の法律において、正当な理由がないのに、構成員たる資格を有す
る者の加入を拒み、又はその加入につき現在の構成員が加入の際に付されたよりも
困難な条件を付してはならない旨の定めのあるものに限る。）、

　団体商標制度の他に、地域ブランドの育成に資すること
を目的とした「地域団体商標制度」がある（平成18年4月
1日運用開始）。「地域団体商標」とは、地域の名称および
商品または役務の名称等からなる商標である（例：仙台味
噌）。この地域団体商標は、団体商標で求めていた全国周知
という周知性の程度を下げたこと（隣接県で周知される程
度）で登録が容易になった。

これからの知財入門 第4版

～変革の時代の普遍的知識～

2023年3月17日　第4版第1刷発行

著者	国立大学法人 山口大学
	大学研究推進機構 知的財産センター
第4版 企画編集	木村友久、小川明子、生田容景、
	陳内秀樹、クチコロフ・ミルショド
発行者	中野 淳
発行	株式会社日経BP
発売	株式会社日経BPマーケティング
	〒105-8308 東京都港区虎ノ門4-3-12
装丁・制作	斎藤 直樹
印刷・製本	図書印刷株式会社

本書の無断複写・複製（コピー等）は著作権法上の例外を除き、禁じられています。
購入者以外の第三者による電子データ化および電子書籍化は、私的使用を含め一切
認められておりません。

ISBN 978-4-296-20195-2

表紙写真　　　　Getty Images

©国立大学法人 山口大学 大学研究推進機構 知的財産センター 2023
Printed in Japan

付録

条文

著作権法
特許法
意匠法
商標法

ワークシート ①〜⑧
宿題レポート ①〜⑧

昭和四十五年法律第四十八号

著作権法（抄録）

第一章　総則

第一節　通則

（目的）

第一条　この法律は、著作物並びに実演、レコード、放送及び有線放送に関し著作者の権利及びこれに隣接する権利を定め、これらの文化的所産の公正な利用に留意しつつ、著作者等の権利の保護を図り、もつて文化の発展に寄与することを目的とする。

（定義）

第二条　この法律において、次の各号に掲げる用語の意義は、当該各号に定めるところによる。
　一　**著作物**　思想又は感情を創作的に表現したものであつて、文芸、学術、美術又は音楽の範囲に属するものをいう。
　二　**著作者**　著作物を創作する者をいう。
　三　**実演**　著作物を、演劇的に演じ、舞い、演奏し、歌い、口演し、朗詠し、又はその他の方法により演ずること（これらに類する行為で、著作物を演じないが芸能的な性質を有するものを含む。）をいう。

　四　**実演家**　俳優、舞踊家、演奏家、歌手その他実演を行う者及び実演を指揮し、又は演出する者をいう。
　五　**レコード**　蓄音機用音盤、録音テープその他の物に音を固定したもの（音を専ら影像とともに再生することを目的とするものを除く。）をいう。
　六　**レコード製作者**　レコードに固定されている音を最初に固定した者をいう。
　七　**商業用レコード**　市販の目的をもつて製作されるレコードの複製物をいう。
　七の二　**公衆送信**　公衆によつて直接受信されることを目的として無線通信又は有線電気通信の送信（電気通信設備で、その一の部分の設置の場所が他の部分の設置の場所と同一の構内（その構内が二以上の者の占有に属している場合には、同一の者の占有に属する区域内）にあるものによる送信（プログラムの著作物の送信を除く。）を除く。）を行うことをいう。
　八　**放送**　公衆送信のうち、公衆によつて同一の内容の送信が同時に受信されることを目的として行う無線通信の送信をいう。
　九　**放送事業者**　放送を業として行う者をいう。
　九の二　**有線放送**　公衆送信のうち、公衆によつて同一の内容の送信が同時に受信されることを目的として行う有線電気通信の送信をいう。
　九の三　**有線放送事業者**　有線放送を業として行う者をいう。
　九の四　**自動公衆送信**　公衆送信のうち、公衆からの求めに応じ自動的に行うもの（放送又は有線放送に該当するものを除く。）をいう。
　九の五　**送信可能化**　次のいずれかに掲げる行為により自動公衆送信し得るようにすることをいう。
　　イ　公衆の用に供されている電気通信回線に接続している自動公衆送信装置（公衆の用に供する電気通信回線に接続することにより、その記録媒体のうち自動公衆送信の用に供する部分（以下この号において「公衆送信用記録媒体」という。）に記録され、又は当該装置に入力される情報を自動公衆送信する機能を有する装置をいう。以下同じ。）の公衆送信用記録媒体に情報を記録し、情報が記録された記録媒体を当該自動公衆送信装置の公衆送信用記録媒体として加え、若しくは情報が記録された記録媒体を当該自動公衆送信装置の公衆送信用記録媒体に変換し、又は当該自動公衆送信装置に情報を入力すること。
　　ロ　その公衆送信用記録媒体に情報が記録され、又は当該自動公衆送信装置に情報が入力されている自動公衆送信装置について、公衆の用に供されている電気通信回線への接続（配線、自動公衆送信装置の始動、送受信用プログラムの起動その他の一連の行為により行われる場合には、当該一連の行為のうち最後のものをいう。）を行うこと。
　九の六　**特定入力型自動公衆送信**　放送を受信して同時に、公衆の用に供されている電気通信回線に接続している自動公衆送信装置に情報を入力することにより行う自動公衆送信（当該自動公衆送信のために行う送信可能化を含む。）をいう。
　九の七　**放送同時配信等**　放送番組又は有線放送番組の自動公衆送信（当該自動公衆送信のために行う送信可能化を含む。以下この号において同じ。）のうち、次のイからハまでに掲げる要件を備えるもの（著作者、出版権者若しくは著作隣接権者（以下「著作権者等」という。）の利益を不当に害するおそれがあるもの又は広く国民が容易に視聴することが困難なものとして文化庁長官が総務大臣と協議して定めるもの及び特定入力型自動公衆送信を除く。）をいう。
　　イ　放送番組の放送又は有線放送番組の有線放送が行われた日から一週間以内（当該放送番組又は有線放送番組が同一の名称の下に一定の間隔で連続して放送され、又は有線放送されるものであつてその間隔が一週間を超えるものである場合には、一月以内でその間隔に応じて文化庁長官が定める期間内）に行われるもの（当該放送又は有線放送が行われるより前に行われるものを除く。）であること。
　　ロ　放送番組又は有線放送番組の内容を変更しないで行われるもの（著作権者等から当該自動公衆送信に係る許諾が得られていない部分を表示しないことその他のやむを得ない事情により変更されたものを除く。）であること。
　　ハ　当該自動公衆送信を受信して行う放送番組又は有線放送番組のデジタル方式の複製を防止し、又は抑止するための措置として文部科学省令で定めるものが講じられているものであること。

九の八　**放送同時配信等事業者**　人的関係又は資本関係において文化庁長官が定める密接な関係（以下単に「密接な関係」という。）を有する放送事業者又は有線放送事業者から放送番組又は有線放送番組の供給を受けて放送同時配信等を業として行う事業者をいう。

十　**映画製作者**　映画の著作物の製作に発意と責任を有する者をいう。

十の二　**プログラム**　電子計算機を機能させて一の結果を得ることができるようにこれに対する指令を組み合わせたものとして表現したものをいう。

十の三　**データベース**　論文、数値、図形その他の情報の集合物であつて、それらの情報を電子計算機を用いて検索することができるように体系的に構成したものをいう。

十一　**二次的著作物**　著作物を翻訳し、編曲し、若しくは変形し、又は脚色し、映画化し、その他翻案することにより創作した著作物をいう。

十二　**共同著作物**　二人以上の者が共同して創作した著作物であつて、その各人の寄与を分離して個別的に利用することができないものをいう。

十三　**録音**　音を物に固定し、又はその固定物を増製することをいう。

十四　**録画**　影像を連続して物に固定し、又はその固定物を増製することをいう。

十五　**複製**　印刷、写真、複写、録音、録画その他の方法により有形的に再製することをいい、次に掲げるものについては、それぞれ次に掲げる行為を含むものとする。

イ　脚本その他これに類する演劇用の著作物　当該著作物の上演、放送又は有線放送を録音し、又は録画すること。

ロ　建築の著作物　建築に関する図面に従つて建築物を完成すること。

十六　**上演**　演奏（歌唱を含む。以下同じ。）以外の方法により著作物を演ずることをいう。

十七　**上映**　著作物（公衆送信されるものを除く。）を映写幕その他の物に映写することをいい、これに伴つて映画の著作物において固定されている音を再生することを含むものとする。

十八　**口述**　朗読その他の方法により著作物を口頭で伝達すること（実演に該当するものを除く。）をいう。

十九　**頒布**　有償であるか又は無償であるかを問わず、複製物を公衆に譲渡し、又は貸与することをいい、映画の著作物又は映画の著作物において複製されている著作物にあつては、これらの著作物を公衆に提示することを目的として当該映画の著作物の複製物を譲渡し、又は貸与することを含むものとする。

二十　**技術的保護手段**　電子的方法、磁気的方法その他の人の知覚によつて認識することができない方法（次号及び第二十二号において「電磁的方法」という。）により、第十七条第一項に規定する著作者人格権若しくは著作権、出版権又は第八十九条第一項に規定する実演家人格権若しくは同条第六項に規定する著作隣接権（以下この号、第三十条第一項第二号、第百十三条第七項並びに第百二十条の二第一号及び第四号において「著作権等」という。）を侵害する行為の防止又は抑止（著作権等を侵害する行為の結果に著しい障害を生じさせることによる当該行為の抑止をいう。第三十条第一項第二号において同じ。）をする手段（著作権等を有する者の意思に基づくことなく用いられているものを除く。）であつて、著作物、実演、レコード、放送又は有線放送（以下「著作物等」という。）の利用（著作者又は実演家の同意を得ないで行つたとしたならば著作者人格権又は実演家人格権の侵害となるべき行為を含む。）に際し、これに用いられる機器が特定の反応をする信号を記録媒体に記録し、若しくは送信する方式又は当該機器が特定の変換を必要とするよう著作物、実演、レコード若しくは放送若しくは有線放送に係る音若しくは影像を変換して記録媒体に記録し、若しくは送信する方式によるものをいう。

二十一　**技術的利用制限手段**　電磁的方法により、著作物等の視聴（プログラムの著作物にあつては、当該著作物を電子計算機において実行する行為を含む。以下この号及び第百十三条第三項において同じ。）を制限する手段（著作権者等の意思に基づくことなく用いられているものを除く。）であつて、著作物等の視聴に際し、これに用いられる機器が特定の反応をする信号記録媒体に記録し、若しくは送信する方式又は当該機器が特定の変換を必要とするよう著作物、実演、レコード若しくは放送若しくは有線放送に係る音若しくは影像を変換して記録媒体に記録し、若しくは送信する方式によるものをいう。

二十二　**権利管理情報**　第十七条第一項に規定する著作者人格権若しくは著作権、出版権又は第八十九条第一項から第四項までの権利（以下この号において「著作権等」という。）に関する情報であつて、イからハまでのいずれかに該当するもののうち、電磁的方法により著作物、実演、レコード又は放送若しくは有線放送に係る音若しくは影像とともに記録媒体に記録され、又は送信されるもの（著作物等の利用状況の把握、著作物等の利用の許諾に係る事務処理その他の著作物等の管理（電子計算機によるものに限る。）に用いられていないものを除く。）をいう。

イ　著作物等、著作権等を有する者その他政令で定める事項を特定する情報

ロ　著作物等の利用を許諾する場合の利用方法及び条件に関する情報

ハ　他の情報と照合することによりイ又はロに掲げる事項を特定することができることとなる情報

二十三　**著作権等管理事業者**　著作権等管理事業法（平成十二年法律第百三十一号）第二条第三項に規定する著作権等管理事業者をいう。

二十四　**国内**　この法律の施行地をいう。

二十五　**国外**　この法律の施行地外の地域をいう。

2　この法律にいう「美術の著作物」には、美術工芸品を含むものとする。

3　この法律にいう「映画の著作物」には、映画の効果に類似する視覚的又は視聴覚的効果を生じさせる方法で表現され、かつ、物に固定されている著作物を含むものとする。

4　この法律にいう「写真の著作物」には、写真の製作方法に類似する方法を用いて表現される著作物を含むものとする。

5　この法律にいう「公衆」には、特定かつ多数の者を含むものとする。

6　この法律にいう「法人」には、法人格を有しない社団又は財団で代表者又は管理人の定めがあるものを含むものとする。

7　この法律において、「上演」、「演奏」又は「口述」には、著作物の上演、演奏又は口述で録音され、又は録画されたものを再生すること（公衆送信又は上映に該当するものを除く。）及び著作物の上演、演奏又は口述を電気通信設備を用いて伝達すること（公衆送信に該当するものを除く。）を含むものとする。

8　この法律にいう「貸与」には、いずれの名義又は方法をもつてするかを問わず、これと同様の使用の権原を取得させる行為を含むものとする。

9　この法律において、第一項第七号の二、第八号、第九号の二、第九号の四、第九号の五、第九号の七若しくは第十三号から第十九号まで又は前二項に掲げる用語については、それぞれこれらを動詞の語幹として用いる場合を含むものとする。

第二章　著作者の権利

第一節　著作物

（著作物の例示）

第十条　この法律にいう著作物を例示すると、おおむね次のとおりである。

一　小説、脚本、論文、講演その他の言語の著作物

二　音楽の著作物

三　舞踊又は無言劇の著作物

四　絵画、版画、彫刻その他の美術の著作物

五　建築の著作物

六　地図又は学術的な性質を有する図面、図表、模型その他の図形の著作物

七　映画の著作物

八　写真の著作物

九　プログラムの著作物

2　事実の伝達にすぎない雑報及び時事の報道は、前項第一号に掲げる著作物に該当しない。

3　第一項第九号に掲げる著作物に対するこの法律による保護は、その著作物を作成するために用いるプログラム言語、規約及び解法に及ばない。この場合において、これらの用語の意義は、次の各号に定めるところによる。

一　プログラム言語　プログラムを表現する手段としての文字その他の記号及びその体系をいう。

二 規約 特定のプログラムにおける前号のプログラム言語の用法についての特別の約束をいう。
三 解法 プログラムにおける電子計算機に対する指令の組合せの方法をいう。

(二次的著作物)
第十一条 二次的著作物に対するこの法律による保護は、その原著作物の著作者の権利に影響を及ぼさない。

(編集著作物)
第十二条 編集物(データベースに該当するものを除く。以下同じ。)でその素材の選択又は配列によつて創作性を有するものは、著作物として保護する。
2 前項の規定は、同項の編集物の部分を構成する著作物の著作者の権利に影響を及ぼさない。

(データベースの著作物)
第十二条の二 データベースでその情報の選択又は体系的な構成によつて創作性を有するものは、著作物として保護する。
2 前項の規定は、同項のデータベースの部分を構成する著作物の著作者の権利に影響を及ぼさない。

(権利の目的とならない著作物)
第十三条 次の各号のいずれかに該当する著作物は、この章の規定による権利の目的となることができない。
一 憲法その他の法令
二 国若しくは地方公共団体の機関、独立行政法人(独立行政法人通則法(平成十一年法律第百三号)第二条第一項に規定する独立行政法人をいう。以下同じ。)又は地方独立行政法人(地方独立行政法人法(平成十五年法律第百十八号)第二条第一項に規定する地方独立行政法人をいう。以下同じ。)が発する告示、訓令、通達その他これらに類するもの
三 裁判所の判決、決定、命令及び審判並びに行政庁の裁決及び決定で裁判に準ずる手続により行われるもの
四 前三号に掲げるものの翻訳物及び編集物で、国若しくは地方公共団体の機関、独立行政法人又は地方独立行政法人が作成するもの

第二節 著作者
(職務上作成する著作物の著作者)
第十五条 法人その他使用者(以下この条において「法人等」という。)の発意に基づきその法人等の業務に従事する者が職務上作成する著作物(プログラムの著作物を除く。)で、その法人等が自己の著作の名義の下に公表するものの著作者は、その作成の時における契約、勤務規則その他に別段の定めがない限り、その法人等とする。
2 法人等の発意に基づきその法人等の業務に従事する者が職務上作成するプログラムの著作物の著作者は、その作成の時における契約、勤務規則その他に別段の定めがない限り、その法人等とする。

(映画の著作物の著作者)
第十六条 映画の著作物の著作者は、その映画の著作物において翻案され、又は複製された小説、脚本、音楽その他の著作物の著作者を除き、制作、監督、演出、撮影、美術等を担当してその映画の著作物の全体的形成に創作的に寄与した者とする。ただし、前条の規定の適用がある場合は、この限りでない。

第三節 権利の内容
第一款 総則
(著作者の権利)
第十七条 著作者は、次条第一項、第十九条第一項及び第二十条第一項に規定する権利(以下「著作者人格権」という。)並びに第二十一条から第二十八条までに規定する権利(以下「著作権」という。)を享有する。
2 著作者人格権及び著作権の享有には、いかなる方式の履行をも要しない。

第二款 著作者人格権
(公表権)

第十八条 著作者は、その著作物でまだ公表されていないもの(その同意を得ないで公表された著作物を含む。以下この条において同じ。)を公衆に提供し、又は提示する権利を有する。当該著作物を原著作物とする二次的著作物についても、同様とする。
(略)

(氏名表示権)
第十九条 著作者は、その著作物の原作品に、又はその著作物の公衆への提供若しくは提示に際し、その実名若しくは変名を著作者名として表示し、又は著作者名を表示しないこととする権利を有する。その著作物を原著作物とする二次的著作物の公衆への提供又は提示に際しての原著作物の著作者名の表示についても、同様とする。
(略)

(同一性保持権)
第二十条 著作者は、その著作物及びその題号の同一性を保持する権利を有し、その意に反してこれらの変更、切除その他の改変を受けないものとする。
(略)

第三款 著作権に含まれる権利の種類
(複製権)
第二十一条 著作者は、その著作物を複製する権利を専有する。

(上演権及び演奏権)
第二十二条 著作者は、その著作物を、公衆に直接見せ又は聞かせることを目的として(以下「公に」という。)上演し、又は演奏する権利を専有する。

(上映権)
第二十二条の二 著作者は、その著作物を公に上映する権利を専有する。

(公衆送信権等)
第二十三条 著作者は、その著作物について、公衆送信(自動公衆送信の場合にあつては、送信可能化を含む。)を行う権利を専有する。
2 著作者は、公衆送信されるその著作物を受信装置を用いて公に伝達する権利を専有する。

(口述権)
第二十四条 著作者は、その言語の著作物を公に口述する権利を専有する。

(展示権)
第二十五条 著作者は、その美術の著作物又はまだ発行されていない写真の著作物をこれらの原作品により公に展示する権利を専有する。

(頒布権)
第二十六条 著作者は、その映画の著作物をその複製物により頒布する権利を専有する。
2 著作者は、映画の著作物において複製されているその著作物を当該映画の著作物の複製物により頒布する権利を専有する。

(譲渡権)
第二十六条の二 著作者は、その著作物(映画の著作物を除く。以下この条において同じ。)をその原作品又は複製物(映画の著作物において複製されている著作物にあつては、当該映画の著作物の複製物を除く。以下この条において同じ。)の譲渡により公衆に提供する権利を専有する。
2 前項の規定は、著作物の原作品又は複製物で次の各号のいずれかに該当するものの譲渡による場合には、適用しない。
一 前項に規定する権利を有する者又はその許諾を得た者により公衆に譲渡された著作物の原作品又は複製物
二 第六十七条第一項若しくは第六十九条の規定による裁定又は万国著作権条約の実施に伴う著作権法の特例に関する法律(昭和三十一年法律第八十六号)第五条第一項の規定による許可を受けて公衆に譲渡された著作物の複製物
三 第六十七条の二第一項の規定の適用を受けて公衆に譲渡された著作物の複製物

四　前項に規定する権利を有する者又はその承諾を得た者により特定かつ少数の者に譲渡された著作物の原作品又は複製物

五　国外において、前項に規定する権利に相当する権利を害することなく、又は同項に規定する権利に相当する権利を有する者若しくはその承諾を得た者により譲渡された著作物の原作品又は複製物

（貸与権）

第二十六条の三　著作者は、その著作物（映画の著作物を除く。）をその複製物（映画の著作物において複製されている著作物にあつては、当該映画の著作物の複製物を除く。）の貸与により公衆に提供する権利を専有する。

（翻訳権、翻案権等）

第二十七条　著作者は、その著作物を翻訳し、編曲し、若しくは変形し、又は脚色し、映画化し、その他翻案する権利を専有する。

（二次的著作物の利用に関する原著作者の権利）

第二十八条　二次的著作物の原著作物の著作者は、当該二次的著作物の利用に関し、この款に規定する権利で当該二次的著作物の著作者が有するものと同一の種類の権利を専有する。

第四款　映画の著作物の著作権の帰属

第二十九条　映画の著作物（第十五条第一項、次項又は第三項の規定の適用を受けるものを除く。）の著作権は、その著作者が映画製作者に対し当該映画の著作物の製作に参加することを約束しているときは、当該映画製作者に帰属する。

（略）

第五款　著作権の制限

（私的使用のための複製）

第三十条　著作権の目的となつている著作物（以下この款において単に「著作物」という。）は、個人的に又は家庭内その他これに準ずる限られた範囲内において使用すること（以下「私的使用」という。）を目的とするときは、次に掲げる場合を除き、その使用する者が複製することができる。

一　公衆の使用に供することを目的として設置されている自動複製機器（複製の機能を有し、これに関する装置の全部又は主要な部分が自動化されている機器をいう。）を用いて複製する場合

二　技術的保護手段の回避（第二条第一項第二十号に規定する信号の除去若しくは改変（記録又は送信の方式の変換に伴う技術的な制約による除去又は改変を除く。）を行うこと又は同号に規定する特定の変換を必要とするよう変換された著作物、実演、レコード若しくは放送若しくは有線放送に係る音若しくは影像の復元（著作権等を有する者の意思に基づいて行われるものを除く。）を行うことにより、当該技術的保護手段によつて防止される行為を可能とし、又は当該技術的保護手段によつて抑止される行為の結果に障害を生じないようにすることをいう。第百二十条の二第一号及び第二号において同じ。）により可能となり、又はその結果に障害が生じないようになつた複製を、その事実を知りながら行う場合

三　著作権を侵害する自動公衆送信（国外で行われる自動公衆送信であつて、国内で行われたとしたならば著作権の侵害となるべきものを含む。）を受信して行うデジタル方式の録音又は録画を、その事実を知りながら行う場合

2　私的使用を目的として、デジタル方式の録音又は録画の機能を有する機器（放送の業務のための特別の性能その他の私的使用に通常供されない特別の性能を有するもの及び録音機能付きの電話機その他の本来の機能に附属する機能として録音又は録画の機能を有するものを除く。）であつて政令で定めるものにより、当該機器によるデジタル方式の録音又は録画の用に供される記録媒体であつて政令で定めるものに録音又は録画を行う者は、相当な額の補償金を著作権者に支払わなければならない。

（付随対象著作物の利用）

第三十条の二　写真の撮影、録音、録画、放送その他これらと同様に事物の影像又は音を複製し、又は複製を伴うことなく伝達する行為（以下この項において「複製伝達行為」という。）を行うに当たつて、その対象とする事物又は音（以下この項において「複製伝達対象事物等」という。）に付随して対象となる事物又は音（複製伝達対象事物

等の一部を構成するものとして対象となる事物又は音を含む。以下この項において「付随対象事物等」という。）に係る著作物（当該複製伝達行為により作成され、又は伝達されるもの（以下この条において「作成伝達物」という。）のうち当該著作物の占める割合、当該作成伝達物における当該著作物の再製の精度その他の要素に照らし当該作成伝達物において当該著作物が軽微な構成部分となる場合における当該著作物に限る。以下この条において「付随対象著作物」という。）は、当該付随対象著作物の利用により利益を得る目的の有無、当該付随対象事物等の当該複製伝達対象事物等からの分離の困難性の程度、当該作成伝達物において当該付随対象著作物が果たす役割その他の要素に照らし正当な範囲内において、当該複製伝達行為に伴つて、いずれの方法によるかを問わず、利用することができる。ただし、当該付随対象著作物の種類及び用途並びに当該利用の態様に照らし著作権者の利益を不当に害することとなる場合は、この限りでない。

2　前項の規定により利用された付随対象著作物は、当該付随対象著作物に係る作成伝達物の利用に伴つて、いずれの方法によるかを問わず、利用することができる。ただし、当該付随対象著作物の種類及び用途並びに当該利用の態様に照らし著作権者の利益を不当に害することとなる場合は、この限りでない。

（検討の過程における利用）

第三十条の三　著作権者の許諾を得て、又は第六十七条第一項、第六十八条第一項若しくは第六十九条の規定による裁定を受けて著作物を利用しようとする者は、これらの利用についての検討の過程（当該許諾を得、又は当該裁定を受ける過程を含む。）における利用に供することを目的とする場合には、その必要と認められる限度において、いずれの方法によるかを問わず、当該著作物を利用することができる。ただし、当該著作物の種類及び用途並びに当該利用の態様に照らし著作権者の利益を不当に害することとなる場合は、この限りでない。

（著作物に表現された思想又は感情の享受を目的としない利用）

第三十条の四　著作物は、次に掲げる場合その他の当該著作物に表現された思想又は感情を自ら享受し又は他人に享受させることを目的としない場合には、その必要と認められる限度において、いずれの方法によるかを問わず、利用することができる。ただし、当該著作物の種類及び用途並びに当該利用の態様に照らし著作権者の利益を不当に害することとなる場合は、この限りでない。

一　著作物の録音、録画その他の利用に係る技術の開発又は実用化のための試験の用に供する場合

二　情報解析（多数の著作物その他の大量の情報から、当該情報を構成する言語、音、影像その他の要素に係る情報を抽出し、比較、分類その他の解析を行うことをいう。第四十七条の五第一項第二号において同じ。）の用に供する場合

三　前二号に掲げる場合のほか、著作物の表現についての人の知覚による認識を伴うことなく当該著作物を電子計算機による情報処理の過程における利用その他の利用（プログラムの著作物にあつては、当該著作物の電子計算機における実行を除く。）に供する場合

（図書館等における複製等）

第三十一条　国立国会図書館及び図書、記録その他の資料を公衆の利用に供することを目的とする図書館その他の施設で政令で定めるもの（以下この項及び第三項において「図書館等」という。）においては、次に掲げる場合には、その営利を目的としない事業として、図書館等の図書、記録その他の資料（以下この条において「図書館資料」という。）を用いて著作物を複製することができる。

一　図書館等の利用者の求めに応じ、その調査研究の用に供するために、公表された著作物の一部分（発行後相当期間を経過した定期刊行物に掲載された個々の著作物にあつては、その全部。第三項において同じ。）の複製物を一人につき一部提供する場合

二　図書館資料の保存のため必要がある場合

三　他の図書館等の求めに応じ、絶版その他これに準ずる理由により一般に入手することが困難な図書館資料（以下この条において「絶版等資料」という。）の複製物を提供する場合

（略）

（引用）

第三十二条　公表された著作物は、引用して利用することができる。この場合において、その引用は、公正な慣行に合致するものであり、か

つ、報道、批評、研究その他の引用の目的上正当な範囲内で行なわれるものでなければならない。

2　国若しくは地方公共団体の機関、独立行政法人又は地方独立行政法人が一般に周知させることを目的として作成し、その著作の名義の下に公表する広報資料、調査統計資料、報告書その他これらに類する著作物は、説明の材料として新聞紙、雑誌その他の刊行物に転載することができる。ただし、これを禁止する旨の表示がある場合は、この限りでない。

（学校その他の教育機関における複製等）

第三十五条　学校その他の教育機関（営利を目的として設置されているものを除く。）において教育を担任する者及び授業を受ける者は、その授業の過程における使用に供することを目的とする場合には、必要と認められる限度において、公表された著作物を複製することができる。ただし、当該著作物の種類及び用途並びにその複製の部数及び態様に照らし著作権者の利益を不当に害することとなる場合は、この限りでない。

2　公表された著作物については、前項の教育機関における授業の過程において、当該授業を直接受ける者に対して当該著作物をその原作品若しくは複製物を提供し、若しくは提示して利用する場合又は当該著作物を第三十八条第一項の規定により上演し、演奏し、上映し、若しくは口述して利用する場合には、当該授業が行われる場所以外の場所において当該授業を同時に受ける者に対して公衆送信（自動公衆送信の場合にあつては、送信可能化を含む。）を行うことができる。ただし、当該著作物の種類及び用途並びに当該公衆送信の態様に照らし著作権者の利益を不当に害することとなる場合は、この限りでない。

（試験問題としての複製等）

第三十六条　公表された著作物については、入学試験その他人の学識技能に関する試験又は検定の目的上必要と認められる限度において、当該試験又は検定の問題として複製し、又は公衆送信（放送又は有線放送を除き、自動公衆送信の場合にあつては送信可能化を含む。次項において同じ。）を行うことができる。ただし、当該著作物の種類及び用途並びに当該公衆送信の態様に照らし著作権者の利益を不当に害することとなる場合は、この限りでない。

2　営利を目的として前項の複製又は公衆送信を行う者は、通常の使用料の額に相当する額の補償金を著作権者に支払わなければならない。

（視覚障害者等のための複製等）

第三十七条　公表された著作物は、点字により複製することができる。

（略）

（営利を目的としない上演等）

第三十八条　公表された著作物は、営利を目的とせず、かつ、聴衆又は観衆から料金（いずれの名義をもつてするかを問わず、著作物の提供又は提示につき受ける対価をいう。以下この条において同じ。）を受けない場合には、公に上演し、演奏し、上映し、又は口述することができる。ただし、当該上演、演奏、上映又は口述について実演家又は口述を行う者に対し報酬が支払われる場合は、この限りでない。

（略）

（時事の事件の報道のための利用）

第四十一条　写真、映画、放送その他の方法によつて時事の事件を報道する場合には、当該事件を構成し、又は当該事件の過程において見られ、若しくは聞かれる著作物は、報道の目的上正当な範囲内において、複製し、及び当該事件の報道に伴つて利用することができる。

（裁判手続等における複製）

第四十二条　著作物は、裁判手続のために必要と認められる場合及び立法又は行政の目的のために内部資料として必要と認められる場合には、その必要と認められる限度において、複製することができる。ただし、当該著作物の種類及び用途並びにその複製の部数及び態様に照らし著作権者の利益を不当に害することとなる場合は、この限りでない。

（略）

（美術の著作物等の原作品の所有者による展示）

第四十五条　美術の著作物若しくは写真の著作物の原作品の所有者又はその同意を得た者は、これらの著作物をその原作品により公に展示することができる。

2　前項の規定は、美術の著作物の原作品を街路、公園その他一般公衆に開放されている屋外の場所又は建造物の外壁その他一般公衆の見やすい屋外の場所に恒常的に設置する場合には、適用しない。

（公開の美術の著作物等の利用）

第四十六条　美術の著作物でその原作品が前条第二項に規定する屋外の場所に恒常的に設置されているもの又は建築の著作物は、次に掲げる場合を除き、いずれの方法によるかを問わず、利用することができる。

一　彫刻を増製し、又はその増製物の譲渡により公衆に提供する場合

二　建築の著作物を建築により複製し、又はその複製物の譲渡により公衆に提供する場合

三　前条第二項に規定する屋外の場所に恒常的に設置するために複製する場合

四　専ら美術の著作物の複製物の販売を目的として複製し、又はその複製物を販売する場合

（プログラムの著作物の複製物の所有者による複製等）

第四十七条の三　プログラムの著作物の複製物の所有者は、自ら当該著作物を電子計算機において実行するために必要と認められる限度において、当該著作物を複製することができる。ただし、当該実行に係る複製物の使用につき、第百十三条第五項の規定が適用される場合は、この限りでない。

2　前項の複製物の所有者が当該複製物（同項の規定により作成された複製物を含む。）のいずれかについて滅失以外の事由により所有権を有しなくなつた後には、その者は、当該著作権者の別段の意思表示がない限り、その他の複製物を保存してはならない。

（電子計算機による情報処理及びその結果の提供に付随する軽微利用等）

第四十七条の五　電子計算機を用いた情報処理により新たな知見又は情報を創出することによつて著作物の利用の促進に資する次の各号に掲げる行為を行う者（当該行為の一部を行う者を含み、当該行為を政令で定める基準に従つて行う者に限る。）は、公衆への提供等（公衆への提供又は提示をいい、送信可能化を含む。以下同じ。）が行われた著作物（以下この条及び次条第二項第二号において「公衆提供等著作物」という。）（公表された著作物又は送信可能化された著作物に限る。）について、当該各号に掲げる行為の目的上必要と認められる限度において、当該行為に付随して、いずれの方法によるかを問わず、利用（公衆提供等著作物のうちその利用に供される部分の占める割合、その利用に供される部分の量、その利用に供される際の表示の精度その他の要素に照らし軽微なものに限る。以下この条において「軽微利用」という。）を行うことができる。ただし、当該公衆提供等著作物に係る公衆への提供等が著作権を侵害するものであること（国外で行われた公衆への提供等にあつては、国内で行われたとしたならば著作権の侵害となるべきものであること）を知りながら当該軽微利用を行う場合その他当該公衆提供等著作物の種類及び用途並びに当該軽微利用の態様に照らし著作権者の利益を不当に害することとなる場合は、この限りでない。

一　電子計算機を用いて、検索により求める情報（以下この号において「検索情報」という。）が記録された著作物の題号又は著作者名、送信可能化された検索情報に係る送信元識別符号（自動公衆送信の送信元を識別するための文字、番号、記号その他の符号をいう。第百十三条第二項及び第四項において同じ。）その他の検索情報の特定又は所在に関する情報を検索し、及びその結果を提供すること。

二　電子計算機による情報解析を行い、及びその結果を提供すること。

三　前二号に掲げるもののほか、電子計算機による情報処理により、新たな知見又は情報を創出し、及びその結果を提供する行為であつて、国民生活の利便性の向上に寄与するものとして政令で定めるもの

2　前項各号に掲げる行為の準備を行う者（当該行為の準備のための情報の収集、整理及び提供を政令で定める基準に従つて行う者に限る。）は、公衆提供等著作物について、同項の規定による軽微利用の準備のために必要と認められる限度において、複製若しくは公衆送信（自動公衆送信の場合にあつては、送信可能化を含む。以下この項及び次条第二項第二号において同じ。）を行い、又はその複製物による頒布を行うことができる。ただし、公衆提供等著作物の種類及び用途並びに当該複製又は頒布の部数及び当該複製、公衆送信又は頒布の態様に照らし著作権者の利益を不当に害することとなる場合は、この限りでない。

（翻訳、翻案等による利用）

第四十七条の六 次の各号に掲げる規定により著作物を利用することができる場合には、当該著作物について、当該規定の例により当該各号に定める方法による利用を行うことができる。

一 第三十条第一項、第三十三条第一項（同条第四項において準用する場合を含む。）、第三十四条第一項、第三十五条第一項又は前条第二項　翻訳、編曲、変形又は翻案

二 第三十一条第一項（第一号に係る部分に限る。）、第二項、第四項、第七項、（第一号に係る部分に限る。）若しくは第九項（第一号に係る部分に限る。）、第三十二条、第三十六条第一項、第三十七条第一項若しくは第二項、第三十九条第一項、第四十条第二項、第四十一条又は第四十二条　翻訳

三 第三十三条の二第一項、第三十三条の三第一項又は第四十七条　変形又は翻案

四 第三十七条第三項　翻訳、変形又は翻案

五 第三十七条の二　翻訳又は翻案

六 第四十七条の三第一項　翻案

（略）

（出所の明示）

第四十八条 次の各号に掲げる場合には、当該各号に規定する著作物の出所を、その複製又は利用の態様に応じ合理的と認められる方法及び程度により、明示しなければならない。

一 第三十二条、第三十三条第一項（同条第四項において準用する場合を含む。）、第三十三条の二第一項、第三十七条第一項、第四十二条又は第四十七条第一項の規定により著作物を複製する場合

二 第三十四条第一項、第三十七条第三項、第三十七条の二、第三十九条第一項、第四十条第一項若しくは第二項、第四十七条第二項若しくは第三項又は第四十七条の二の規定により著作物を利用する場合

三 第三十二条の規定により著作物を複製以外の方法により利用する場合又は第三十五条、第三十六条第一項、第三十八条第一項、第四十一条、第四十六条若しくは第四十七条の五第一項の規定により著作物を利用する場合において、その出所を明示する慣行があるとき。

2 前項の出所の明示に当たつては、これに伴い著作者名が明らかになる場合及び当該著作物が無名のものである場合を除き、当該著作物につき表示されている著作者名を示さなければならない。

（略）

（複製物の目的外使用等）

第四十九条 次に掲げる者は、第二十一条の複製を行つたものとみなす。

一 第三十条第一項、第三十条の三、第三十一条第一項第一号若しくは第三項後段、第三十三条の二第一項若しくは第四項、第三十五条第一項、第三十七条第三項、第三十七条の二本文（同条第二号に係る場合にあつては、同号。次項第一号において同じ。）、第四十一条から第四十二条の三まで、第四十三条第二項、第四十四条第一項若しくは第二項、第四十七条第一項若しくは第三項、第四十七条の二又は第四十七条の五第一項に定める目的以外の目的のために、これらの規定の適用を受けて作成された著作物の複製物（次項第一号又は第二号の複製物に該当するものを除く。）を頒布し、又は当該複製物によつて当該著作物の公衆への提示（送信可能化を含む。以下同じ。）を行つた者

二 第三十条の四の規定の適用を受けて作成された著作物の複製物（次項第三号の複製物に該当するものを除く。）を用いて、当該著作物に表現された思想又は感情を自ら享受し又は他人に享受させる目的のために、いずれの方法によるかを問わず、当該著作物を利用した者

三 第四十四条第三項の規定に違反して同項の録音物又は録画物を保存した放送事業者又は有線放送事業者

四 第四十七条の三第一項の規定の適用を受けて作成された著作物の複製物（次項第四号の複製物に該当するものを除く。）を頒布し、又は当該複製物によつて当該著作物の公衆への提示を行つた者

五 第四十七条の三第二項の規定に違反して同項の複製物（次項第四号の複製物に該当するものを除く。）を保存した者

六 第四十七条の四又は第四十七条の五第二項に定める目的以外の目的のために、これらの規定の適用を受けて作成された著作物の複製物（次項第六号又は第七号の複製物に該当するものを除く。）を用

いて、いずれの方法によるかを問わず、当該著作物を利用した者

（略）

第四節　保護期間

（保護期間の原則）

第五十一条 著作権の存続期間は、著作物の創作の時に始まる。

2 著作権は、この節に別段の定めがある場合を除き、著作者の死後（共同著作物にあつては、最終に死亡した著作者の死後。次条第一項において同じ。）七十年を経過するまでの間、存続する。

（映画の著作物の保護期間）

第五十四条 映画の著作物の著作権は、その著作物の公表後七十年（その著作物がその創作後七十年以内に公表されなかつたときは、その創作後七十年）を経過するまでの間、存続する。

（略）

（保護期間の計算方法）

第五十七条 第五十一条第二項、第五十二条第一項、第五十三条第一項又は第五十四条第一項の場合において、著作者の死後七十年又は著作物の公表後七十年若しくは創作後七十年の期間の終期を計算するときは、著作者が死亡した日又は著作物が公表され若しくは創作された日のそれぞれ属する年の翌年から起算する。

第五節　著作者人格権の一身専属性等

（著作者人格権の一身専属性）

第五十九条 著作者人格権は、著作者の一身に専属し、譲渡することができない。

（著作者が存しなくなつた後における人格的利益の保護）

第六十条 著作物を公衆に提供し、又は提示する者は、その著作物の著作者が存しなくなつた後においても、著作者が存しているとしたならばその著作者人格権の侵害となるべき行為をしてはならない。ただし、その行為の性質及び程度、社会的事情の変動その他によりその行為が当該著作者の意を害しないと認められる場合は、この限りでない。

第六節　著作権の譲渡及び消滅

（著作権の譲渡）

第六十一条 著作権は、その全部又は一部を譲渡することができる。

2 著作権を譲渡する契約において、第二十七条又は第二十八条に規定する権利が譲渡の目的として特掲されていないときは、これらの権利は、譲渡した者に留保されたものと推定する。

第七節　権利の行使

（著作物の利用の許諾）

第六十三条 著作権者は、他人に対し、その著作物の利用を許諾することができる。

（略）

第三章　出版権

（出版権の設定）

第七十九条 第二十一条又は第二十三条第一項に規定する権利を有する者（以下この章において「複製権等保有者」という。）は、その著作物について、文書若しくは図画として出版すること（電子計算機を用いてその映像面に文書又は図画として表示されるようにする方式により記録媒体に記録し、当該記録媒体に記録された当該著作物の複製物により頒布することを含む。次条第二項及び第八十一条第一号において「出版行為」という。）又は当該方式により記録媒体に記録された当該著作物の複製物を用いて公衆送信（放送又は有線放送を除き、自動公衆送信の場合にあつては送信可能化を含む。以下この章において同じ。）を行うこと（次条第二項及び第八十一条第二号において「公衆送信行為」という。）を引き受ける者に対し、出版権を設定することができる。

（略）

（出版権の内容）

第八十条 出版権者は、設定行為で定めるところにより、その出版権の

目的である著作物について、次に掲げる権利の全部又は一部を専有する。
　一　頒布の目的をもつて、原作のまま印刷その他の機械的又は化学的方法により文書又は図画として複製する権利（原作のまま前条第一項に規定する方式により記録媒体に記録された電磁的記録として複製する権利を含む。）
　二　原作のまま前条第一項に規定する方式により記録媒体に記録された当該著作物の複製物を用いて公衆送信を行う権利
（略）

（出版の義務）
第八十一条　出版権者は、次の各号に掲げる区分に応じ、その出版権の目的である著作物につき当該各号に定める義務を負う。ただし、設定行為に別段の定めがある場合は、この限りでない。
　一　前条第一項第一号に掲げる権利に係る出版権者（次条において「第一号出版権者」という。）　次に掲げる義務
　　イ　複製権等保有者からその著作物を複製するために必要な原稿その他の原品若しくはこれに相当する物の引渡し又はその著作物に係る電磁的記録の提供を受けた日から六月以内に当該著作物について出版行為を行う義務
　　ロ　当該著作物について慣行に従い継続して出版行為を行う義務
　二　前条第一項第二号に掲げる権利に係る出版権者（次条第一項第二号において「第二号出版権者」という。）　次に掲げる義務
　　イ　複製権等保有者からその著作物について公衆送信を行うために必要な原稿その他の原品若しくはこれに相当する物の引渡し又はその著作物に係る電磁的記録の提供を受けた日から六月以内に当該著作物について公衆送信行為を行う義務
　　ロ　当該著作物について慣行に従い継続して公衆送信行為を行う義務

第四章　著作隣接権

第一節　総則
（著作隣接権）
第八十九条　実演家は、第九十条の二第一項及び第九十条の三第一項に規定する権利（以下「実演家人格権」という。）並びに第九十一条第一項、第九十二条第一項、第九十二条の二第一項、第九十五条の二第一項及び第九十五条の三第一項に規定する権利並びに第九十四条の二及び第九十五条の三第三項に規定する報酬並びに第九十五条第一項に規定する二次使用料を受ける権利を享有する。
２　レコード製作者は、第九十六条、第九十六条の二、第九十七条の二第一項及び第九十七条の三第一項に規定する権利並びに第九十七条第一項に規定する二次使用料及び第九十七条の三第三項に規定する報酬を受ける権利を享有する。
３　放送事業者は、第九十八条から第百条までに規定する権利を享有する。
４　有線放送事業者は、第百条の二から第百条の五までに規定する権利を享有する。
５　前各項の権利の享有には、いかなる方式の履行をも要しない。
６　第一項から第四項までの権利（実演家人格権並びに第一項及び第二項の報酬及び二次使用料を受ける権利を除く。）は、著作隣接権という。

（著作者の権利と著作隣接権との関係）
第九十条　この章の規定は、著作者の権利に影響を及ぼすものと解釈してはならない。

第二節　実演家の権利
（氏名表示権）
第九十条の二　実演家は、その実演の公衆への提供又は提示に際し、その氏名若しくはその芸名その他氏名に代えて用いられるものを実演家名として表示し、又は実演家名を表示しないこととする権利を有する。
（略）

（同一性保持権）
第九十条の三　実演家は、その実演の同一性を保持する権利を有し、自己の名誉又は声望を害するその実演の変更、切除その他の改変を受けないものとする。

２　前項の規定は、実演の性質並びにその利用の目的及び態様に照らしやむを得ないと認められる改変又は公正な慣行に反しないと認められる改変については、適用しない。

（録音権及び録画権）
第九十一条　実演家は、その実演を録音し、又は録画する権利を専有する。
２　前項の規定は、同項に規定する権利を有する者の許諾を得て映画の著作物において録音され、又は録画された実演については、これを録音物（音を専ら影像とともに再生することを目的とするものを除く。）に録音する場合を除き、適用しない。

（放送権及び有線放送権）
第九十二条　実演家は、その実演を放送し、又は有線放送する権利を専有する。
２　前項の規定は、次に掲げる場合には、適用しない。
　一　放送される実演を有線放送する場合
　二　次に掲げる実演を放送し、又は有線放送する場合
　　イ　前条第一項に規定する権利を有する者の許諾を得て録音され、又は録画されている実演
　　ロ　前条第二項の実演で同項の録音物以外の物に録音され、又は録画されているもの

（送信可能化権）
第九十二条の二　実演家は、その実演を送信可能化する権利を専有する。
２　前項の規定は、次に掲げる実演については、適用しない。
　一　第九十一条第一項に規定する権利を有する者の許諾を得て録画されている実演
　二　第九十一条第二項の実演で同項の録音物以外の物に録音され、又は録画されているもの

（譲渡権）
第九十五条の二　実演家は、その実演をその録音物又は録画物の譲渡により公衆に提供する権利を専有する。
２　前項の規定は、次に掲げる実演については、適用しない。
　一　第九十一条第一項に規定する権利を有する者の許諾を得て録画されている実演
　二　第九十一条第二項の実演で同項の録音物以外の物に録音され、又は録画されているもの
（略）

（貸与権等）
第九十五条の三　実演家は、その実演をそれが録音されている商業用レコードの貸与により公衆に提供する権利を専有する。
２　前項の規定は、最初に販売された日から起算して一月以上十二月を超えない範囲内において政令で定める期間を経過した商業用レコード（複製されているレコードのすべてが当該商業用レコードと同一であるものを含む。以下「期間経過商業用レコード」という。）の貸与による場合には、適用しない。
（略）

第三節　レコード製作者の権利
（複製権）
第九十六条　レコード製作者は、そのレコードを複製する権利を専有する。

（送信可能化権）
第九十六条の二　レコード製作者は、そのレコードを送信可能化する権利を専有する。

（商業用レコードの二次使用）
第九十七条　放送事業者等は、商業用レコードを用いた放送又は有線放送を行つた場合（営利を目的とせず、かつ、聴衆又は観衆から料金（いずれの名義をもつてするかを問わず、レコードに係る音の提示につき受ける対価をいう。）を受けずに、当該放送を受信して同時に有線放送を行つた場合を除く。）には、そのレコード（第八条第一号から第四号までに掲げるレコードで著作隣接権の存続期間内のものに限る。）に係るレコード製作者に二次使用料を支払わなければならない。

（略）

（譲渡権）
第九十七条の二　レコード製作者は、そのレコードをその複製物の譲渡により公衆に提供する権利を専有する。
（略）

（貸与権等）
第九十七条の三　レコード製作者は、そのレコードをそれが複製されている商業用レコードの貸与により公衆に提供する権利を専有する。
2　前項の規定は、期間経過商業用レコードの貸与による場合には、適用しない。
（略）

第四節　放送事業者の権利
（複製権）
第九十八条　放送事業者は、その放送又はこれを受信して行なう有線放送を受信して、その放送に係る音又は影像を録音し、録画し、又は写真その他これに類似する方法により複製する権利を専有する。

（再放送権及び有線放送権）
第九十九条　放送事業者は、その放送を受信してこれを再放送し、又は有線放送する権利を専有する。
2　前項の規定は、放送を受信して有線放送を行なう者が法令の規定により行なわなければならない有線放送については、適用しない。

（送信可能化権）
第九十九条の二　放送事業者は、その放送又はこれを受信して行う有線放送を受信して、その放送を送信可能化する権利を専有する。
2　前項の規定は、放送を受信して自動公衆送信を行う者が法令の規定により行わなければならない自動公衆送信に係る送信可能化については、適用しない。

（テレビジョン放送の伝達権）
第百条　放送事業者は、そのテレビジョン放送又はこれを受信して行なう有線放送を受信して、影像を拡大する特別の装置を用いてその放送を公に伝達する権利を専有する。

第五節　有線放送事業者の権利
（複製権）
第百条の二　有線放送事業者は、その有線放送を受信して、その有線放送に係る音又は影像を録音し、録画し、又は写真その他これに類似する方法により複製する権利を専有する。

（放送権及び再有線放送権）
第百条の三　有線放送事業者は、その有線放送を受信してこれを放送し、又は再有線放送する権利を専有する。

（送信可能化権）
第百条の四　有線放送事業者は、その有線放送を受信してこれを送信可能化する権利を専有する。

（有線テレビジョン放送の伝達権）
第百条の五　有線放送事業者は、その有線テレビジョン放送を受信して、影像を拡大する特別の装置を用いてその有線放送を公に伝達する権利を専有する。

第六節　保護期間
（実演、レコード、放送又は有線放送の保護期間）
第百一条　著作隣接権の存続期間は、次に掲げる時に始まる。
　一　実演に関しては、その実演を行つた時
　二　レコードに関しては、その音を最初に固定した時
　三　放送に関しては、その放送を行つた時
　四　有線放送に関しては、その有線放送を行つた時
2　著作隣接権の存続期間は、次に掲げる時をもつて満することこと。
　一　実演に関しては、その実演が行われた日の属する年の翌年から起算して七十年を経過した時

　二　レコードに関しては、その発行が行われた日の属する年の翌年から起算して七十年（その音が最初に固定された日の属する年の翌年から起算して七十年を経過する時までの間に発行されなかつたときは、その音が最初に固定された日の属する年の翌年から起算して七十年）を経過した時
　三　放送に関しては、その放送が行われた日の属する年の翌年から起算して五十年を経過した時
　四　有線放送に関しては、その有線放送が行われた日の属する年の翌年から起算して五十年を経過した時

第七章　権利侵害

（差止請求権）
第百十二条　著作者、著作権者、出版権者、実演家又は著作隣接権者は、その著作者人格権、著作権、出版権、実演家人格権又は著作隣接権を侵害する者又は侵害するおそれがある者に対し、その侵害の停止又は予防を請求することができる。
2　著作者、著作権者、出版権者、実演家又は著作隣接権者は、前項の規定による請求をするに際し、侵害の行為を組成した物、侵害の行為によつて作成された物又は専ら侵害の行為に供された機械若しくは器具の廃棄その他の侵害の停止又は予防に必要な措置を請求することができる。

（侵害とみなす行為）
第百十三条　11　著作者の名誉又は声望を害する方法によりその著作物を利用する行為は、その著作者人格権を侵害する行為とみなす。

（名誉回復等の措置）
第百十五条　著作者又は実演家は、故意又は過失によりその著作者人格権又は実演家人格権を侵害した者に対し、損害の賠償に代えて、又は損害の賠償とともに、著作者又は実演家であることを確保し、又は訂正その他著作者若しくは実演家の名誉若しくは声望を回復するために適当な措置を請求することができる。

（著作者又は実演家の死後における人格的利益の保護のための措置）
第百十六条　著作者又は実演家の死後においては、その遺族（死亡した著作者又は実演家の配偶者、子、父母、孫、祖父母又は兄弟姉妹をいう。以下この条において同じ。）は、当該著作者又は実演家について第六十条又は第百一条の三の規定に違反する行為をする者又はするおそれがある者に対し第百十二条の請求を、故意又は過失により著作者人格権又は実演家人格権を侵害する行為又は第六十条若しくは第百一条の三の規定に違反する行為をした者に対し前条の請求をすることができる。
2　前項の請求をすることができる遺族の順位は、同項に規定する順序とする。ただし、著作者又は実演家が遺言によりその順位を別に定めた場合は、その順序とする。
3　著作者又は実演家は、遺言により、遺族に代えて第一項の請求をすることができる者を指定することができる。この場合において、その指定を受けた者は、当該著作者又は実演家の死亡の日の属する年の翌年から起算して七十年を経過した後（その経過する時に遺族が存する場合にあつては、その存しなくなつた後）においては、その請求をすることができない。

第八章　罰則

第百二十三条　第百十九条第一項から第三項まで、第百二十条の二第三号から第六号まで、第百二十一条の二及び前条第一項の罪は、告訴がなければ公訴を提起することができない。

（昭和三十四年法律第百二十一号）

特許法（抄録）

第一章　総則

（目的）
第一条　この法律は、発明の保護及び利用を図ることにより、発明を奨励し、もつて産業の発達に寄与することを目的とする。
（定義）
第二条　この法律で「発明」とは、自然法則を利用した技術的思想の創作のうち高度のものをいう。
2　この法律で「特許発明」とは、特許を受けている発明をいう。
3　この法律で発明について「実施」とは、次に掲げる行為をいう。
　一　物（プログラム等を含む。以下同じ。）の発明にあつては、その物の生産、使用、譲渡等（譲渡及び貸渡しをいい、その物がプログラム等である場合には、電気通信回線を通じた提供を含む。以下同じ。）、輸出若しくは輸入又は譲渡等の申出（譲渡等のための展示を含む。以下同じ。）をする行為
　二　方法の発明にあつては、その方法の使用をする行為
　三　物を生産する方法の発明にあつては、前号に掲げるもののほか、その方法により生産した物の使用、譲渡等、輸出若しくは輸入又は譲渡等の申出をする行為
4　この法律で「プログラム等」とは、プログラム（電子計算機に対する指令であつて、一の結果を得ることができるように組み合わされたものをいう。以下この項において同じ。）その他電子計算機による処理の用に供する情報であつてプログラムに準ずるものをいう。

第二章　特許及び特許出願

（特許の要件）
第二十九条　産業上利用することができる発明をした者は、次に掲げる発明を除き、その発明について特許を受けることができる。
　一　特許出願前に日本国内又は外国において公然知られた発明
　二　特許出願前に日本国内又は外国において公然実施をされた発明
　三　特許出願前に日本国内又は外国において、頒布された刊行物に記載された発明又は電気通信回線を通じて公衆に利用可能となつた発明
2　特許出願前にその発明の属する技術の分野における通常の知識を有する者が前項各号に掲げる発明に基いて容易に発明をすることができたときは、その発明については、同項の規定にかかわらず、特許を受けることができない。

第二十九条の二　特許出願に係る発明が当該特許出願の日前の他の特許出願又は実用新案登録出願であつて当該特許出願後に第六十六条第三項の規定により同項各号に掲げる事項を掲載した特許公報（以下「特許掲載公報」という。）の発行若しくは出願公開又は実用新案法（昭和三十四年法律第百二十三号）第十四条第三項の規定により同項各号に掲げる事項を掲載した実用新案公報（以下「実用新案掲載公報」という。）の発行がされたものの願書に最初に添付した明細書、特許請求の範囲若しくは実用新案登録請求の範囲又は図面（第三十六条の二第二項の外国語書面出願にあつては、同条第一項の外国語書面）に記載された発明又は考案（その発明又は考案をした者が当該特許出願に係る発明の発明者と同一の者である場合におけるその発明又は考案を除く。）と同一であるときは、その発明については、前条第一項の規定にかかわらず、特許を受けることができない。ただし、当該特許出願の時にその出願人と当該他の特許出願又は実用新案登録出願の出願人とが同一の者であるときは、この限りでない。

（特許を受けることができない発明）
第三十二条　公の秩序、善良の風俗又は公衆の衛生を害するおそれがある発明については、第二十九条の規定にかかわらず、特許を受けることができない。

（特許出願）
第三十六条　特許を受けようとする者は、次に掲げる事項を記載した願書を特許庁長官に提出しなければならない。
　一　特許出願人の氏名又は名称及び住所又は居所
　二　発明者の氏名及び住所又は居所
2　願書には、明細書、特許請求の範囲、必要な図面及び要約書を添付しなければならない。
3　前項の明細書には、次に掲げる事項を記載しなければならない。
　一　発明の名称
　二　図面の簡単な説明
　三　発明の詳細な説明
　（略）
（先願）
第三十九条　同一の発明について異なつた日に二以上の特許出願があつたときは、最先の特許出願人のみがその発明について特許を受けることができる。
2　同一の発明について同日に二以上の特許出願があつたときは、特許出願人の協議により定めた一の特許出願人のみがその発明について特許を受けることができる。協議が成立せず、又は協議をすることができないときは、いずれも、その発明について特許を受けることができない。
　（略）

第三章　審査

（審査官による審査）
第四十七条　特許庁長官は、審査官に特許出願を審査させなければならない。
2　審査官の資格は、政令で定める。

（特許出願の審査）
第四十八条の二　特許出願の審査は、その特許出願についての出願審査の請求をまつて行なう

（出願審査の請求）
第四十八条の三　特許出願があつたときは、何人も、その日から三年以内に、特許庁長官にその特許出願について出願審査の請求をすることができる。
　（略）

（拒絶の査定）
第四十九条　審査官は、特許出願が次の各号のいずれかに該当するときは、その特許出願について拒絶をすべき旨の査定をしなければならない。
　一　その特許出願の願書に添付した明細書、特許請求の範囲又は図面についてした補正が第十七条の二第三項又は第四項に規定する要件を満たしていないとき。

二　その特許出願に係る発明が第二十五条、第二十九条、第二十九条の二、第三十二条、第三十八条又は第三十九条第一項から第四項までの規定により特許をすることができないものであるとき。

三　その特許出願に係る発明が条約の規定により特許をすることができないものであるとき。

四　その特許出願が第三十六条第四項第一号若しくは第六項又は第三十七条に規定する要件を満たしていないとき。

五　前条の規定による通知をした場合であつて、その特許出願が明細書についての補正又は意見書の提出によつてもなお第三十六条第四項第二号に規定する要件を満たすこととならないとき。

六　その特許出願が外国語書面出願である場合において、当該特許出願の願書に添付した明細書、特許請求の範囲又は図面に記載した事項が外国語書面に記載した事項の範囲内にないとき。

七　その特許出願人がその発明について特許を受ける権利を有していないとき。

（特許査定）
第五十一条　審査官は、特許出願について拒絶の理由を発見しないときは、特許をすべき旨の査定をしなければならない。

（出願公開）
第六十四条　特許庁長官は、特許出願の日から一年六月を経過したときは、特許掲載公報の発行をしたものを除き、その特許出願について出願公開をしなければならない。次条第一項に規定する出願公開の請求があつたときも、同様とする。

2　出願公開は、次に掲げる事項を特許公報に掲載することにより行う。ただし、第四号から第六号までに掲げる事項については、当該事項を特許公報に掲載することが公の秩序又は善良の風俗を害するおそれがあると特許庁長官が認めるときは、この限りでない。

一　特許出願人の氏名又は名称及び住所又は居所

二　特許出願の番号及び年月日

三　発明者の氏名及び住所又は居所

四　願書に添付した明細書及び特許請求の範囲に記載した事項並びに図面の内容

五　願書に添付した要約書に記載した事項

六　外国語書面出願にあつては、外国語書面及び外国語要約書面に記載した事項

七　出願公開の番号及び年月日

八　前各号に掲げるもののほか、必要な事項

3　特許庁長官は、願書に添付した要約書の記載が第三十六条第七項の規定に適合しないときその他必要があると認めるときは、前項第五号の要約書に記載した事項に代えて、自ら作成した事項を特許公報に掲載することができる。

第四章　特許権

第一節　特許権
（特許権の設定の登録）
第六十六条　特許権は、設定の登録により発生する。

2　第百七条第一項の規定による第一年から第三年までの各年分の特許料の納付又はその納付の免除若しくは猶予があつたときは、特許権の設定の登録をする。

3　前項の登録があつたときは、次に掲げる事項を特許公報に掲載しなければならない。ただし、第五号に掲げる事項については、その特許出願について出願公開がされているときは、この限りでない。

一　特許権者の氏名又は名称及び住所又は居所

二　特許出願の番号及び年月日

三　発明者の氏名及び住所又は居所

四　願書に添付した明細書及び特許請求の範囲に記載した事項並びに図面の内容

五　願書に添付した要約書に記載した事項

六　特許番号及び設定の登録の年月日

七　前各号に掲げるもののほか、必要な事項

4　第六十四条第三項の規定は、前項の規定により同項第五号の要約書に記載した事項を特許公報に掲載する場合に準用する。

（存続期間）
第六十七条　特許権の存続期間は、特許出願の日から二十年をもつて終了する。

2　前項に規定する存続期間は、特許権の設定の登録が特許出願の日から起算して五年を経過した日又は出願審査の請求があつた日から起算して三年を経過した日のいずれか遅い日（以下「基準日」という。）以後にされたときは、延長登録の出願により延長することができる。
（略）

（特許権の効力）
第六十八条　特許権者は、業として特許発明の実施をする権利を専有する。ただし、その特許権について専用実施権を設定したときは、専用実施権者がその特許発明の実施をする権利を専有する範囲については、この限りでない。

（特許権の効力が及ばない範囲）
第六十九条　特許権の効力は、試験又は研究のためにする特許発明の実施には、及ばない。

2　特許権の効力は、次に掲げる物には、及ばない。

一　単に日本国内を通過するに過ぎない船舶若しくは航空機又はこれらに使用する機械、器具、装置その他の物

二　特許出願の時から日本国内にある物

3　二以上の医薬（人の病気の診断、治療、処置又は予防のため使用する物をいう。以下この項において同じ。）を混合することにより製造されるべき医薬の発明又は二以上の医薬を混合して医薬を製造する方法の発明に係る特許権の効力は、医師又は歯科医師の処方せんにより調剤する行為及び医師又は歯科医師の処方せんにより調剤する医薬には、及ばない。

（特許発明の技術的範囲）
第七十条　特許発明の技術的範囲は、願書に添付した特許請求の範囲の記載に基づいて定めなければならない。

2　前項の場合においては、願書に添付した明細書の記載及び図面を考慮して、特許請求の範囲に記載された用語の意義を解釈するものとする。

3　前二項の場合においては、願書に添付した要約書の記載を考慮してはならない。

第二節　権利侵害
（差止請求権）
第百条　特許権者又は専用実施権者は、自己の特許権又は専用実施権を侵害する者又は侵害するおそれがある者に対し、その侵害の停止又は予防を請求することができる。

2　特許権者又は専用実施権者は、前項の規定による請求をするに際し、侵害の行為を組成した物（物を生産する方法の特許発明にあつては、侵害の行為により生じた物を含む。第百二条第一項において同じ。）の廃棄、侵害の行為に供した設備の除却その他の侵害の予防に必要な行為を請求することができる。

（侵害とみなす行為）
第百一条　次に掲げる行為は、当該特許権又は専用実施権を侵害するものとみなす。

一　特許が物の発明についてされている場合において、業として、その物の生産にのみ用いる物の生産、譲渡等若しくは輸入又は譲渡等の申出をする行為

二　特許が物の発明についてされている場合において、その物の生産に用いる物（日本国内において広く一般に流通しているものを除く。）であつてその発明による課題の解決に不可欠なものにつき、その発明が特許発明であること及びその物がその発明の実施に用いられることを知りながら、業として、その生産、譲渡等若しくは輸入又は譲渡等の申出をする行為

三　特許が物の発明についてされている場合において、その物を業としての譲渡等又は輸出のために所持する行為

四　特許が方法の発明についてされている場合において、業として、その方法の使用にのみ用いる物の生産、譲渡等若しくは輸入又は譲渡等の申出をする行為

五　特許が方法の発明についてされている場合において、その方法の使用に用いる物（日本国内において広く一般に流通しているものを

除く。）であつてその発明による課題の解決に不可欠なものにつき、その発明が特許発明であること及びその物がその発明の実施に用いられることを知りながら、業として、その生産、譲渡等若しくは輸入又は譲渡等の申出をする行為

六　特許が物を生産する方法の発明についてされている場合において、その方法により生産した物を業としての譲渡等又は輸出のために所持する行為

第八章　訴訟

（特許公報）

第百九十三条　特許庁は、特許公報を発行する。

2　特許公報には、この法律に規定するもののほか、次に掲げる事項を掲載しなければならない。

一　出願公開後における拒絶をすべき旨の査定若しくは特許出願の放棄、取下げ若しくは却下又は特許権の存続期間の延長登録の出願の取下げ

二　出願公開後における特許を受ける権利の承継

三　出願公開後における第十七条の二第一項の規定による願書に添付した明細書、特許請求の範囲又は図面の補正（同項ただし書各号の規定によりしたものにあつては、誤訳訂正書の提出によるものに限る。）

四　第四十八条の三第五項（同条第七項において準用する場合を含む。）の規定による出願審査の請求

五　特許権の消滅（存続期間の満了によるもの及び第百十二条第四項又は第五項の規定によるものを除く。）又は回復（第百十二条の二第二項の規定によるものに限る。）

六　特許異議の申立て若しくは審判若しくは再審の請求又はこれらの取下げ

七　特許異議の申立てについての確定した決定、審判の確定審決又は再審の確定した決定若しくは確定審決（特許権の設定の登録又は出願公開がされたものに限る。）

八　訂正した明細書及び特許請求の範囲に記載した事項並びに図面の内容（訂正をすべき旨の確定した決定又は確定審決があつたものに限る。）

九　裁定の請求若しくはその取下げ又は裁定

十　第百七十八条第一項の訴えについての確定判決（特許権の設定の登録又は出願公開がされたものに限る。）

第十一章　罰則

（侵害の罪）

第百九十六条　特許権又は専用実施権を侵害した者（第百一条の規定により特許権又は専用実施権を侵害する行為とみなされる行為を行つた者を除く。）は、十年以下の懲役若しくは千万円以下の罰金に処し、又はこれを併科する。

第百九十六条の二　第百一条の規定により特許権又は専用実施権を侵害する行為とみなされる行為を行つた者は、五年以下の懲役若しくは五百万円以下の罰金に処し、又はこれを併科する。

（両罰規定）

第二百一条　法人の代表者又は法人若しくは人の代理人、使用人その他の従業者が、その法人又は人の業務に関し、次の各号に掲げる規定の違反行為をしたときは、行為者を罰するほか、その法人に対して当該各号で定める罰金刑を、その人に対して各本条の罰金刑を科する。

一　第百九十六条、第百九十六条の二又は前条第一項　三億円以下の罰金刑

二　第百九十七条又は第百九十八条　一億円以下の罰金刑

2　前項の場合において、当該行為者に対してした前条第二項の告訴は、その法人又は人に対しても効力を生じ、その法人又は人に対してした告訴は、当該行為者に対しても効力を生ずるものとする。

3　第一項の規定により第百九十六条、第百九十六条の二又は前条第一項の違反行為につき法人又は人に罰金刑を科する場合における時効の期間は、これらの規定の罪についての時効の期間による。

昭和三十四年法律第百二十五号

意匠法（抄録）

目次

第一章　総則

（目的）

第一条　この法律は、意匠の保護及び利用を図ることにより、意匠の創作を奨励し、もつて産業の発達に寄与することを目的とする。

（定義等）

第二条　この法律で「意匠」とは、物品（物品の部分を含む。以下同じ。）の形状、模様若しくは色彩若しくはこれらの結合（以下「形状等」という。）、建築物（建築物の部分を含む。以下同じ。）の形状等又は画像（機器の操作の用に供されるもの又は機器がその機能を発揮した結果として表示されるものに限り、画像の部分を含む。次条第二項、第三十七条第二項、第三十八条第七号及び第八号、第四十四条の三第二項第六号並びに第五十五条第二項第六号を除き、以下同じ。）であつて、視覚を通じて美感を起こさせるものをいう。

2　この法律で意匠について「実施」とは、次に掲げる行為をいう。

一　意匠に係る物品の製造、使用、譲渡、貸渡し、輸出若しくは輸入（外国にある者が外国から日本国内に他人をして持ち込ませる行為を含む。以下同じ。）又は譲渡若しくは貸渡しの申出（譲渡又は貸渡しのための展示を含む。以下同じ。）をする行為

二　意匠に係る建築物の建築、使用、譲渡若しくは貸渡し又は譲渡若しくは貸渡しの申出をする行為

三　意匠に係る画像（その画像を表示する機能を有するプログラム等（特許法（昭和三十四年法律第百二十一号）第二条第四項に規定するプログラム等をいう。以下同じ。）を含む。以下この号において同じ。）について行う次のいずれかに該当する行為

イ　意匠に係る画像の作成、使用又は電気通信回線を通じた提供若しくはその申出（提供のための展示を含む。以下同じ。）をする行為

ロ　意匠に係る画像を記録した記録媒体又は内蔵する機器（以下「画像記録媒体等」という。）の譲渡、貸渡し、輸出若しくは輸入又は譲渡若しくは貸渡しの申出をする行為

3　この法律で「登録意匠」とは、意匠登録を受けている意匠をいう。

第二章　意匠登録及び意匠登録出願

（意匠登録の要件）

第三条　工業上利用することができる意匠の創作をした者は、次に掲げる意匠を除き、その意匠について意匠登録を受けることができる。

一　意匠登録出願前に日本国内又は外国において公然知られた意匠

二　意匠登録出願前に日本国内又は外国において、頒布された刊行物に記載された意匠又は電気通信回線を通じて公衆に利用可能となつ

た意匠
三　前二号に掲げる意匠に類似する意匠
2　意匠登録出願前にその意匠の属する分野における通常の知識を有する者が日本国内又は外国において公然知られ、頒布された刊行物に記載され、又は電気通信回線を通じて公衆に利用可能となつた形状等又は画像に基づいて容易に意匠の創作をすることができたときは、その意匠（前項各号に掲げるものを除く。）については、同項の規定にかかわらず、意匠登録を受けることができない。

第三条の二　意匠登録出願に係る意匠が、当該意匠登録出願の日前の他の意匠登録出願であつて当該意匠登録出願後に第二十条第三項又は第六十六条第三項の規定により意匠公報に掲載されたもの（以下この条において「先の意匠登録出願」という。）の願書の記載及び願書に添付した図面、写真、ひな形又は見本に現された意匠の一部と同一又は類似であるときは、その意匠については、前条第一項の規定にかかわらず、意匠登録を受けることができない。ただし、当該意匠登録出願の出願人と先の意匠登録出願の出願人とが同一の者であつて、第二十条第三項の規定により先の意匠登録出願が掲載された意匠公報（同条第四項の規定により同条第三項第四号に掲げる事項が掲載されたものを除く。）の発行の日前に当該意匠登録出願があつたときは、この限りでない。

（意匠登録を受けることができない意匠）
第五条　次に掲げる意匠については、第三条の規定にかかわらず、意匠登録を受けることができない。
一　公の秩序又は善良の風俗を害するおそれがある意匠
二　他人の業務に係る物品、建築物又は画像と混同を生ずるおそれがある意匠
三　物品の機能を確保するために不可欠な形状若しくは建築物の用途にとつて不可欠な形状のみからなる意匠又は画像の用途にとつて不可欠な表示のみからなる意匠

（意匠登録出願）
第六条　意匠登録を受けようとする者は、次に掲げる事項を記載した願書に意匠登録を受けようとする意匠を記載した図面を添付して特許庁長官に提出しなければならない。
一　意匠登録出願人の氏名又は名称及び住所又は居所
二　意匠の創作をした者の氏名及び住所又は居所
三　意匠に係る物品又は意匠に係る建築物若しくは画像の用途
2　経済産業省令で定める場合は、前項の図面に代えて、意匠登録を受けようとする意匠を現わした写真、ひな形又は見本を提出することができる。この場合は、写真、ひな形又は見本の別を願書に記載しなければならない。
3　第一項第三号の意匠に係る物品若しくは意匠に係る建築物の用途の記載又は願書に添付した図面、写真若しくはひな形によつてはその意匠の属する分野における通常の知識を有する者がその意匠に係る物品又は建築物の材質又は大きさを理解することができないためその意匠を認識することができないときは、その意匠に係る物品又は建築物の材質又は大きさを願書に記載しなければならない。
4　意匠に係る物品の形状、模様若しくは色彩、建築物の形状、模様若しくは色彩又は画像がその物品、建築物又は画像の有する機能に基づいて変化する場合において、その変化の前後にわたるその物品の形状等、建築物の形状等又は画像について意匠登録を受けようとするときは、その旨及びその物品、建築物又は画像の当該機能の説明を願書に記載しなければならない。
5　第一項又は第二項の規定により提出する図面、写真又はひな形にその意匠の色彩を付するときは、白色又は黒色のうち一色については、彩色を省略することができる。
6　前項の規定により彩色を省略するときは、その旨を願書に記載しなければならない。
7　第一項の規定により提出する図面に意匠を記載し、又は第二項の規定により提出する写真若しくはひな形に意匠を現す場合において、その意匠に係る物品、建築物又は画像の全部又は一部が透明であるときは、その旨を願書に記載しなければならない。

（先願）
第九条　同一又は類似の意匠について異なつた日に二以上の意匠登録出願があつたときは、最先の意匠登録出願人のみがその意匠について意

匠登録を受けることができる。
2　同一又は類似の意匠について同日に二以上の意匠登録出願があつたときは、意匠登録出願人の協議により定めた一の意匠登録出願人のみがその意匠について意匠登録を受けることができる。協議が成立せず、又は協議をすることができないときは、いずれも、その意匠について意匠登録を受けることができない。
3　意匠登録出願が放棄され、取り下げられ、若しくは却下されたとき、又は意匠登録出願について拒絶をすべき旨の査定若しくは審決が確定したときは、その意匠登録出願は、前二項の規定の適用については、初めからなかつたものとみなす。ただし、その意匠登録出願について前項後段の規定に該当することにより拒絶をすべき旨の査定又は審決が確定したときは、この限りでない。
4　特許庁長官は、第二項の場合は、相当の期間を指定して、同項の協議をしてその結果を届け出るべき旨を意匠登録出願人に命じなければならない。
5　特許庁長官は、前項の規定により指定した期間内に同項の規定による届出がないときは、第二項の協議が成立しなかつたものとみなすことができる。

（秘密意匠）
第十四条　意匠登録出願人は、意匠権の設定の登録の日から三年以内の期間を指定して、その期間その意匠を秘密にすることを請求することができる。
（略）

第三章　審査

（審査官による審査）
第十六条　特許庁長官は、審査官に意匠登録出願を審査させなければならない。

（拒絶の査定）
第十七条　審査官は、意匠登録出願が次の各号のいずれかに該当するときは、その意匠登録出願について拒絶をすべき旨の査定をしなければならない。
一　その意匠登録出願に係る意匠が第三条、第三条の二、第五条、第八条、第八条の二、第九条第一項若しくは第二項、第十条第一項、第四項若しくは第六項、第十五条第一項において準用する特許法第三十八条又は第六十八条第三項において準用する同法第二十五条の規定により意匠登録をすることができないものであるとき。
二　その意匠登録出願に係る意匠が条約の規定により意匠登録をすることができないものであるとき。
三　その意匠登録出願が第七条に規定する要件を満たしていないとき。
四　その意匠登録出願人がその意匠について意匠登録を受ける権利を有していないとき。

（意匠登録の査定）
第十八条　審査官は、意匠登録出願について拒絶の理由を発見しないときは、意匠登録をすべき旨の査定をしなければならない。

第四章　意匠権

第一節　意匠権
（意匠権の設定の登録）
第二十条　意匠権は、設定の登録により発生する。
2　第四十二条第一項の規定による第一年分の登録料の納付があつたときは、意匠権の設定の登録をする。
3　前項の登録があつたときは、次に掲げる事項を意匠公報に掲載しなければならない。
一　意匠権者の氏名又は名称及び住所又は居所
二　意匠登録出願の番号及び年月日
三　登録番号及び設定の登録の年月日
四　願書及び願書に添付した図面、写真、ひな形又は見本の内容
五　前各号に掲げるもののほか、必要な事項
4　第十四条第一項の規定により秘密にすることを請求した意匠に関する前項第四号に掲げる事項は、同項の規定にかかわらず、第十四条第

一項の規定により指定した期間の経過後遅滞なく掲載するものとする。

（存続期間）
第二十一条　意匠権（関連意匠の意匠権を除く。）の存続期間は、意匠登録出願の日から二十五年をもつて終了する。
2　関連意匠の意匠権の存続期間は、その基礎意匠の意匠登録出願の日から二十五年をもつて終了する。

（意匠権の効力）
第二十三条　意匠権者は、業として登録意匠及びこれに類似する意匠の実施をする権利を専有する。ただし、その意匠権について専用実施権を設定したときは、専用実施権者がその登録意匠及びこれに類似する意匠の実施をする権利を専有する範囲については、この限りでない。

（登録意匠の範囲等）
第二十四条　登録意匠の範囲は、願書の記載及び願書に添附した図面に記載され又は願書に添附した写真、ひな形若しくは見本により現わされた意匠に基いて定めなければならない。
2　登録意匠とそれ以外の意匠が類似であるか否かの判断は、需要者の視覚を通じて起こさせる美感に基づいて行うものとする。

（特許法の準用）
第三十六条　特許法第六十九条第一項及び第二項（特許権の効力が及ばない範囲）、第七十三条（共有）、第七十六条（相続人がない場合の特許権の消滅）、第九十七条第一項（放棄）並びに第九十八条第一項第一号及び第二項（登録の効果）の規定は、意匠権に準用する。

第二節　権利侵害
（差止請求権）
第三十七条　意匠権者又は専用実施権者は、自己の意匠権又は専用実施権を侵害する者又は侵害するおそれがある者に対し、その侵害の停止又は予防を請求することができる。
2　意匠権者又は専用実施権者は、前項の規定による請求をするに際し、侵害の行為を組成した物品、建築物若しくは画像（その画像を表示する機能を有するプログラム等を含む。第六十四条及び第六十五条第一号を除き、以下同じ。）若しくは画像を記録した記録媒体若しくは内蔵する機器（以下「一般画像記録媒体等」という。）又はプログラム等（画像を表示する機能を有するプログラム等を除く。以下同じ。）若しくはプログラム等を記録した記録媒体若しくは記憶した機器（以下「プログラム等記録媒体等」という。）の廃棄、侵害の行為に供した設備の除却その他の侵害の予防に必要な行為を請求することができる。
3　第十四条第一項の規定により秘密にすることを請求した意匠に係る意匠権者又は専用実施権者は、その意匠に関し第二十条第三項各号に掲げる事項を記載した書面であつて特許庁長官の証明を受けたものを提示して警告した後でなければ、第一項の規定による請求をすることができない。

（侵害とみなす行為）
第三十八条　次に掲げる行為は、当該意匠権又は専用実施権を侵害するものとみなす。
一　登録意匠又はこれに類似する意匠に係る物品の製造にのみ用いる物品又はプログラム等若しくはプログラム等記録媒体等について業として行う次のいずれかに該当する行為
　イ　当該製造にのみ用いる物品又はプログラム等記録媒体等の製造、譲渡、貸渡し若しくは輸入又は譲渡若しくは貸渡しの申出をする行為
　ロ　当該製造にのみ用いるプログラム等の作成又は電気通信回線を通じた提供若しくはその申出をする行為
二　登録意匠又はこれに類似する意匠に係る物品の製造に用いる物品又はプログラム等若しくはプログラム等記録媒体等（これらが日本国内において広く一般に流通しているものである場合を除く。）であつて当該登録意匠又はこれに類似する意匠の視覚を通じた美感の創出に不可欠なものにつき、その意匠が登録意匠又はこれに類似する意匠であること及びその物品又はプログラム等若しくはプログラム等記録媒体等がその意匠の実施に用いられることを知りながら、業として行う次のいずれかに該当する行為
　イ　当該製造に用いる物品又はプログラム等記録媒体等の製造、譲渡、貸渡し若しくは輸入又は譲渡若しくは貸渡しの申出をする行

為
　ロ　当該製造に用いるプログラム等の作成又は電気通信回線を通じた提供若しくはその申出をする行為
三　登録意匠又はこれに類似する意匠に係る物品を業としての譲渡、貸渡し又は輸出のために所持する行為
四　登録意匠又はこれに類似する意匠に係る建築物の建築にのみ用いる物品又はプログラム等若しくはプログラム等記録媒体等について業として行う次のいずれかに該当する行為
　イ　当該建築にのみ用いる物品又はプログラム等記録媒体等の製造、譲渡、貸渡し若しくは輸入又は譲渡若しくは貸渡しの申出をする行為
　ロ　当該建築にのみ用いるプログラム等の作成又は電気通信回線を通じた提供若しくはその申出をする行為
五　登録意匠又はこれに類似する意匠に係る建築物の建築に用いる物品又はプログラム等若しくはプログラム等記録媒体等（これらが日本国内において広く一般に流通しているものである場合を除く。）であつて当該登録意匠又はこれに類似する意匠の視覚を通じた美感の創出に不可欠なものにつき、その意匠が登録意匠又はこれに類似する意匠であること及びその物品又はプログラム等若しくはプログラム等記録媒体等がその意匠の実施に用いられることを知りながら、業として行う次のいずれかに該当する行為
　イ　当該建築に用いる物品又はプログラム等記録媒体等の製造、譲渡、貸渡し若しくは輸入又は譲渡若しくは貸渡しの申出をする行為
　ロ　当該建築に用いるプログラム等の作成又は電気通信回線を通じた提供若しくはその申出をする行為
六　登録意匠又はこれに類似する意匠に係る建築物を業としての譲渡又は貸渡しのために所有する行為
七　登録意匠又はこれに類似する意匠に係る画像の作成にのみ用いる物品若しくは画像若しくは一般画像記録媒体等又はプログラム等若しくはプログラム等記録媒体等について業として行う次のいずれかに該当する行為
　イ　当該作成にのみ用いる物品若しくは一般画像記録媒体等又はプログラム等記録媒体等の製造、譲渡、貸渡し若しくは輸入又は譲渡若しくは貸渡しの申出をする行為
　ロ　当該作成にのみ用いる画像又はプログラム等の作成又は電気通信回線を通じた提供若しくはその申出をする行為
八　登録意匠又はこれに類似する意匠に係る画像の作成に用いる物品若しくは画像若しくは一般画像記録媒体等又はプログラム等若しくはプログラム等記録媒体等（これらが日本国内において広く一般に流通しているものである場合を除く。）であつて当該登録意匠又はこれに類似する意匠の視覚を通じた美感の創出に不可欠なものにつき、その意匠が登録意匠又はこれに類似する意匠であること及びその物品若しくは画像若しくは一般画像記録媒体等又はプログラム等若しくはプログラム等記録媒体等がその意匠の実施に用いられることを知りながら、業として行う次のいずれかに該当する行為
　イ　当該作成に用いる物品若しくは一般画像記録媒体等又はプログラム等記録媒体等の製造、譲渡、貸渡し若しくは輸入又は譲渡若しくは貸渡しの申出をする行為
　ロ　当該作成に用いる画像又はプログラム等の作成又は電気通信回線を通じた提供若しくはその申出をする行為
九　登録意匠若しくはこれに類似する意匠に係る画像を業としての電気通信回線を通じた提供のために保有する行為又は登録意匠若しくはこれに類似する意匠に係る画像記録媒体等を業としての譲渡、貸渡し若しくは輸出のために所持する行為

第七章　雑則

（意匠公報）
第六十六条　特許庁は、意匠公報を発行する。
2　意匠公報には、この法律に規定するもののほか、次に掲げる事項を掲載しなければならない。
一　意匠権の消滅（存続期間の満了によるもの及び第四十四条第四項の規定によるものを除く。）又は回復（第四十四条の二第二項の規定によるものに限る。）
二　審判若しくは再審の請求若しくはその取下げ又は審判若しくは再審の確定審決（意匠権の設定の登録がされたものに限る。）

三　裁定の請求若しくはその取下げ又は裁定

四　第五十九条第一項の訴えについての確定判決（意匠権の設定の登録がされたものに限る。）

（略）

第八章　罰則

（侵害の罪）

第六十九条　意匠権又は専用実施権を侵害した者（第三十八条の規定により意匠権又は専用実施権を侵害する行為とみなされる行為を行つた者を除く。）は、十年以下の懲役若しくは千万円以下の罰金に処し、又はこれを併科する。

第六十九条の二　第三十八条の規定により意匠権又は専用実施権を侵害する行為とみなされる行為を行つた者は、五年以下の懲役若しくは五百万円以下の罰金に処し、又はこれを併科する。

（両罰規定）

第七十四条　法人の代表者又は法人若しくは人の代理人、使用人その他の従業者が、その法人又は人の業務に関し、次の各号に掲げる規定の違反行為をしたときは、行為者を罰するほか、その法人に対して当該各号で定める罰金刑を、その人に対して各本条の罰金刑を科する。

一　第六十九条、第六十九条の二又は前条第一項　三億円以下の罰金刑

二　第七十条又は第七十一条　三千万円以下の罰金刑

2　前項の場合において、当該行為者に対してした前条第二項の告訴は、その法人又は人に対しても効力を生じ、その法人又は人に対してした告訴は、当該行為者に対しても効力を生ずるものとする。

3　第一項の規定により第六十九条、第六十九条の二又は前条第一項の違反行為につき法人又は人に罰金刑を科する場合における時効の期間は、これらの規定の罪についての時効の期間による。

昭和三十四年法律第百二十七号

商標法（抄録）

目次

第一章　総則

（目的）

第一条　この法律は、商標を保護することにより、商標の使用をする者の業務上の信用の維持を図り、もつて産業の発達に寄与し、あわせて需要者の利益を保護することを目的とする。

（定義等）

第二条　この法律で「商標」とは、人の知覚によつて認識することができるもののうち、文字、図形、記号、立体的形状若しくは色彩又はこれらの結合、音その他政令で定めるもの（以下「標章」という。）であつて、次に掲げるものをいう。

一　業として商品を生産し、証明し、又は譲渡する者がその商品について使用をするもの

二　業として役務を提供し、又は証明する者がその役務について使用をするもの（前号に掲げるものを除く。）

2　前項第二号の役務には、小売及び卸売の業務において行われる顧客に対する便益の提供が含まれるものとする。

3　この法律で標章について「使用」とは、次に掲げる行為をいう。

一　商品又は商品の包装に標章を付する行為

二　商品又は商品の包装に標章を付したものを譲渡し、引き渡し、譲渡若しくは引渡しのために展示し、輸出し、輸入し、又は電気通信回線を通じて提供する行為

三　役務の提供に当たりその提供を受ける者の利用に供する物（譲渡し、又は貸し渡す物を含む。以下同じ。）に標章を付する行為

四　役務の提供に当たりその提供を受ける者の利用に供する物に標章を付したものを用いて役務を提供する行為

五　役務の提供の用に供する物（役務の提供に当たりその提供を受ける者の利用に供する物を含む。以下同じ。）に標章を付したものを役務の提供のために展示する行為

六　役務の提供に当たりその提供を受ける者の当該役務の提供に係る物に標章を付する行為

七　電磁的方法（電子的方法、磁気的方法その他の人の知覚によつて認識することができない方法をいう。次号において同じ。）により行う映像面を介した役務の提供に当たりその映像面に標章を表示して役務を提供する行為

八　商品若しくは役務に関する広告、価格表若しくは取引書類に標章を付して展示し、若しくは頒布し、又はこれらを内容とする情報に標章を付して電磁的方法により提供する行為

九　音の標章にあつては、前各号に掲げるもののほか、商品の譲渡若しくは引渡し又は役務の提供のために音の標章を発する行為

十　前各号に掲げるもののほか、政令で定める行為

4　前項において、商品その他の物に標章を付することには、次の各号に掲げる各標章については、それぞれ当該各号に掲げることが含まれるものとする。

一　文字、図形、記号若しくは立体的形状若しくはこれらの結合又はこれらと色彩との結合の標章　商品若しくは商品の包装、役務の提供の用に供する物又は商品若しくは役務に関する広告を標章の形状とすること。

二　音の標章　商品、役務の提供の用に供する物又は商品若しくは役務に関する広告に記録媒体が取り付けられている場合（商品、役務の提供の用に供する物又は商品若しくは役務に関する広告自体が記録媒体である場合を含む。）において、当該記録媒体に標章を記録すること。

5　この法律で「登録商標」とは、商標登録を受けている商標をいう。

6　この法律において、商品に類似するものの範囲には役務が含まれることがあるものとし、役務に類似するものの範囲には商品が含まれることがあるものとする。

7　この法律において、輸入する行為には、外国にある者が外国から日本国内に他人をして持ち込ませる行為が含まれるものとする。

第二章　商標登録及び商標登録出願

（商標登録の要件）

第三条　自己の業務に係る商品又は役務について使用をする商標については、次に掲げる商標を除き、商標登録を受けることができる。

一　その商品又は役務の普通名称を普通に用いられる方法で表示する標章のみからなる商標

二　その商品又は役務について慣用されている商標

三　その商品の産地、販売地、品質、原材料、効能、用途、形状（包装の形状を含む。第二十六条第一項第二号及び第三号において同じ。）、

生産若しくは使用の方法若しくは時期その他の特徴、数量若しくは価格又はその役務の提供の場所、質、提供の用に供する物、効能、用途、態様、提供の方法若しくは時期その他の特徴、数量若しくは価格を普通に用いられる方法で表示する標章のみからなる商標

　四　ありふれた氏又は名称を普通に用いられる方法で表示する標章のみからなる商標

　五　極めて簡単で、かつ、ありふれた標章のみからなる商標

　六　前各号に掲げるもののほか、需要者が何人かの業務に係る商品又は役務であることを認識することができない商標

２　前項第三号から第五号までに該当する商標であつても、使用をされた結果需要者が何人かの業務に係る商品又は役務であることを認識することができるものについては、同項の規定にかかわらず、商標登録を受けることができる。

（商標登録を受けることができない商標）

第四条　次に掲げる商標については、前条の規定にかかわらず、商標登録を受けることができない。

　一　国旗、菊花紋章、勲章、褒章又は外国の国旗と同一又は類似の商標

　（略）

　三　国際連合その他の国際機関（ロにおいて「国際機関」という。）を表示する標章であつて経済産業大臣が指定するものと同一又は類似の商標（次に掲げるものを除く。）

　　イ　自己の業務に係る商品若しくは役務を表示するものとして需要者の間に広く認識されている商標又はこれに類似するものであつて、その商品若しくは役務又はこれらに類似する商品若しくは役務について使用をするもの

　　ロ　国際機関の略称を表示する標章と同一又は類似の標章からなる商標であつて、その国際機関と関係があるとの誤認を生ずるおそれがない商品又は役務について使用をするもの

　（略）

　七　公の秩序又は善良の風俗を害するおそれがある商標

　八　他人の肖像又は他人の氏名若しくは名称若しくは著名な雅号、芸名若しくは筆名若しくはこれらの著名な略称を含む商標（その他人の承諾を得ているものを除く。）

　（略）

　十　他人の業務に係る商品若しくは役務を表示するものとして需要者の間に広く認識されている商標又はこれに類似する商標であつて、その商品若しくは役務又はこれらに類似する商品若しくは役務について使用をするもの

　十一　当該商標登録出願の日前の商標登録出願に係る他人の登録商標又はこれに類似する商標であつて、その商標登録に係る指定商品若しくは指定役務（第六条第一項（第六十八条第一項において準用する場合を含む。）の規定により指定した商品又は役務をいう。以下同じ。）又はこれらに類似する商品若しくは役務について使用をするもの

　（略）

　十五　他人の業務に係る商品又は役務と混同を生ずるおそれがある商標（第十号から前号までに掲げるものを除く。）

　十六　商品の品質又は役務の質の誤認を生ずるおそれがある商標

　（略）

（商標登録出願）

第五条　商標登録を受けようとする者は、次に掲げる事項を記載した願書に必要な書面を添付して特許庁長官に提出しなければならない。

　一　商標登録出願人の氏名又は名称及び住所又は居所

　二　商標登録を受けようとする商標

　三　指定商品又は指定役務並びに第六条第二項の政令で定める商品及び役務の区分

２　次に掲げる商標について商標登録を受けようとするときは、その旨を願書に記載しなければならない。

　一　商標に係る文字、図形、記号、立体的形状又は色彩が変化するものであつて、その変化の前後にわたるその文字、図形、記号、立体的形状若しくは色彩又はこれらの結合からなる商標

　二　立体的形状（文字、図形、記号若しくは色彩又はこれらの結合との結合を含む。）からなる商標（前号に掲げるものを除く。）

　三　色彩のみからなる商標（第一号に掲げるものを除く。）

　四　音からなる商標

　五　前各号に掲げるもののほか、経済産業省令で定める商標

３　商標登録を受けようとする商標について、特許庁長官の指定する文字（以下「標準文字」という。）のみによつて商標登録を受けようとするときは、その旨を願書に記載しなければならない。

４　経済産業省令で定める商標について商標登録を受けようとするときは、経済産業省令で定めるところにより、その商標の詳細な説明を願書に記載し、又は経済産業省令で定める物件を願書に添付しなければならない。

５　前項の記載及び物件は、商標登録を受けようとする商標を特定するものでなければならない。

６　商標登録を受けようとする商標を記載した部分のうち商標登録を受けようとする商標を記載する欄の色彩と同一の色彩である部分は、その商標の一部でないものとみなす。ただし、色彩を付すべき範囲を明らかにしてその欄の色彩と同一の色彩を付すべき旨を表示した部分については、この限りでない。

（団体商標）

第七条　一般社団法人その他の社団（法人格を有しないもの及び会社を除く。）若しくは事業協同組合その他の特別の法律により設立された組合（法人格を有しないものを除く。）又はこれらに相当する外国の法人は、その構成員に使用をさせる商標について、団体商標の商標登録を受けることができる。

２　前項の場合における第三条第一項の規定の適用については、同項中「自己の」とあるのは、「自己又はその構成員の」とする。

３　第一項の規定により団体商標の商標登録を受けようとする者は、第五条第一項の商標登録出願において、商標登録出願人が第一項に規定する法人であることを証明する書面を特許庁長官に提出しなければならない。

（地域団体商標）

第七条の二　事業協同組合その他の特別の法律により設立された組合（法人格を有しないものを除き、当該特別の法律において、正当な理由がないのに、構成員たる資格を有する者の加入を拒み、又はその加入につき現在の構成員が加入の際に付されたよりも困難な条件を付してはならない旨の定めのあるものに限る。）、商工会、商工会議所若しくは特定非営利活動促進法（平成十年法律第七号）第二条第二項に規定する特定非営利活動法人又はこれらに相当する外国の法人（以下「組合等」という。）は、その構成員に使用をさせる商標であつて、次の各号のいずれかに該当するものについて、その商標が使用をされた結果自己又はその構成員の業務に係る商品又は役務を表示するものとして需要者の間に広く認識されているときは、第三条の規定（同条第一項第一号又は第二号に係る場合を除く。）にかかわらず、地域団体商標の商標登録を受けることができる。

　一　地域の名称及び自己又はその構成員の業務に係る商品又は役務の普通名称を普通に用いられる方法で表示する文字のみからなる商標

　二　地域の名称及び自己又はその構成員の業務に係る商品又は役務を表示するものとして慣用されている名称を普通に用いられる方法で表示する文字のみからなる商標

　三　地域の名称及び自己若しくはその構成員の業務に係る商品若しくは役務の普通名称又はこれらを表示するものとして慣用されている名称を普通に用いられる方法で表示する文字並びに商品の産地又は役務の提供の場所を表示する際に付される文字として慣用されている文字であつて、普通に用いられる方法で表示するもののみからなる商標

２　前項において「地域の名称」とは、自己若しくはその構成員が商標登録出願前から当該出願に係る商標の使用をしている商品の産地若しくは役務の提供の場所その他これらに準ずる程度に当該商品若しくは当該役務と密接な関連性を有すると認められる地域の名称又はその略称をいう。

３　第一項の場合における第三条第一項（第一号及び第二号に係る部分に限る。）の規定の適用については、同項中「自己の」とあるのは、「自己又はその構成員の」とする。

４　第一項の規定により地域団体商標の商標登録を受けようとする者は、第五条第一項の商標登録出願において、商標登録出願人が組合等であることを証明する書面及びその商標登録出願に係る商標が第二項に規定する地域の名称を含むものであることを証明するため必要な書類を特許庁長官に提出しなければならない。

（先願）

第八条　同一又は類似の商品又は役務について使用をする同一又は類似の商標について異なつた日に二以上の商標登録出願があつたときは、最先の商標登録出願人のみがその商標について商標登録を受けることができる。

2　同一又は類似の商品又は役務について使用をする同一又は類似の商標について同日に二以上の商標登録出願があつたときは、商標登録出願人の協議により定めた一の商標登録出願人のみがその商標について商標登録を受けることができる。

3　商標登録出願が放棄され取り下げられ若しくは却下されたとき、又は商標登録出願について査定若しくは審決が確定したときは、その商標登録出願は、前二項の規定の適用については、初めからなかつたものとみなす。

4　特許庁長官は、第二項の場合は、相当の期間を指定して、同項の協議をしてその結果を届け出るべき旨を商標登録出願人に命じなければならない。

5　第二項の協議が成立せず、又は前項の規定により指定した期間内に同項の規定による届出がないときは、特許庁長官が行う公正な方法によるくじにより定めた一の商標登録出願人のみが商標登録を受けることができる。

（出願公開）
第十二条の二　特許庁長官は、商標登録出願があつたときは、出願公開をしなければならない。

2　出願公開は、次に掲げる事項を商標公報に掲載することにより行う。ただし、第三号及び第四号に掲げる事項については、当該事項を商標公報に掲載することが公の秩序又は善良の風俗を害するおそれがあると特許庁長官が認めるときは、この限りでない。
一　商標登録出願人の氏名又は名称及び住所又は居所
二　商標登録出願の番号及び年月日
三　願書に記載した商標（第五条第三項に規定する場合にあつては標準文字により現したもの。以下同じ。）
四　指定商品又は指定役務
五　前各号に掲げるもののほか、必要な事項

第三章　審査

（審査官による審査）
第十四条　特許庁長官は、審査官に商標登録出願を審査させなければならない。

（拒絶の査定）
第十五条　審査官は、商標登録出願が次の各号のいずれかに該当するときは、その商標登録出願について拒絶をすべき旨の査定をしなければならない。
一　その商標登録出願に係る商標が第三条、第四条第一項、第七条の二第一項、第八条第二項若しくは第五項、第五十一条第二項（第五十二条の二第二項において準用する場合を含む。）、第五十三条第二項又は第七十七条第三項において準用する特許法第二十五条の規定により商標登録をすることができないものであるとき。
二　その商標登録出願に係る商標が条約の規定により商標登録をすることができないものであるとき。
三　その商標登録出願が第五条第五項又は第六条第一項若しくは第二項に規定する要件を満たしていないとき。

（商標登録の査定）
第十六条　審査官は、政令で定める期間内に商標登録出願について拒絶の理由を発見しないときは、商標登録をすべき旨の査定をしなければならない。

（特許法の準用）
第十七条　特許法第四十七条第二項（審査官の資格）、第四十八条（審査官の除斥）、第五十二条（査定の方式）及び第五十四条（訴訟との関係）の規定は、商標登録出願の審査に準用する。

第四章　商標権

第一節　商標権
（商標権の設定の登録）
第十八条　商標権は、設定の登録により発生する。

2　第四十条第一項の規定による登録料又は第四十一条の二第一項の規定により商標登録をすべき旨の査定若しくは審決の謄本の送達があつた日から三十日以内に納付すべき登録料の納付があつたときは、商標権の設定の登録をする。

3　前項の登録があつたときは、次に掲げる事項を商標公報に掲載しなければならない。
一　商標権者の氏名又は名称及び住所又は居所
二　商標登録出願の番号及び年月日
三　願書に記載した商標
四　指定商品又は指定役務
五　登録番号及び設定の登録の年月日
六　前各号に掲げるもののほか、必要な事項
（略）

（存続期間）
第十九条　商標権の存続期間は、設定の登録の日から十年をもつて終了する。

2　商標権の存続期間は、商標権者の更新登録の申請により更新することができる。

3　商標権の存続期間を更新した旨の登録があつたときは、存続期間は、その満了の時に更新されるものとする。

（存続期間の更新登録の申請）
第二十条　商標権の存続期間の更新登録の申請をする者は、次に掲げる事項を記載した申請書を特許庁長官に提出しなければならない。
一　申請人の氏名又は名称及び住所又は居所
二　商標登録の登録番号
三　前二号に掲げるもののほか、経済産業省令で定める事項

2　更新登録の申請は、商標権の存続期間の満了前六月から満了の日までの間にしなければならない。

3　商標権者は、前項に規定する期間内に更新登録の申請をすることができないときは、その期間が経過した後であつても、経済産業省令で定める期間内にその申請をすることができる。

4　商標権者が前項の規定により更新登録の申請をすることができる期間内に、その申請をしないときは、その商標権は、存続期間の満了の時にさかのぼつて消滅したものとみなす。

（商標権の効力）
第二十五条　商標権者は、指定商品又は指定役務について登録商標の使用をする権利を専有する。ただし、その商標権について専用使用権を設定したときは、専用使用権者がその登録商標の使用をする権利を専有する範囲については、この限りでない。

（商標権の効力が及ばない範囲）
第二十六条　商標権の効力は、次に掲げる商標（他の商標の一部となつているものを含む。）には、及ばない。
一　自己の肖像又は自己の氏名若しくは名称若しくは著名な雅号、芸名若しくは筆名若しくはこれらの著名な略称を普通に用いられる方法で表示する商標
二　当該指定商品若しくはこれに類似する商品の普通名称、産地、販売地、品質、原材料、効能、用途、形状、生産若しくは使用の方法若しくは時期その他の特徴、数量若しくは価格又は当該指定商品に類似する役務の普通名称、提供の場所、質、提供の用に供する物、効能、用途、態様、提供の方法若しくは時期その他の特徴、数量若しくは価格を普通に用いられる方法で表示する商標
三　当該指定役務若しくはこれに類似する役務の普通名称、提供の場所、質、提供の用に供する物、効能、用途、態様、提供の方法若しくは時期その他の特徴、数量若しくは価格又は当該指定役務に類似する商品の普通名称、産地、販売地、品質、原材料、効能、用途、形状、生産若しくは使用の方法若しくは時期その他の特徴、数量若しくは価格を普通に用いられる方法で表示する商標
四　当該指定商品若しくは指定役務又はこれらに類似する商品若しくは役務について慣用されている商標
五　商品等が当然に備える特徴のうち政令で定めるもののみからなる商標
六　前各号に掲げるもののほか、需要者が何人かの業務に係る商品又は役務であることを認識することができる態様により使用されていない商標
（略）

（登録商標等の範囲）

第二十七条 登録商標の範囲は、願書に記載した商標に基づいて定めなければならない。

2 指定商品又は指定役務の範囲は、願書の記載に基づいて定めなければならない。

3 第一項の場合においては、第五条第四項の記載及び物件を考慮して、願書に記載した商標の記載の意義を解釈するものとする。

第二節 権利侵害

（差止請求権）

第三十六条 商標権者又は専用使用権者は、自己の商標権又は専用使用権を侵害する者又は侵害するおそれがある者に対し、その侵害の停止又は予防を請求することができる。

2 商標権者又は専用使用権者は、前項の規定による請求をするに際し、侵害の行為を組成した物の廃棄、侵害の行為に供した設備の除却その他の侵害の予防に必要な行為を請求することができる。

（侵害とみなす行為）

第三十七条 次に掲げる行為は、当該商標権又は専用使用権を侵害するものとみなす。

一 指定商品若しくは指定役務についての登録商標に類似する商標の使用又は指定商品若しくは指定役務に類似する商品若しくは役務についての登録商標若しくはこれに類似する商標の使用

二 指定商品又は指定商品若しくは指定役務に類似する商品であつて、その商品又はその商品の包装に登録商標又はこれに類似する商標を付したものを譲渡、引渡し又は輸出のために所持する行為

三 指定役務又は指定役務若しくは指定商品に類似する役務の提供に当たりその提供を受ける者の利用に供する物に登録商標又はこれに類似する商標を付したものを、これを用いて当該役務を提供するために所持し、又は輸入する行為

四 指定役務又は指定役務若しくは指定商品に類似する役務の提供に当たりその提供を受ける者の利用に供する物に登録商標又はこれに類似する商標を付したものを、これを用いて当該役務を提供させるために譲渡し、引き渡し、又は譲渡若しくは引渡しのために所持し、若しくは輸入する行為

五 指定商品若しくは指定役務又はこれらに類似する商品若しくは役務について登録商標又はこれに類似する商標の使用をするために登録商標又はこれに類似する商標を表示する物を所持する行為

六 指定商品若しくは指定役務又はこれらに類似する商品若しくは役務について登録商標又はこれに類似する商標の使用をさせるために登録商標又はこれに類似する商標を表示する物を譲渡し、引き渡し、又は譲渡若しくは引渡しのために所持する行為

七 指定商品若しくは指定役務又はこれらに類似する商品若しくは役務について登録商標又はこれに類似する商標の使用をし、又は使用をさせるために登録商標又はこれに類似する商標を表示する物を製造し、又は輸入する行為

八 登録商標又はこれに類似する商標を表示する物を製造するためにのみ用いる物を業として製造し、譲渡し、引き渡し、又は輸入する行為

第八章 雑則

（商標公報）

第七十五条 特許庁は、商標公報を発行する。

2 商標公報には、この法律に規定するもののほか、次に掲げる事項を掲載しなければならない。

一 出願公開後における拒絶をすべき旨の査定又は商標登録出願若しくは防護標章登録出願の放棄、取下げ若しくは却下

二 出願公開後における商標登録出願により生じた権利の承継

三 出願公開後における願書に記載した指定商品若しくは指定役務又は商標登録を受けようとする商標若しくは防護標章登録を受けようとする標章についてした補正

四 商標権の消滅（存続期間の満了によるもの及び第四十一条の二第六項（同条第八項において準用する場合を含む。）の規定によるものを除く。）

五 登録異議の申立て若しくは審判若しくは再審の請求又はこれらの取下げ

六 登録異議の申立てについての確定した決定、審判の確定審決又は再審の確定した決定若しくは確定審決

七 第六十三条第一項の訴えについての確定判決

第九章 罰則

（侵害の罪）

第七十八条 商標権又は専用使用権を侵害した者（第三十七条又は第六十七条の規定により商標権又は専用使用権を侵害する行為とみなされる行為を行つた者を除く。）は、十年以下の懲役若しくは千万円以下の罰金に処し、又はこれを併科する。

第七十八条の二 第三十七条又は第六十七条の規定により商標権又は専用使用権を侵害する行為とみなされる行為を行つた者は、五年以下の懲役若しくは五百万円以下の罰金に処し、又はこれを併科する。

（両罰規定）

第八十二条 法人の代表者又は法人若しくは人の代理人、使用人その他の従業者が、その法人又は人の業務に関し、次の各号に掲げる規定の違反行為をしたときは、行為者を罰するほか、その法人に対して当該各号で定める罰金刑を、その人に対して各本条の罰金刑を科する。

一 第七十八条、第七十八条の二又は前条第一項 三億円以下の罰金刑

二 第七十九条又は第八十条 一億円以下の罰金刑

2 前項の場合において、当該行為者に対してした前条第二項の告訴は、その法人又は人に対しても効力を生じ、その法人又は人に対してした告訴は、当該行為者に対しても効力を生ずるものとする。

3 第一項の規定により第七十八条、第七十八条の二又は前条第一項の違反行為につき法人又は人に罰金刑を科する場合における時効の期間は、これらの規定の罪についての時効の期間による。

【これからの知財入門】ワークシート①

学籍番号											名前
学部			学科								

1. これは何 (に使うもの) だと思いますか？　思いつく使用方法を自由に書き出してみましょう。

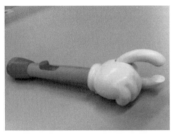

2. その使用方法を実現するためには、どのような機能やアイディアが必要でしょうか？　①問題点・困った点を考え、②それらを解決するための機能やアイディアを考えましょう。また、その機能やアイディアを採用すると③どのような効果があるかをそれぞれ自由に書き出してみましょう。(二つ程度)

①問題点・困った点	②考えられる機能・アイディア	③効果

3. この商品の名前 (ネーミング) をターゲットとイメージの設定をもとに考えてみましょう。(二つ程度)

ターゲット	イメージ	名前・ネーミング
(例)30代の男性	清潔感	○○○○○

【これからの知財入門】ワークシート②

学籍番号		名前
学部	学科	

※注 このワークシートは1番の設問が裏面に印刷されています。

2. 下記の文章は著作物と言えるでしょうか？　どちらかを選び、その理由を考えてみましょう。

> ## 時間は夢を裏切らない、夢も時間を裏切ってはならない。

□ 著作物である　　□ 著作物とは言えない
そう考える理由を考えて、書いてみましょう。

3. 「どこまでも行こう」、「記念樹」の2曲を聞き比べてみましょう。著作権侵害と言える程、似ていると考えますか？　それとも違う曲ですか？　メロディー、ハーモニー及びリズムなどの全体で考えてみましょう。

□ 似ている　　□ 似ていない
そう考える理由を考えて、書いてみましょう。

4. 「トルコ行進曲－オワタ」を聞いて、制作から完成（WEB 上でみることができる）までに関わったと考えられる行為（仕事）を考えてみましょう。（10 個程度）

行為（仕事）	行為（仕事）
1　作曲者（曲を創作した人）	8
2　作詞者（歌詞を創作した人）	9
3	10
4	11
5	12
6	13
7	14

1. 新聞の紙面から「著作物（感情を創作的に表現したもの）」と考えられる部分を○で囲んでみましょう。

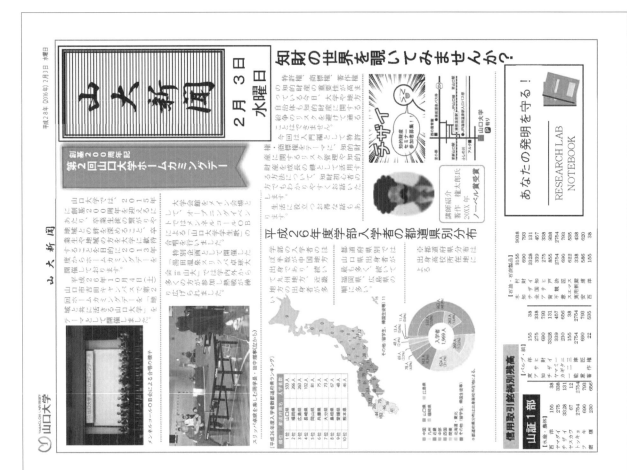

【これからの知財入門】ワークシート③

学籍番号		名前	
学部	学科		

1. 著作権法で定められた各種の権利について、「**権利侵害になりうる**」具体例を書いてみましょう。

<table>
<tr><td rowspan="3">著作者人格権</td><td>公表権</td><td>まだ公表されていない自分の著作物について、それを「公表するかしないかを決定できる権利」(無断で公表されない権利)のこと(第18条第1項)</td><td>(例)友だちの書いた絵を勝手にSNSに掲載した。</td></tr>
<tr><td>氏名表示権</td><td>自分の著作物を公表する時に、「著作者名」を「表示するかしないか」、表示するとすれば「実名」(本名)か「変名」(ペンネーム等)などを決定できる権利のこと(第19条第1項)</td><td></td></tr>
<tr><td>同一性保持権</td><td>自分の著作物の内容や題号を、自分の意に反して無断で「改変」(変更・切除等)されない権利のこと(第20条第1項)</td><td></td></tr>
<tr><td rowspan="13">著作(財産)権</td><td>複製権</td><td>著作物を「形のある物に再製する」(コピーする)ことに関する権利のこと(第21条)</td><td></td></tr>
<tr><td>上演権及び演奏権</td><td>著作物を公衆向けに「上演」(演劇等の場合)したり、「演奏」(音楽の場合)したりすることに関する権利のこと(第22条)</td><td></td></tr>
<tr><td>上映権</td><td>著作物を、機器(テレビカメラ等)を用いて、公衆向けに「上映」する(スクリーンやディスプレイに映し出す)ことに関する権利のこと(第22条の2)</td><td></td></tr>
<tr><td>公衆送信権</td><td>著作物を公衆向けに「送信」することに関する権利のこと(第23条)</td><td></td></tr>
<tr><td>伝達権</td><td>著作者は、公衆送信されるその著作物を受信装置を用いて公に伝達する権利を専有する(第23条2項)</td><td></td></tr>
<tr><td>口述権</td><td>「言語の著作物」を、朗読などの方法により口頭で公衆に伝達することに関する権利のこと(第24条)</td><td></td></tr>
<tr><td>展示権</td><td>「美術の著作物の原作品」と「未発行の写真の著作物の原作品」のみを対象として付与されている権利で、これらを公衆向けに「展示」することに関する権利のこと(第25条)</td><td></td></tr>
<tr><td>頒布権</td><td>「映画の著作物」(映画、アニメ、ビデオなどの「録画されている動く影像」)の場合に限り、「譲渡」と「貸与」の両方を対象とする「頒布権」という権利が付与される(第26条)。</td><td></td></tr>
<tr><td>譲渡権</td><td>著作物を公衆向けに譲渡することに関する権利のこと(第26条の2)</td><td></td></tr>
<tr><td>貸与権</td><td>著作物を公衆に「貸与」することに関する権利のこと(第26条の3)</td><td></td></tr>
<tr><td>翻案権・翻訳案</td><td>著作物(原作)を翻訳、編曲、変形、脚色、映画化などにより、創作的に「加工」することによって、「二次的著作物」を創作することに関する権利のこと(第27条)</td><td></td></tr>
<tr><td>二次的著作物に対する原著作者の権利</td><td>自分の著作物(原作)から作られた「二次的著作物」をさらに第三者が利用すること(「二次的著作物」を利用すること)に関する原作者の権利のこと(第28条)</td><td></td></tr>
<tr><td rowspan="3">著作隣接権</td><td>実演家の権利</td><td>2つの人格権(氏名表示権、同一性保持権)と5つの著作隣接権(録音・録画権など)と3つの報酬請求権(CD使用料など)とから成る実演を行った者(俳優、舞踊家、歌手など)の権利のこと(第89条1項、同条6項)</td><td></td></tr>
<tr><td>レコード製作者の権利</td><td>4つの著作隣接権(複製権、送信可能化権など)と2つの報酬請求権(CD使用料など)とから成るレコード製作者(ある音を最初に固定(録音)して原盤(レコード)を作った者)の権利のこと(第89条第2項)</td><td></td></tr>
<tr><td>放送事業者・有線放送事業者の権利</td><td>4つの著作隣接権(複製権、再放送権・有線放送権、送信可能化権、伝達権)から成る放送事業者・有線放送事業者(放送・有線放送を事業として行う者)の権利のこと(第89条第3項、同条第4項、同条第6項)</td><td></td></tr>
</table>

2. 「X氏がHPで音楽を公開する」ことをしようと考えています。

①著作権法に基づいて判断すると、ホームページからの公開までにどのような「行為」があり得るか、できるだけたくさん書き出しましょう。

（例）編曲（それ以外では？）

②下図は左に**行為**を右に**権利**をまとめたものです。①で書き出した「行為」を公開までの順序で下図の＿＿＿＿＿欄に書き出した後、その「行為」に関係性が高い「権利」を線で結びましょう。

行為		権利
（例）X氏が　編曲　する ●		● 公表権
X氏が　　　　　する ●		● 氏名表示権
X氏が　　　　　する ●		● 同一性保持権
X氏が　　　　　する ●		● 複製権
X氏が　　　　　する ●		● 上演権及び演奏権
X氏が　　　　　する ●		● 上映権
X氏が　　　　　する ●		● 公衆送信権
X氏が　　　　　する ●		● 伝達権
X氏が　　　　　する ●		● 口述権
X氏が　　　　　する ●		● 展示権
X氏が　　　　　する ●		● 頒布権
X氏が　　　　　する ●		● 譲渡権
X氏が　　　　　する ●		● 貸与権
X氏が　　　　　する ●		● 翻訳・翻案権 等
X氏が　　　　　する ●		● 二次的著作物に対する原著作者の権利
X氏が　　　　　する ●		● 実演家の権利
X氏が　　　　　する ●		● レコード製作者の権利
X氏が　　　　　する ●		● 放送事業者・有線放送事業者の権利

3. あなたはものまねパロディについてどのように考えますか？　今日の授業で学習した内容をもとに書いてみましょう。

【これからの知財入門】ワークシート④

学籍番号		名前	
学部	学科		

1. あなたは著作権法上「私的使用」に当たるのはどの範囲内と考えますか？　あてはまると思う部分を斜線で塗りつぶしましょう。

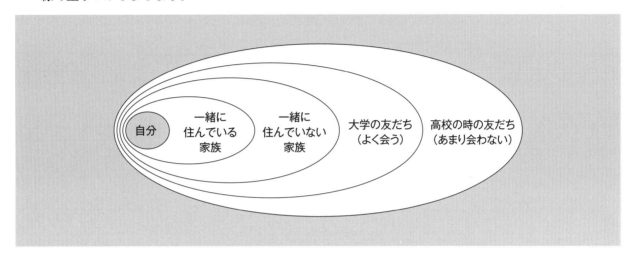

2. 次の文章は、自分のレポートに他者の著作から引用し、論述した部分を抜き出したものです。文章を読んで、引用の４つの要件（明瞭区別性、主従関係、必要最小限、出典明示）について次の問いに答えましょう。

「大学の授業は，選択することができる。それは，学生が主体的に学問に取り組めるということである。」(1)，と言われるように，一般的に大学では高校とは異なり，学生が自らの選択により能動的に学習することが求められる。そして，能動的学習を通じて，社会人として必要な基礎力，例えば，行動力，考え抜く力，コミュニケーション力などを身につけることにもつながる。

注（1）山口太郎，『入学前に知っておきたい大学での学び』第6版，山口出版社，2010年，p125.

---

①このレポートで「明瞭区別性」を生むために工夫されていることは何ですか。

②このレポートは「主従関係」が成立しています。それはなぜですか。（　）内に適語を補ってください。

このレポートは（　　　　　）的、（　　　　　）的共に、自説が（　　　　　）になり、引用箇所が従になっているから

③このレポートの"注"は「出典明示」にあたります。次の（　）内に出典明示に必要な要素を語群から選んで書き出しましょう。（語群：書名、引用ページ、出版年、著者名、出版社）

山口太郎，『入学前に知っておきたい大学での学び』第6版，山口出版社，2010年，p125.

（　　　　）　　（　　　　　　）　　　　（　　　　）（　　　）（　　　　　　）

④上の"①～③"以外で、このレポートが満たしている要件は何ですか。

【これからの知財入門】ワークシート⑤

学籍番号		名前
学部	学科	

1. 営利を目的としない上演等の観点から、以下のケースについて著作権侵害になるかならないかを考えてみましょう。

①高校の学園祭に演奏家を招待して、演奏会を行う（入場料は無料）。演奏会終了後、出演代を支払った。

☐ 著作権侵害にはならない　　☐ 著作権侵害になる
そう考える理由を考えて、書いてみましょう。

②市民ホールで公表されている曲でチャリティーコンサートを行った（入場は無料、演奏者の報酬はなし）

☐ 著作権侵害にはならない　　☐ 著作権侵害になる
そう考える理由を考えて、書いてみましょう。

2. 教育関係における著作権について、考えてみましょう。

①小学校の先生が個人のカメラで遠足の風景を撮影し、自分のホームページでアップした。

☐ 著作権侵害にはならない　　☐ 著作権侵害になる
そう考える理由を考えて、書いてみましょう。

②中学校の先生が、ドリルを1冊分コピーしてクラス全員に配布した。

☐ 著作権侵害にはならない　　☐ 著作権侵害になる
そう考える理由を考えて、書いてみましょう。

③高校の先生が、予備校で出題された問題のうち一問を定期試験にいれた。

☐ 著作権侵害にはならない　　☐ 著作権侵害になる
そう考える理由を考えて、書いてみましょう。

④ 予備校の先生が、過去、高等学校で出題された試験問題を印刷し、配布した。

☐ 著作権侵害にはならない　　☐ 著作権侵害になる
そう考える理由を考えて、書いてみましょう。

⑤ 総合的な学習の時間に児童が図書館にある本を3ページ程度コピーして欲しいと持ってきた。学校のコピー機で印刷した。

☐ 著作権侵害にはならない　　☐ 著作権侵害になる
そう考える理由を考えて、書いてみましょう。

⑥ 自分で著作権に関する問題とその解答、理由を作ってみましょう。

問題	
回答	☐ 著作権侵害にはならない　　☐ 著作権侵害になる
その理由	

【これからの知財入門】ワークシート⑥

学籍番号										名前	
学部			学科								ワークシート

1. マヨネーズ工場のように、大量の卵の殻を割って、卵の中身だけを取り出したいニーズがある。卵の中身を取り出すには、どのような方法が考えられますか？ 考えてみましょう。

① 大量の卵の中身を簡便に取り出す方法は？（自由に書いてみましょう。文章でも絵でも構いません）

② さらに、「卵の殻が、中身に混入しない」ようにするためにはどんな方法が考えられますか？

2. 下図に示したコーヒードリップの改良について、次の問いにそって考えてみましょう。

【コーヒードリップの改良の流れ】

布フィルター	→	紙フィルター＋ドリップ容器	→	?
		①現状技術の問題点や課題は?	②改良アイデア発想?	③課題を解決した商品?

① 図中に示したような「紙フィルター＋ドリップ容器」によるコーヒードリップの問題点や課題は、どんなことがあげられますか。(複数回答可)

② "①"の課題を解決するための具体的なアイデア (手段・構成等) を、以下に示した二つのテーマで、それぞれ書いてみましょう。(図でも文章でも可)

一杯分のコーヒーを入れる	おいしいコーヒーを入れる

③ "②"で発想したアイデアをヒントに、課題を解決する最終的な商品の姿 (実施例) を図と文章で示して下さい。

【これからの知財入門】ワークシート⑦

学籍番号		名前	
学部	学科		

1. 以下のものについて、意匠法で定義されている「**意匠**」に"該当する"か"該当しない"か、答えなさい（どちらかに○をつける）。

また、"該当しない"場合は、その理由として最も適切と考えられるものを、選択肢（a）～（d）の中から選び、記入しなさい。

キャラクター	外観に特徴のある建築物	デコレーションケーキ	テレビの画面（放送番組の映像）	医療用測定結果表示用画像
☐該当する ☐該当しない	☐該当する ☐該当しない	☐該当する ☐該当しない	☐該当する ☐該当しない	☐該当する ☐該当しない
理由	理由	理由	理由	理由
氷の結晶	機械の内部構造	特徴ある形の噴水	表面にミルクで特徴ある模様を描いたカップ入り飲料	油取り紙（単なる四角い形）
☐該当する ☐該当しない	☐該当する ☐該当しない	☐該当する ☐該当しない	☐該当する ☐該当しない	☐該当する ☐該当しない
理由	理由	理由	理由	理由

（a）物品等（物品、建築物又は画像）と認められるものでないため、意匠法上の意匠に該当しない。

（b）物品等自体の形状等でないため、意匠法上の意匠に該当しない。

（c）視覚に訴えるものでないため、意匠法上の意匠に該当しない。

（d）視覚を通じて美感を起こさせるものでないため、意匠法上の意匠に該当しない。

【これからの知財入門】ワークシート⑧

学籍番号									名前	
学部			学科							

1. 「白い恋人」と「面白い恋人」の標章の類似性について考えてみましょう。「白い恋人」と「面白い恋人」の標章は、"類似していると思う"或いは"類似していないと思う"のどちらかに○をつけ、そう考える理由を述べなさい。なお、標章の類似性は、称呼類似、外観類似、観念類似の観点から総合的に判断する。

☐ 類似していると思う　☐ 類似していないと思う
そう考える理由:

2. 「うどん県」（商標登録第5516559号）と「おんせん県」の事例を参考に、商標を用いたブランディング（商品戦略）について、あなたの出身地から考えてみましょう。
   あなたの出身の県や市の特産品や商品、観光地について、あなたなら、どのような戦略を用いて、PRしようと考えますか。県や市のブランディング（商品戦略）担当者の立場になって考えてみましょう。

   ① あなたの地域の情報は？

あなたの出身地	
立地（場所）	
歴史・地域の特色	
文化・芸術	
特産品	
観光地（観光資源）	

② あなたの地域の情報（上記の①）からあなたがブランディングしたい対象を選び、戦略（方法・手段）を意識しながら、あなたの考えを書いてみましょう。

対象とするもの（商品・役務）	
ブランディングに用いたい標章（マーク、名前等）	

※ブランディング戦略を考えできるだけ具体的（誰に、何を、どのようにして売るのか、どんな方法でPRするのか等）書いてみましょう。

対象とするもの（商品・役務）	

【これからの知財入門】宿題レポート①（〆切：次回講義開始時）

学籍番号		名前	
学部	学科		宿題レポート

1.「知的財産」と「知的財産権」の違いについて、述べなさい。

（解答欄）

2. 次の①～⑳は「**知的財産**」と「**知的財産権**」のどちらに該当するのか、振り分けなさい。※（ ）内は参考
①**音楽CD**（著作物）②**特許権**（特許法）③**意匠権**（意匠法）④**iPS 細胞の製造方法**（発明）
⑤**宅配便のトラックについてるマーク**（商標）⑥**著作権**（著作権法）⑦**長寿命の充電池**（発明）
⑧**新しい植物の品種**（植物の新品種）⑨**劇場映画**（著作物）⑩**会社の名称**（商号）⑪**商標権**（商標法）
⑫**自作の油絵**（著作物）⑬**実用新案権**（実用新案法）⑭**携帯電話の独創的な外観**（物品のデザイン）
⑮**回路配置利用権**（半導体集積回路の回路配置に関する法律）⑯**漫画**（著作物）⑰**育成者権**（種苗法）
⑱**爪切りの構造**（考案）⑲**秘伝のタレの作り方**（ノウハウ）⑳**ソフトウェア**（著作物、発明）

①～⑳のうち、「知的財産」に該当するもの	①～⑳のうち、「知的財産権」に該当するもの

3. 「知的財産」を「知的財産権」で保護することには、どのようなメリット（効果）があるのか。

【これからの知財入門】宿題レポート② （〆切：次回講義開始時）

学籍番号		名前
学部	学科	

1. 著作物とは何か。著作権法上の定義、及び、具体的な例を３つ以上、挙げなさい。

著作権権法上では、著作物とは、

と定義されている。

具体的には、

などが著作物に該当する。

2. 著作権問題が起こったときは、はじめに「対象が著作物であるのか否か（著作物性）」が議論される。これは対象が著作物でなければそもそも著作権そのものが発生していないので、その段階で争いの決着がつくからである。著作物性のついては「創作性の程度」が一つの判断基準となる。しかしその判断基準は"著作物の種類"によって異なるとされ、以下はその関係図を示すものである。選択群から語句を選び、空欄を埋めなさい。

選択群	画像系　　文章　　音楽

の著作物　＞　　　の著作物　＞　　　の著作物

厳格　　　　　　　創作性の程度の判断　　　　　　　寛大

＜参考＞ 著作物の「創作性」
・著作者の個性が発揮されていれば足りる。芸術性の高度性は要求されていない。
・他人の単なる模倣等でなく、独自に創作したものであれば著作物として保護される。
　（例：模倣しなければ、幼児が描いた絵画でも創作性があり、著作物といえる。）

3. 著作権侵害の成立要件の一つとして「依拠性」がある。「依拠性」とは何か詳しく説明しなさい。

【これからの知財入門】宿題レポート ③ （〆切：次回講義開始時）

学籍番号										名前
学部			学科							

1. 著作権法で規定する権利には、「著作者（著作物を創作した者）の権利」と「著作物を伝達する者の権利」とがある。それぞれどのような権利であるのか、簡潔に説明しなさい。
   ※支分権の個々の説明は不要。出版権も除く。

2. 著作権法が制定された法目的について説明しなさい。また、著作権の権利期間についても述べなさい。

3. 次の著作物の種類によって、どのような支分権が発生するでしょうか。支分権が発生するものには〇を記入してください。

著作物の種類 / 著作権	言語	音楽	舞踊	建築	美術	図形	映画	写真	プログラム
公表権									
氏名表示権									
同一性保持権									
複製権									
上演権・演奏権									
上映権									
公衆送信権・伝達権									
口述権									
展示権									
頒布権									
譲渡権									
貸与権									
翻訳権・翻案権等									
二次的著作物の利用に関する原著作者の権利									
支分権の数									

【これからの知財入門】宿題レポート④ （〆切：次回講義開始時）

学籍番号		名前
学部	学科	

1. 著作権法に定める権利制限規定のうち、次の三つについて、簡潔に説明しなさい。

〈私的使用のための複製（著作権法第30条1項）〉

〈授業の過程における利用（著作権法第35条）〉

〈営利を目的としない上演等（著作権法第38条）〉

2. 「引用」とは何か。具体的にどのような場合を「引用」というのか、記述しなさい。

3. 著作権法上における「引用」に関する規定は次のとおりである。空欄を埋めなさい。

●著作権法第32条（引用）

1　　　　　　された著作物は、引用して利用することができる。この場合において、その引用は、

　　　　　　　　　　　　　　　　　　　　　　ものであり、かつ、報道、批評、研究その他の

　　　　　　　　　　　　　　　　　　　　　　で行なわれるものでなければならない。

2　国若しくは地方公共団体の機関、独立行政法人又は地方独立行政法人が一般に周知させること

　を目的として作成し、その著作の名義の下に　　　　　　　　　　　　　　　

　　　　　　　　　　　　　　その他これらに類する著作物は、説明の材料として新聞紙、

　雑誌その他の刊行物に　　　することができる。ただし、　　　　　　　　　

　　　　　　　　　　　場合は、この限りでない。

4. 研究者マナーの観点から他人の著作物（本や論文の内容等）を「引用」する際には、どのような点に留意すべきか。著作権法において引用が認められる二つの条件、①「公正な慣行に合致」すること、②「引用の目的上正当な範囲内」で行われることに該当するか否かの判断基準について記述しなさい。

【これからの知財入門】宿題レポート⑤（〆切：次回講義開始時）

学籍番号		名前	
学部	学科		

1. 特許法の保護対象と目的、保護期間、管轄省庁について、著作権法と対比して、□内に記述しなさい。

権利	保護法	保護対象	目的	存続期間	管轄
著作権	著作権法	著作物	文化の発展	・創作の時から著作者の死後70年 ※権利が発生するのは創作の時 ・映画の著作物は公表の時から70年	文化庁
特許権	特許法		の発達	の日から20年 ※権利が発生するのは設定登録の日	

2. 「発明」とは何か。特許法における「発明」の定義について、□内に記述しなさい。

> 特許法第2条第1項では、発明とは、
>
> と定義されている。

3. 次の特許法上の発明に該当しないものに関し、その理由について、空欄内に記述しなさい。

特許法上の発明に該当しないもの	特許法上の発明に該当しない理由
（例）計算方法	人為的な取り決めであり、自然法則を利用してない
永久機関	
フォークボールの投げ方	
エックス線の発見	
機械の操作マニュアル	
質量保存の法則	

4. 特許権を取得するための要件 (特許要件) について、簡潔に説明しなさい。

5. 特許制度は「技術の公開」(特許出願すると一定期間後にその内容は必ず公開される) が大前提となっているが、それはなぜか。簡潔に説明しなさい。

【これからの知財入門】宿題レポート⑥ （〆切：次回講義開始時）

学籍番号		名前	
学部	学科		

1. 「家庭用のパン焼き器」に関しての特許情報を集めるために、どのような検索キーワードが考えられるか？　表の空欄をうめ、検索式を作成しなさい。

例題	家庭用のパン焼き器

集合体	分解されたワード	カテゴリー	連想されるキーワード
A		対象	
B		用途	
C		目的	

検索式	

2. 「植物の乾燥を検知して、"喉が渇いたよ"と音声で呼びかける装置」に関しての特許情報を集めるために、どのような検索キーワードが考えられるか？　表の空欄をうめ、検索式を作成しなさい。

例題	植物の乾燥を検知して、"喉が渇いたよ"と音声で呼びかける装置

集合体	分解されたワード	カテゴリー	連想されるキーワード
A		対象	
B		機能①	
C		機能②	

検索式	

3. 右記の商品について、J-PlatPatの特許・実用新案検索を利用して特許調査を行い、以下の①〜⑥を記述しなさい。

調べる項目	検索結果
① J-PlatPat を利用した日時	令和　　　年　　　月　　　日　　　：　　　ごろ
② 検索式とヒット件数 ＊検索項目は「要約＋請求範囲」とする ＊複数記載してもよい	例：携帯電話×（折りたたみ＋折り畳み＋折畳＋おりたたみ）×アンテナ→365 件
③ 出願番号等	・出願番号：特願　　　　−　　　　　　　（出願日：　　年　　月　　日） ・公開番号：特開　　　　−　　　　　　　（公開日：　　年　　月　　日） ・特許番号：特許　　　　　　　号（登録日：　　年　　月　　日）
④ 出願人／特許権者	・出願人： ・特許権者：
⑤ 発明者	
⑥【特許請求の範囲】【請求項1】	○公開特許公報に記載の【請求項1】 ○特許公報に記載の【請求項1】

4. 公開特許公報と特許公報の違いについて、簡潔に説明しなさい。

【これからの知財入門】宿題レポート⑦ （〆切：次回講義開始時）

学籍番号									名前	
学部			学科							

1. 「意匠」とは何か。次の文章の ▢ 内に、適切な語句を入れなさい（同じ番号には同じ語句が入る）。

> 意匠法第2条第1項では、意匠とは、「① ▢ （① ▢ の部分を含む。）の形状、模様若しくは色彩若しくはこれらの結合（以下「形状等」という。）、② ▢ （② ▢ の部分を含む。）の形状等又は③ ▢ （機器の操作の用に供されるもの又は機器がその機能を発揮した結果として表示されるものに限り、③ ▢ の部分を含む。）であって、④ ▢ を通じて⑤ ▢ を起こさせるもの」をいう。

2. 意匠法上の「意匠」を構成するためには、四つの要件を全て満たさなければならない。その四つの要件について、簡潔に説明しなさい。

3. 意匠権を取得するための要件としては、以下のものがある。 ▢ 内に、適切な語句を入れなさい。

> 〈**1**〉意匠法上の意匠であること。
>
> 〈**2**〉① ▢ 上利用できること（同一のものを量産できること）。
>
> 〈**3**〉全く新しい意匠であること（② ▢ があること）。
>
> 〈**4**〉意匠の属する分野における通常の知識を有する者（その物品等分野のデザインに携わる平均的なデザイナー）が容易に創作できた意匠でないこと（③ ▢ があること）。
>
> 〈**5**〉意匠登録を受けることができない意匠でないこと （不登録事由）。
>
> すなわち、**a)** 公序良俗を害するおそれがある意匠でないこと。
>
> **b)** 他人の業務に係る④ ▢ と混同を生ずるおそれのある意匠でないこと。
>
> **c)** 物品の機能を確保するために不可欠な形状のみからなる意匠でないこと等。

【これからの知財入門】宿題レポート⑧ （〆切：次回講義開始時）

学籍番号		名前	
学部	学科		

1. 「商標」と何か。次の文章の ☐ 内に、適切な語句を入れなさい（同じ番号には同じ語句が入る）。

商標とは、『人の知覚によって認識することができるもののうち、文字、図形、記号、立体的形状若しくは　色彩又はこれらの結合、音その他政令で定めるものである ① ☐ と、形のある ② ☐ 又は ③ ☐ （サービス）とが合体したもの』をいう。つまり、① ☐ が同じであっても、② ☐ 又は ③ ☐ （サービス）が異なると、それぞれ別の商標となる。

2. 商標制度（商標法）の目的は何か。次の文章の ☐ 内に、適切な語句を入れなさい

＜商標法第1条＞

この法律は、商標保護することにより、商標の使用をする者の業務上の ① ☐ の維持図り、もつて産業の発達に寄与し、あわせて ② ☐ を保護することを目的とする。

3. 以下は商標の種類を説明している文章である。 ☐ 内に、適切な語句（商標の種類）を記入しなさい。

① ☐ 文字のみから構成される標章と、商品又は役務が合体したもの。文字は、片仮名、平仮名、漢字、ローマ字、外国語、数字等によってあらわされる。

② ☐ 写実的なものから図案化されたものや幾何学的模様等の図形のみから構成される標章と、商品又は役務が合体したもの。

③ ☐ 暖簾記号、仮名文字、アルファベット文字を輪郭で囲んだもの、文字を図案化し組み合せた記号、記号的な紋章などの標章と、商品又は役務が合体したもの。

④ ☐ 特殊な形状の包装容器や人形のように立体化した標章と、商品又は役務が合体したもの。

⑤ ☐ 文字と文字、図形と図形、図形・記号等と文字の二つ以上を組合せた標章と、商品又は役務が合体したもの。

⑥ ☐ 色彩のみからなる標章（図形等と色彩が結合したものは除く）と、商品又は役務が合体したもの。

⑦ ☐ 音楽、音声、自然音等からなる標章と、商品又は役務が合体したもの。

⑧ ☐ 視覚的に認識できる図形等が時間によって変化して見える標章と、商品又は役務が合体したもの。

⑨ ☐ ホログラムに映し出される図形等が見る角度によって変化して見える標章と、商品又は役務が合体したもの。

⑩ ☐ 常に商品の特定の位置に付されることによって識別力を獲得する標章と、商品又は役務が合体したもの。

4. 商標の機能について、簡潔に説明しなさい。